Günter F. Müller

Existenzgründung und unternehmerisches Handeln

Forschung und Förderung

Verlag

Empirische Pädagogik e. V.
Friedrich-Ebert-Straße 12
D-76829 Landau
Tel.   06341-906-266
Fax   06341-906-200
E-Mail   vep@zepf.uni-landau.de
Homepage: www.zepf.uni-landau.de/ep.html

Titelbild

Harald Baron

Druck

DIFO Bamberg

Zitiervorschlag

Müller, G. F. (2000). *Existenzgründung und unternehmerisches Handeln - Forsch und Förderung* (Psychologie, Band 31). Landau: Verlag Empirische Pädagogik.

*Alle Rechte, insbesondere das Recht der Vervielfältigung und Verbreitusowie der Übersetzung, werden vorbehalten. Kein Teil des Werkes dar
irgendeiner Form (durch Fotografie, Mikrofilm oder ein anderes Verfahr
ohne schriftliche Genehmigung des Verlages reproduziert oder unter
Verwendung elektronischer Systeme verbreitet werden.*

ISBN 3-933967-10-4

© Verlag Empirische Pädagogik, Landau 2000

Vorwort

Existenzgründung und unternehmerisches Handeln sind bestimmende Themen der öffentlichen und zunehmend auch wissenschaftlichen Diskussion. Sie signalisieren einen Wandel des Arbeitslebens in seiner von vielen Menschen bisher gewohnten Form und rufen gleichermaßen Unsicherheit und Angst, aber auch Neugierde und Aufbruchstimmung hervor. Von einer wissenschaftlichen Auseinandersetzung mit diesen Themen werden fundiertere Klärungen erwartet als sie unmittelbare oder medienvermittelte Anschauung zu bieten vermag. Das vom Arbeitsbereich „Psychologie des Arbeits- und Sozialverhaltens" der Universität in Landau jährlich veranstaltete Frühjahrssymposium hat sich dieser Themen angenommen. In einer zweitägigen Veranstaltung vom 18.-19. März 1999 tauschten sich Forscher und forschungsorientierte Anwender über Existenzgründung und unternehmerisches Handeln aus. Ihre Beiträge, ergänzt um Beiträge anderer fachkompetenter Autoren, sind in diesem Sammelband dokumentiert. Eine zentrale Komponente bei der Existenzgründung und beim Verständnis unternehmerischen Handelns ist die Person und ihr Potenzial, eigenverantwortlich und selbstorganisiert erwerbstätig sein zu können oder werden zu wollen. Dass eine psychologische Perspektive in diesem Sammelband vorherrscht, ist deshalb nur konsequent und folgerichtig. Die Psychologie hat in den 80er und 90er Jahren verstärkt damit begonnen, Impulse der amerikanischen *entrepreneur*-Forschung aufzugreifen. Seither sind auch in Deutschland zahlreiche Untersuchungen durchgeführt worden, die wertvolle Erkenntnisse und Einsichten zu Tage gefördert haben. Erträge dieser Forschung berühren nicht mehr nur akademische Interessen, sondern lassen sich zunehmend auch für professionelle Anwendungen in der Beratungspraxis nutzen. Aus diesem Grund informiert der vorliegende Sammelband nicht nur über wissenschaftliche Theorien und Forschungsbefunde, sondern auch über Möglichkeiten, Existenzgründungen und unternehmerische Verhaltensweisen gezielter fördern und zum Erfolg führen zu können.

Als Herausgeber danke ich allen Autoren sehr herzlich für ihre Mitarbeit. Danken möchte ich auch allen Institutionen und Personen, die die Tagung und das Erscheinen dieses Sammelbands finanziell und durch ihr aktives Mitwirken unterstützt haben. Es sind dies das Rheinlandpfälzische Ministerium für Bildung, Wissenschaft und Weiterbildung, das Präsidialamt der Universität Koblenz-Landau und der Fachbereich Psychologie der Abteilung Landau gewesen. Des Weiteren die Gummi-Mayer-Stiftung, Landau und die Unternehmungsberatungsfirmen Dr. Luger, Wien und Widmann und Partner, Karlsruhe. Sodann in besonderer Weise die Deutsche Ausgleichsbank, Bonn, deren Unterstützung eine Veröffentlichung der Tagungsbeiträge möglich gemacht hat. Weiterhin all die Personen, die in der einen oder anderen Weise zum Gelingen der Tagung und zur Realisierung des vorliegenden Sammelbands beigetragen haben: Ottmar Braun, der Mitorganisator des 4. Landauer Frühjahrssymposiums gewesen ist, Christine Reither, die für die Tagungsorganisation und Layoutgestaltung der Buchbeiträge verantwortlich gewesen ist, und Michaela Emmerich, die alle Buchbeiträge nochmals Korrektur gelesen hat.

Es ist eine äußerst produktive und gute Zusammenarbeit gewesen, und als Herausgeber hoffe ich, dass man dies auch dem Produkt dieser Zusammenarbeit ansehen möge.

G.F. Müller
Landau im Februar 2000

Inhaltsverzeichnis

Existenzgründung - Forschung

Alter, Geschlecht und beruflicher Status von GründerInnen als typenbildende Merkmale für Unternehmensgründungen
(Christian Korunka, Hermann Frank und Manfred Lueger) 3

Berufsorientierungen und Ziele von potenziellen Gründern aus dem Hochschulbereich
(Thomas Lang-von Wins und Jürgen Kaschube) 19

Anforderungsanalyse für Existenzgründer
(Ottmar L. Braun und Julia Maaßen) 37

Existenzgründung – Förderung

Hohenheimer Gründerdiagnose: Konzeption zur eignungsdiagnostischen Untersuchung potenzieller Unternehmensgründer
(Heinz Schuler und Henning Rolfs) 55

Coaching von Gründern durch Netzwerke – Ein Praxisbeispiel
(Jochen Feindt) 75

Unternehmerisches Handeln – Forschung

Selbstführung und unternehmerisches Verhalten auf Personen- und Teamebene
(Greg L. Stewart) 89

Eigenschaftsmerkmale und unternehmerisches Handeln
(Günter F. Müller) 105

Psychologische Determinanten des Unternehmenserfolges
(George McKenzie) 123

Selbstständigkeit als Belastung und Herausforderung
(Klaus Moser, Jeannette Zempel, Nathalie Galais und
 Bernad Batinic) 137

Was machen international erfolgreich agierende Unternehmen besser?
(Jürgen Wegge und André Dreißen).. 153

Unternehmerisches Handeln – Förderung

Persönlichkeit und unternehmerisches Handeln oberer Führungskräfte
(Jürgen Scholz)... 173

Die Förderung unternehmerischen Handelns bei saisonalen Mitarbeitern
(Bernhard Porwol)... 185

Existenzgründung

Forschung

Alter, Geschlecht und beruflicher Status von GründerInnen als typenbildende Merkmale für Unternehmensgründungen

Christian Korunka, Hermann Frank und Manfred Lueger

1. Einleitung

Unternehmensgründungen sind aus zwei Gründen von wissenschaftlichem Interesse: zum einen stellt sich die Frage, welche Faktoren auf den Gründungsprozess einwirken, zum anderen erwarten wirtschaftspolitische Entscheidungsträger von einer verstärkten Ausschöpfung des Gründungspotenzials Impulse auf die Beschäftigung. In beiden Fällen dominiert die Frage, wodurch Gründungswillige in der Umsetzung ihres Vorhabens unterstützt oder auch behindert werden und inwiefern man hinsichtlich dieser Faktoren zwischen verschiedenen Gruppen soweit differenzieren kann, dass eine zielgruppenspezifische Ausrichtung wirtschaftspolitischer Maßnahmen zweckmäßig erscheint. Die vorliegende Studie basiert auf dem Konfigurationsansatz und verfolgt das Ziel, drei Gruppen von JungunternehmerInnen zu vergleichen:

- Die Gründung aus der Arbeitslosigkeit
- Ältere und jüngere UnternehmensgründerInnen
- Frauen und Männer als Unternehmensgründer

Aufgrund ihrer umfassenden und systemischen Konzeption wird auf inhaltlich-theoretischer Ebene die Konfigurationstheorie als besonders geeignet zur Bearbeitung der vorliegenden Fragestellung betrachtet (Mugler, 1998). Vor diesem Hintergrund werden anhand des Vergleiches mit erfolgreichen Gründungen auf empirischer Ebene Gründungskonfigurationen dieser drei spezifischen Gründungspopulationen abgeleitet, um Unterschiede identifizierbar zu machen.

1.1 Der Gründungsprozess

Der Anstoß zum Gründen ist bereits als Ausdruck einer selektiven Verdichtung einer Reihe von Ereignissen zu werten, die sich aus Person-Umwelt-Interaktionen ergeben und über berufsbiographische und mikrosoziale Faktoren Gründungsneigungen und -abneigungen sowie Gründungsideen generieren, die von der Gründerperson wahrgenommen werden. Die Umwelt enthält zwar immer Gründungschancen, jedoch müssen diese aufgegriffen werden können, um zu einer Gründungshandlung zu stimulieren. Daher entstehen aus der (Un-)Stimmigkeit von gründerpersonbezogenen Möglichkeiten und Notwendigkeiten sowie umweltbezogenen Opportunitäten und Restriktionen jene fördernden und hemmenden Faktoren, die dem Gründungsprozess Struktur geben. Als Bezugspunkte für eine erste Strukturierung sind aus dieser Sicht drei Aspekte zu nennen: (a) jene Konstellationen von Umweltfaktoren, die gründungsbezogene Handlungen begünstigen bzw. erschweren; (b) die Notwendigkeit, über entsprechende Ressourcen zur erfolgversprechenden Realisierung einer Gründungsidee zu verfügen oder diese bei Bedarf als beschaffbar zu betrachten; und (c) die Notwendigkeit der aktiven Gründungsorganisierung im Kontext relevanter Umweltkonstellationen. Im Ergebnis verleihen diese Faktoren dem Gründungsprozess ein spezifisches Profil und führen zum Abbruch oder zur Gründung (Frank, 1997; Frank & Lueger, 1997).

Mittels des Konfigurationsansatzes lässt sich die Komplexität des Prozesses für eine empirisch-quantitative Analyse durch einen Brückenschlag zwischen dem Individuum und der relevanten Umwelt reduzieren. Auf diese Weise analysiert man nicht isolierte Einzelfaktoren, sondern fasst diese in spezifische Konfigurationen zusammen, die es ermöglichen, verschiedene Gruppen anhand des Zusammenspiels gründungsrelevanter Faktoren zu vergleichen.

1.2 Die Analyse von Konfigurationen

Als Konfiguration wird ein Muster („Archetyp" bzw. Gestalt) aus Merkmalen der Unternehmensstrategie, der Struktur, der Umwelt und personaler Einflussgrößen in einer Organisation bezeichnet (Miller, 1987). Während in den Anfängen der Konfigurationstheorie die Konsistenz und Effektivität von Konfigurationen den Schwerpunkt des Forschungsinteresses bildeten (Mintzberg, 1979), stehen in neueren Ansätzen (z.B. Miller, 1987) konsistente Muster und Beziehungen und damit eine systemisch-ganzheitliche Betrachtungsweise im Vordergrund. Obwohl sich die Vertreter des Konfigurationsansatzes in ihrer Terminologie bzw. ihren Konzepten der Gruppierung der einzelnen Konfigurationsbereiche unterscheiden, überwiegen die Gemeinsamkeiten (Gartner, 1985, Schwerpunktheft des *Academy of Management Journal, 36(8),* 1993).

In dieser Studie werden vier Bereiche unterschieden: (a) die Umwelt, unterteilt in eine metaökonomische und eine ökonomische Makroumwelt, eine metaökonomische und eine ökonomische Mikroumwelt; (b) die Person; (c) die Ressourcen; (d) das Management (Mugler 1998).

In der vorliegenden Studie sollen verschiedene Konfigurationstypen von Gründungen mit dem Konfigurationsprofil erfolgreicher Gründungen kontrastiert werden, um Hinweise auf spezifische Kombinationen von hemmenden und fördernden Faktoren im Gründungsprozess zu erhalten.

Auswahl der Dimensionen: Generell wurde bei der Konkretisierung der vier Konfigurationsdimensionen auf eine breite Auswahl Wert gelegt, indem jeweils eine Reihe von Items in Skalen zusammengefasst wurden (zur genaueren Charakteristik vgl. Tabelle 1), wobei folgende Aspekte einbezogen wurden: (a) hinsichtlich der Person wurden unternehmensrelevante Persönlichkeitsdimensionen (Leistungsmotivation, Risikobereitschaft, Eigeninitiative, Selbstverwirklichungsmotiv und Absicherungmotiv) gewählt; (b) es wurden zwei gründungsrelevante Ressourcen einbezogen, die sich einerseits auf die Qualifikation des/r UnternehmerIn (Humankapital) und ihre finanzielle Ausstattung bezogen; (c) im Bereich des Umfeldes wurde der Schwerpunkt auf die mikrosoziale Umwelt gelegt (familiäre Restriktionen, Unterstützung bei der Gründungsvorbereitung, Bedeutung des Netzwerks), wobei die Verfügbarkeit von Rollenvorbildern als makrosoziales Element und der Faktor eines Gründungsdrucks (*push/pull-framework*) als entscheidender weiterer Faktor aufgenommen wurden; (d) der Prozess wurde hinsichtlich der Steuerung und der Organisierung des Gründungsprozesses operationalisiert, wobei der wahrgenommene Organisationsaufwand, der Nutzungsgrad von Informationen, die Auseinandersetzung mit dem Scheitern und die perzipierten Gründungsschwierigkeiten aufgenommen wurden (siehe auch Frank, Korunka, & Lueger, 1999b).

Das Erfolgskriterium einer Gründung: Als Kriterien für die Erfassung des Gründungserfolges wurden in Übereinstimmung mit der Literatur objektive und subjektive Indikatoren herangezogen (Frank & Korunka, 1996): (a) Existenz des Betriebes zum Befragungszeitpunkt; (b) Vollerwerbsgründung; (c) Neugründung; (d) keine negative Veränderung oder Zuwachs in der Anzahl an Mitarbeitern seit der Gründung; (e) subjektive Einschätzung der zukünftigen Entwicklung als zumindest konstant oder expansiv; (f) subjektive Einschätzung der bisherigen Unternehmerlaufbahn als „erfolgreich" bzw. „sehr erfolgreich" (siehe dazu Frank, Korunka, & Lueger, 1999a).

2. Die Durchführung der Studie

2.1 Ablauf und Erhebungsinstrument

Zur empirischen Umsetzung des Vorhabens musste sowohl eine Stichprobe von Personen, die sich im Prozess einer Unternehmensgründung befinden („GründerInnen"), als auch eine Stichprobe von „JungunternehmerInnen" befragt und analysiert werden. Die gesamte Stichprobe musste den Anforderungen an Repräsentativität in wesentlichen Merkmalen entsprechen und darüber hinaus die Analyse von kleineren Teilstichproben ermöglichen. Zu diesem Zweck wurden ca. 6000 Personen kontaktiert und um Mitwirkung gebeten. Die Befragungen wurden im gesamten österreichische Bundesgebiet zwischen April 1998 und August 1998 durchgeführt. Insgesamt wurden 1169 auswertbare Fragebögen retourniert. Der Rücklauf beträgt rund 22.6% und liegt im Bereich der Erwartungen für eine derartige Erhebung. Tabelle 1 fasst die Kennwerte der Skalen des Erhebungsinstrumentes zusammen (für eine detaillierte Beschreibung siehe Frank et al., 1999a). Für die Auswertungen wurden alle Dimensionen auf eine Ausprägung von 0-100 transformiert. In keiner Dimension war eine massive Abweichung von der Normalverteilung festzustellen.

Tabelle 1: Kennwerte der Erhebungsdimensionen

Konfigurationsdimension	Quelle bzw. Beispiel-Item	Anzahl Items	Skaleneigenschaften
Person			
Leistungsmotivation	Modick (1977)	7	Cronbachs $\alpha=.72$
Risikobereitschaft	Frese (1998)	8	Cronbachs $\alpha=.70$
Eigeninitiative	Frese et al. (1997)	7	Cronbachs $\alpha=.79$
Selbstverwirklichungsmotiv	„Verwirklichung eigener Ideen"	4	Cronbachs $\alpha=.73$
Absicherungsmotiv	„Absicherung der beruflichen Existenz"	3	Cronbachs $\alpha=.80$
Ressourcen			
Humankapital	Weiterbildung und berufliche Erfahrung	23	Index
Finanzielle Situation	Einkommen und Sicherheiten	2	Index
Umfeld			
Familiäre Restriktionen	Finanzielle Verpflichtungen (z.B. für Kinder), fehlende Unterstützung durch den/die PartnerIn	6	Index

Konfigurations-dimension	Quelle bzw. Beispiel-Item	Anzahl Items	Skalen-eigenschaften
Push-Motiv	Arbeitslosigkeit, drohender Einkommensverlust	2	r=.45
Unterstützung (Gründungsvorbereitung)	Einschätzung verschiedener Aspekte des Umfeldes als „hilfreich"	21	Index
Netzwerkbedeutung	Wichtigkeit des privaten und beruflichen Netzwerks	11	Index
Positive Rollenvorbilder	Positiver Einfluss durch Rollenvorbilder	5	Index
Prozess (Management)			
Organisationsaufwand	Einschätzung verschiedener Gründungsaktivitäten als „aufwendig"	14	Index
Informationsnutzungsgrad	Ausmaß der Nutzung verschiedener Informationen aus dem privaten und beruflichen Umfeld	17	Index
Auseinandersetzung mit dem Scheitern	Ausmaß der gedanklichen Auseinandersetzung	1	-
Gründungsschwierigkeiten	Einschätzung verschiedener Rahmenbedingungen als „schwierig"	12	Index

2.2 Analysemethodik

Der Vergleich mit der Stichprobe „erfolgreicher" Gründungsunternehmen erfolgt mittels der Effektstärkenanalyse (Cohen, 1988; Glass, 1977). Die Vorteile dieser Analysemethodik für die Konfigurationsanalyse liegen vor allem in der Vergleichbarkeit der Konfigurationsdimensionen untereinander und in der Berücksichtigung von inhaltlich bedeutsamen Unterschieden (im Unterschied zur herkömmlichen Signifikanzprüfung). Die Effektstärke ist definiert als die Differenz zweier Mittelwerte, bezogen auf die Standardabweichung. Für die vorliegende Fragestellung bedeutet dies, dass die Konfigurationen der GründerInnen mit den Mittelwerten und Standardabweichungen einer Gruppe von „erfolgreichen Jungunternehmern" (nach der operationalen Definition im Abschnitt 1.2) verglichen werden. Um inhaltlich bedeutsame Abweichungen zu interpretieren, wurde eine Effektstärke von zumindest $d=0.3$ als relevant für die Interpretation festgelegt. Im Hinblick auf die Größe der analysierten Teilstichproben garantiert dies einen statistisch hochsignifikanten Unterschied, wobei die statistische Stärke den geforderten Wert von 0.80 erreicht.

3. Ergebnisse

3.1 Merkmale der Erhebungsstichprobe

Die Rücklaufstichprobe besteht aus 340 GründerInnen, 670 JungunternehmerInnen und 146 Personen, die ihr Gründungsvorhaben abgebrochen bzw. verschoben haben (=AbbrecherInnen). Da nur vollständig und korrekt ausgefüllte Fragebögen in die statistische Analyse aufgenommen wurden, reduziert sich die Anzahl der Fälle auf 602 JungunternehmerInnen.

Die Studie stimmt in wesentlichen Kennwerten (Branchenverteilung, Kapitalbedarf, Alter, Geschlechtsverteilung, Ausbildung) mit vergleichbaren Untersuchungen aus dem deutschen Sprachraum überein (Brüderl, Preisendörfer, & Ziegler, 1996; Frank & Wanzenböck, 1994; Wanzenböck, 1996) und kann daher als repräsentativ bewertet werden.

3.2 Der erfolgreiche Gründungsbetrieb

Der nach den bereits genannten Kriterien definierte „erfolgreiche Modellbetrieb" wird für die Konfigurationsanalysen der Teilgruppen als Bezugsgröße herangezogen. Er versteht sich als ein *definitorisch festgesetztes Ideal* einer Gründung, das sich durch empirische Merkmale beschreiben lässt, die in der Gründungsforschung einen hohen Konsens hinsichtlich der Erfolgsdefinition einer Gründung besitzen. 153 JungunternehmerInnen erfüllten die Kriterien.

Der erfolgreiche Modellbetrieb zeichnet sich durch Personen aus, die stark leistungsmotiviert sind, ein hohes Maß an Eigeninitiative haben und im Kontext eines ausgeprägten Dranges nach Selbstverwirklichung agieren. Das Absicherungsmotiv spielt im Vergleich dazu eine wesentlich geringere Rolle. Die finanzielle Situation ist im Vergleich zur Humankapitalausstattung günstiger; das familiäre Umfeld ist wenig restriktiv, und negative Gründungsanlässe (z.B. drohende Arbeitslosigkeit) spielen eine geringere Rolle.

Offerierte Unterstützungsmaßnahmen in der Vorbereitung (z.B. durch Freunde, Erfahrungsaustausch, Beratung) werden eher als wenig hilfreich erlebt, während die aktive instrumentelle Nutzung des Netzwerks (z.B. für die Kundengewinnung) wesentlich bedeutsamer ist. Interessant ist, dass JungunternehmerInnen des erfolgreichen Modellbetriebes kaum über Rollenvorbilder verfügen – diese wohl auch nicht mehr benötigen – um die Gründung zu realisieren.

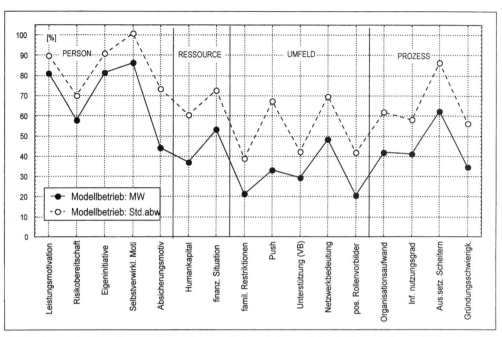

Abbildung 1: Konfiguration des erfolgreichen Modellbetriebes (Mittelwerte und Standardabweichungen)

Das Management des Gründungsprozesses ist gekennzeichnet von nicht sehr ausgeprägten Gründungsschwierigkeiten und einem subjektiv als vertretbar eingeschätzten Organisationsaufwand sowie einem eher begrenzten, gezielt und selektiv gesteuerten Informationsnutzungsgrad. Ausgeprägt ist die Auseinandersetzung mit dem Scheitern. Dies kann als rationale Abwägung der Chancen und Risiken interpretiert werden, ebenso sind aber Einflüsse aus dem Umfeld möglich, die auf Risiken aufmerksam machen. Auffällig ist auch die relativ geringe Streuung in den einzelnen Konfigurationsdimensionen, insbesondere bei den personalen Dimensionen.

3.3 Spezifische Gruppen im Gründungsprozess

In den folgenden Abschnitten werden die Konfigurationen der einleitend angeführten Gruppen analysiert, wobei als Bezugsgröße jeweils die Konfiguration des Modellbetriebes herangezogen wird. Die grafische Darstellung der Konfigurationen erfolgt in der Form von Effektstärken: (X(Gründer)-X(Modellbetrieb))/SD (Modellbetrieb)).

3.3.1 Die Gründung aus der Arbeitslosigkeit

Die nachstehende Abbildung zeigt die Konfiguration bei einer Gründung aus einer Situation der Arbeitslosigkeit heraus. Dabei ist vorweg festzuhalten, dass sich Frauen und Männer ungefähr gleich auf beide Gruppen verteilen. Allerdings ist der Anteil der älteren Personen in der Gruppe der Arbeitslosen signifikant höher. Die Kontrastierung von arbeitslosen und nicht arbeitslosen Personen mit dem Modellbetrieb zeigt eine Grundtendenz: Personen, die aus einem Beschäftigungsverhältnis heraus gründen, entsprechen tendenziell dem Profil der erfolgreichen JungunternehmerInnen. Die im Vergleich zum Modellbetrieb etwas geringer ausgeprägte Risikobereitschaft lässt sich mit dem Übergangsproblem aus der Erwerbstätigkeit in die Selbstständigkeit erklären. Nur im Bereich des Organisationsaufwandes lässt sich eine geringere Einschätzung beobachten, die aber keine exklusive Bedeutung für Personen hat, die aus der Arbeitslosigkeit gründen.

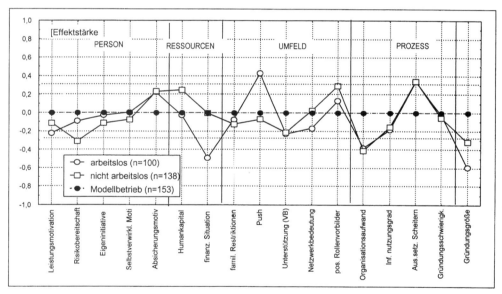

Abbildung 2: Die Gründung aus der Arbeitslosigkeit

Gründungen aus der Arbeitslosigkeit, die sich definitionsgemäß durch einen erhöhten *push*-Faktor auszeichnen, lassen keine gravierenden Differenzen zum Modellbetrieb erkennen, wenn man von der deutlich schlechteren finanziellen Situation und den kleineren Gründungsgrößen absieht, die verdeutlichen, dass es dieser Gruppe vorrangig um die Wiedergewinnung der Beschäftigung geht.

Betrachtet man die beiden Gruppen hinsichtlich ihrer eigenen Verortung im Gründungsprozess (z.B. am Beginn der Vorbereitung oder knapp vor Abschluss der Vorbereitung), zeigt sich, dass mehr Berufstätige mit der Gründung beginnen, aber ein Drittel diese wieder aufschieben, wohingegen die Nichtberufstätigen einen besonders hohen Anteil an Personen zeigen, die kurz vor der Gründung stehen. Es ist zu vermuten, dass nichtberufstätige Personen aufgrund ihrer ungünstigen Situation konsequenter in Bezug auf ihrer Gründungsabsichten agieren, während die berufstätigen Personen leichter günstigere Gelegenheiten abwarten können. Für nichtberufstätige Personen deutet sich daher eine höhere Gründungswahrscheinlichkeit an, was auch mit der angestrebten geringeren Gründungsgröße zusammenhängt: Kleinere Gründungen gelten als tendenziell leichter realisierbar. Hier findet sich ein Hinweis auf die Ökonomie der Not (Bögenhold, 1989), die einen konsequenten Gründungsprozess gleichsam erzwingt. Dafür spricht auch das höhere Alter der Beschäftigungslosen und die nach eigenen Angaben generell höher bewertete Gründungswahrscheinlichkeit im Vergleich zu Personen, die aus einem Beschäftigungsverhältnis heraus eine Gründung überlegen.

Die Bedeutung der Gründung wird zudem dadurch hervorgestrichen, dass beschäftigungslose Personen der Sicherheit des Einkommens einen signifikant höheren Stellenwert einräumen als die Berufstätigen und dass die Arbeitslosen eher einen Vollerwerbsgründung anstreben (müssen), während die berufstätigen die Gründung auch als Nebenerwerb betreiben können und somit einen größeren Entscheidungsfreiraum haben.

3.3.2 Alter und Unternehmensgründung

Hier wurden zwei Extremgruppen („jünger als 30 Jahre" und „über 40 Jahre") mit dem Modellbetrieb verglichen, um mehr über die besonderen Rahmenbedingungen für eine Gründung durch jüngere und ältere Personen zu erfahren. Dabei zeigen sich bei beiden Gruppen deutliche Effektstärken in verschiedenen Bereichen, die Unterschiede zwischen beiden Gruppen sichtbar machen.

Personen in der Altersgruppe unter 30 Jahren zeigen nur ein etwas erhöhtes Absicherungsmotiv, was möglicherweise mit der Lebensphase zusammenhängt. Auch um die finanziellen Ressourcen ist es tendenziell schlecht bestellt. Das familiäre Umfeld wirkt (noch) nicht als Belastung, wobei positive Vorbilder präsent sind. Jedoch wird der Organisationsaufwand tendenziell unterschätzt.

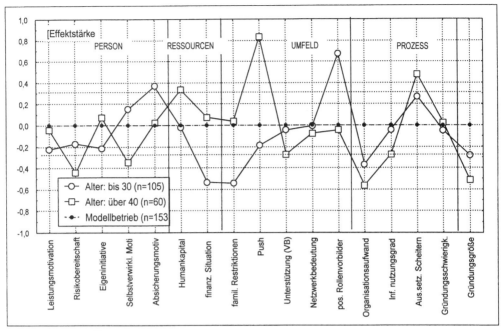

Abbildung 3: Ältere und jüngere GründerInnen

Über 40jährige dagegen repräsentieren tendenziell eine Problemgruppe, was sich am erhöhten *push*-Faktor manifestiert. Diese Gruppe ist offenbar am Arbeitsmarkt besonders bedroht und daher eher gezwungen zu gründen, weshalb auch das Motiv zur Selbstverwirklichung mittels einer Unternehmensgründung im Verhältnis zu erfolgreichen JungunternehmerInnen geringer ausgeprägt ist. Auch wenn das Humankapital gute Voraussetzungen bietet, zeigen die geringe Risikobereitschaft und intensivere Auseinandersetzung mit dem möglichen Scheitern, dass diese Personen eine risiko-aversivere Einstellung zum Gründen aufweisen. Darüber hinaus fällt auf, dass diese Gruppe ein größeres Problem hat, Unterstützung zu mobilisieren und die Gründung zu organisieren (Abweichungen in Richtung geringe Unterstützung, geringer Organisationsaufwand und geringer Informationsnutzungsgrad). Dass es sich vorwiegend um die Sicherung des eigenen Arbeitsplatzes handelt, zeigt implizit auch die geringe Gründungsgröße. Gründungen dieser Altersgruppe erfolgen daher überwiegend aus einer defensiven Lage heraus.

Überprüft man die Familiensituation genauer und vergleicht die beiden Altersgruppen mit den erfolgreichen JungunternehmerInnen des Modellbetriebs, so zeigen sich statistisch signifikante Unterschiede in allen Bereichen: Jüngere sind überwiegend ledig, haben auch weniger häufig Kinder zu versorgen als die ältere Gruppe. Damit fallen eine Reihe restriktiver Faktoren weg, die sich aus der Verantwortung für andere ergeben.

Zusammenfassend zeigt sich eine entscheidende Diskrepanz zwischen beiden Gruppen, deren Gründungsverhalten man bei der Gruppe der Jüngeren als „Ökonomie der Selbstverwirklichung" bezeichnen könnte, wobei eine Karriere angestrebt wird, und ein eigenes Unternehmen in Bezug darauf offensichtlich einen positiven Stellenwert aufweist, während bei den Älteren die „Ökonomie der Not" dominiert (Bögenhold, 1989), wobei die Sicherung des erreichten Lebensstandards oder die Bremsung sozialen Abstiegs im Vordergrund steht, nicht aber die Selbstverwirklichung.

In beiden Fällen muss man die jeweilige biographische Situiertheit berücksichtigen. Während die Jüngeren im Begriff sind, ihre berufliche Karriere aufzubauen, sind die Älteren bereits lange Zeit im Arbeitsprozess integriert. Zwar verfügt man in diesem Lebensabschnitt, wie die Konfigurationsanalyse zeigt, über eine finanziell einigermaßen gesicherte Position, aber im Falle einer Gefährdung dieser Position gründet man aus einer defensiven Haltung heraus: es ist nicht besonderes Engagement oder die glänzende Idee, die der Verwirklichung harrt, sondern es ist die Vermeidung sozialen Abstiegs, weshalb man sich in dieser Phase auch keinen Misserfolg leisten kann (oder will). Aus diesem Grund haben auch Rollenbilder keine Bedeutung mehr.

3.3.3 Frauen und Männer

Aus Platzgründen werden im folgenden nur die wichtigsten Ergebnisse dieser Konfigurationsanalyse zusammengefasst (siehe auch Frank et al., 1999a).

Frauen und Männer zeigen auffällige Übereinstimmungen. Im Vergleich zur Konfiguration des Modellbetriebes zeigen Frauen allerdings eine marginal geringere Risikobereitschaft und Leistungsmotivation, auf Ressourcenebene jedoch eine deutlich schlechtere finanzielle Ausgangsposition, die mit einer geringeren Gründungsgröße einhergeht. Verstärkt wird diese ungünstige Ausgangssituation durch einen erhöhten *push*-Faktor. Dabei zeigt sich die eher positive familiäre Situation auch in einem im Verhältnis zum Modellbetrieb nicht verstärkten Absicherungsmotiv. Männer zeichnen sich dagegen durch ein etwas erhöhtes Absicherungsmotiv aus, verfügen, analog zu den Frauen, über mehr positive Rollenvorbilder als erfolgreiche JungunternehmerInnen und unterschätzen, ebenfalls ähnlich den Frauen, den Organisationsaufwand beim Gründen.

An diesem Befund gibt es mehrere Aspekte, die einer genaueren Betrachtung bedürfen. Zum einen überrascht hinsichtlich der familiären Restriktionen der Vorteil der Frauen, weil gerade bei Frauen immer wieder die Doppelbelastung durch Beruf und Familie hervorgehoben wird. Eine genauere Auswertung zeigt hierbei, dass Frauen sich von den Männern deutlich in Hinblick auf ihre familiäre Stellung unterscheiden: generell scheint der Verheiratetenstatus durchaus positiv auf das Gründungsverhalten zu wirken, wobei JungunternehmerInnen gegenüber GründerInnen durchschnittlich über 10% häufiger verheiratet sind. Insgesamt sind deutlich mehr Männer als Frauen verheiratet (Gründer: 58%, Gründerinnen: 46% Jungunternehmer: 70%, Jungunternehmerinnen: 57%). Bei Frauen hat der Ledigenstatus offenbar eine gründungsfördernde Wirkung, wobei bei den Jungunternehmerinnen der Anteil der Ledigen 32% beträgt, während bei Jungunternehmern dieser Anteil bei 23% liegt. Bei den Frauen ist zudem der Anteil an Geschiedenen deutlich höher als bei Männern, wobei der Geschiedenenanteil sich zwischen Gründerinnen (17%) und Jungunternehmerinnen (10%) unterscheidet. Dies deutet darauf hin, dass ledige Frauen „Gründungsvorteile", geschiedene Frauen jedoch offenbar einen hohen Gründungsdruck aufweisen, aber an der Realisierung tendenziell scheitern. Bei den Männern dagegen erhöht der Verheiratetenstatus sowohl den Gründungsdruck als auch die Realisierungswahrscheinlichkeit der Gründung.

Zusätzliche Auswertungen zur Frage der Erwartungen bzw. Befürchtungen unterstützen diesen Befund. Während Frauen eher eine bessere Verbindung von Familie und Beruf erwarten als Männer, sieht ein höherer Anteil der Männer eine Verschlechterung durch die Gründung, was möglicherweise damit zusammenhängt, dass Männer sich mit einer schlechteren Gestaltbarkeit der Kombination von Berufs- und Privatleben konfrontiert sehen, während Frauen häufiger die Freiräume des Familienlebens (entweder unverheiratet, geschieden oder Wiedereinstieg ins Arbeitsleben) zur Berufstätigkeit nutzen. Deshalb können Frauen die Bedeutung der Verbindung von Beruf und Familie deutlich geringer einschätzen als Männer, was gängigen geschlechtstypischen Vorurteilen widerspricht, aber durchaus konsistent mit den Ergebnissen ist.

Dass gängige Geschlechtsrollensterotype keineswegs überwunden sind, zeigt die Wahl der Gründungsbranche. Frauen gründen deutlich überproportional in den Bereichen der individuellen Beratung, der Gesundheitsberufe und Körperpflege, der Event- bzw. Kulturorganisation und in der Mode bzw. Textilbranche; Männer dagegen in den Bereichen der technischen Beratung und Beratung im Baugewerbe, Hard- und Software, Handwerk, Industrie, im Großhandel, der Versicherungsbranche und im Verkehrs- bzw. Transportwesen.

Wenn man versucht, die Ergebnisse hinsichtlich der Geschlechtsunterschiede zusammenzufassen, emergiert folgendes Bild: Frauen und Männer unterscheiden sich zwar nicht in den personalen Dimensionen (vgl. dazu auch Müller, 2000), in den Umwelten und im Prozess. Jedoch bestehen auffällige Unterschiede im Bereich der Ressourcen (Humankapital und finanzielle Situation) und im Bereich der familiären Restriktionen. Frauen gründen offenbar vor dem Hintergrund einer völlig verschiedenen biographischen Situiertheit, die noch immer weitgehend von geschlechtsspezifischen Anforderungen geprägt ist und für die Gründung völlig andere Rahmenbedingungen erzeugt.

4. Resümee

Die angewendete Auswertungsstrategie auf der Basis der Konfigurationstheorie und Effektstärkenanalyse weist gegenüber anderen Verfahren entscheidende Vorteile auf: die einzelnen Merkmalsausprägungen werden nicht einfach auf ein Zielkriterium bezogen, sondern man vergleicht verschiedene Gruppen mit einer Referenzgruppe, die das Zielkriterium einer erfolgreichen Gründung bereits erfüllt hat. Aus dieser Sicht ist es unerheblich, ob jemand absolut betrachtet eine hohe Erfolgsmotivation aufweist; entscheidend ist vielmehr, inwiefern sich die Erfolgsmotivation von der Referenzgruppe unterscheidet. Die einzelnen Dimensionen unterliegen somit einer relationalen Betrachtung, die sich in den Effektstärken ausdrückt. Dahinter steht die Annahme, dass sich manche Faktoren wechselseitig dynamisch verstärken oder abschwächen können. Es ist daher das signifikante Abweichungsprofil, welches das Zusammenspiel von hemmenden und fördernden Faktoren charakterisiert. Damit ist es möglich, jene Faktoren zu identifizieren, durch die sich erfolgreiche UnternehmerInnen von jenen Gruppen unterscheiden, die sich noch auf dem Weg zur Gründung befinden und die in der Folge Aufschlüsse über mögliche Defizite oder Vorzüge ermöglichen.

Die durchgeführte Analyse von Gründungskonfigurationen und deren Ergänzung durch weitere Auswertungen hat gezeigt, dass die in der wirtschaftspolitischen Diskussion besonders häufig thematisierten Gruppen, nämlich Frauen, Gründungen aus der Arbeitslosigkeit und Gründungen von älteren Personen sich durch die Einstiegslogiken und die zu bewältigenden Anforderungen bzw. Probleme unterscheiden:

- Vergleicht man Frauen und Männer auf der Basis ihrer Abweichungskonfigurationen vom Modellbetrieb, so fallen vor allem die Übereinstimmungen in den personalen Bereichen und in der Handhabung des Gründungsprozesses auf. Frauen und Männer unterscheiden sich hier nicht, der Prozess der Gründung wird offensichtlich in vergleichbarem Professionalisierungsgrad realisiert. Allerdings gründen Frauen aus einer ganz spezifischen Lebenslage heraus, wobei sich deutliche geschlechtsspezifische Unterschiede ergeben. Diese Unterschiede erstrecken sich auf die vergleichsweise massiven Defizite in ihren Ressourcen, was, in Kombination mit den spezifischen Gründungsbereichen, eine kleinere Gründungsgröße zur Folge hat.

- Auch bei den Arbeitslosen weisen die Konfigurationsanalysen neben den weitgehend vergleichbaren Konfigurationsausprägungen auf Ressourcendefizite als wesentlichen hemmenden Faktor hin. Arbeitslose Personen stehen jedoch unter einem hohen Gründungsdruck, wobei im Vordergrund die Schaffung des eigenen Arbeitsplatzes steht.

- Der Extremgruppenvergleich in Bezug auf das Alter bringt zwei markant unterschiedliche Konfigurationen zutage, die sich am besten anhand der Dichotomie „Gründung aus Selbstverwirklichung" versus „Gründung aus der Not" charakterisieren lassen. Während Jüngere sich die Arbeit für ihre eigene Lebensgestaltung erst aufbauen, kämpft die ältere Gruppe gegen den sozialen Abstieg und das ökonomische Risiko des Versagens.

Die Ergebnisse belegen, dass die verschiedenen Gruppen aus jeweils sehr spezifischen Lebenslagen heraus gründen. Das Gründungsgeschehen weist daher in sich ein zunehmendes Maß an Heterogenität auf, weshalb eine zielgruppenspezifische Unterstützung immer bedeutsamer wird. Diese Differenzierung des „Gründungsmarktes" macht es wenig sinnvoll, mit undifferenzierten Maßnahmen das Gründungspotenzial zu erhöhen, sondern die angesprochenen Gruppen benötigen zugleich auch (ergänzend) spezifische Maßnahmenpakete, um den Betroffenen zu helfen, ihre Problemlagen effektiv und effizient in den Griff zu bekommen.

Auffallend ist dabei auch, dass gerade im Bereich der personalen Merkmale kaum signifikante Abweichungen zu den erfolgreichen JungunternehmerInnen feststellbar sind. Lediglich ältere Personen entwickeln aus den angeführten Gründen eine geringere Risikobereitschaft und eine eher praktische, ohne Ideale begleitete Einstellung zum Gründen. Diese Ergebnisse können aber kaum als „Defizite" diagnostiziert werden. Insofern bietet sich die Gründerperson als Bezugspunkt für Interventionen hinsichtlich der analysierten Gruppen kaum an. Die Analyse fördert vielmehr zutage, dass eher die aus den „Trivialitäten des Kaufmannslebens" entlehnten Kategorien wie knappe Finanzmittel und zum Teil unzureichender Umgang mit dem Gründungsprozess sich als hemmend herausstellen. Dies betrifft aber in erster Linie wirtschaftspolitische Interventionskategorien, also die Schaffung von Kontextbedingungen im Bereich der Finanzierung, die es ermöglichen, dass die Realisierbarkeit von Gründungen bevorzugt über ihre zukünftige Ertragskraft und weniger über bereits vorhandene oder nicht vorhandene finanzielle Ressourcen gesteuert wird;

ebenso die Enttabuisierung und Entkriminalisierung des möglichen Scheiterns als JungunternehmerIn. Der andere Problembereich fokussiert das Gründen als Organisations- bzw. Managementaufgabe. Je besser es gelingt, den Organisationsaufwand, der mit einer Gründung verbunden ist, zu strukturieren und zu steuern, umso besser sollte auch die Furcht vor dem Scheitern bewältigbar werden. Da es sich dabei um über die Gründung hinaus wichtige Qualifikationen handelt, sollte dieses Hindernis durch eine entsprechende Prozessbegleitung bzw. -beratung reduziert werden können.

Dazu kommt noch eine weitere maßgebliche Komponente: Gründungen vollziehen sich aus einer gruppentypischen biographischen Situiertheit, welche die mit einer Gründung verbundenen Chancen und Risiken der Lebensgestaltung beeinflusst. Aus diesem Grund bedeutet im gesellschaftlichen Kontext eine Gründung für Frauen, Arbeitslose oder Ältere etwas anderes als für Männer, Berufstätige oder Jüngere. Unterstützungsmaßnahmen müssen folglich die spezifische Lebenslage und Arbeitsperspektive der GründerInnen verstärkt berücksichtigen, weil sich daraus unterschiedliche Anforderungen für die Gründungsrealisierung ergeben.

Die dargestellten Ergebnisse belegen sowohl die Heterogenität der analysierten Population als auch deren unternehmerisches Potenzial. Generell sollten Selektionsprozesse durch *stakeholders* daher möglichst spät angesetzt und vermehrt auf die Adaptionsfähigkeit Gründungswilliger Bedacht genommen werden. Die zu formulierenden Angebote, um dieses Ziel zu verwirklichen, umfassen sowohl Maßnahmen der wirtschaftspolitischen Kontextsteuerung, um gründungsgeneigte Personen zu aktivieren, Maßnahmen der Prozesssteuerung, um das Entwicklungspotenzial Gründungswilliger möglichst effektiv auszunützen und maßgeschneiderte erfolgreiche Gründungen zu bewirken, und spezifische Angebote für konkrete Fachberatungen, die für klar definierbare Probleme im Zuge des Gründens konkrete Lösungsangebote bereithalten.

Literatur

Bögenhold, D. (1989). Die Berufspassage in das Unternehmertum. Theoretische und empirische Befunde zum sozialen Prozeß von Firmengründungen. *Zeitschrift für Soziologie, 18*(4), 263-281.

Brüderl, J., Preisendörfer, P., & Ziegler, R. (1996). *Der Erfolg neugegründeter Betriebe.* Berlin: Duncker & Humblot.

Cohen, J. (1988). *Statistical power analysis for the behavioral sciences.* Hillsdale, Erlbaum.

Frank, H. (1997). *Entwicklungsprozesse von Unternehmensgründungen. Ein Beitrag zur Re-Konstruktion der Entwicklungslogik und -dynamik originärer Gründungen*. Wien: Habilitationsschrift.

Frank, H., & Korunka, C. (1996). Zum Entscheidungsverhalten von Unternehmensgründern. Der Beitrag von Handlungskontrolle zur Erklärung des Gründungserfolgs. *Zeitschrift für Betriebswirtschaft, 66(8)*, 947-963.

Frank, H., Korunka, C., & Lueger, M. (1999a). *Fördernde und hemmende Faktoren im Gründungsprozeß. Strategien zur Ausschöpfung des Unternehmerpotenzials in Österreich*. Wien: BM für wirtschaftliche Angelegenheiten.

Frank, H., Korunka, C., & Lueger, M. (1999b). Konfigurationsanalyse von Unternehmensgründungen. *Betriebswirtschaftliche Forschung und Praxis,(3)*, 256-271.

Frank, H., & Lueger, M. (1997). Reconstructing development processes. *International Studies of Management and Organization, 27(3)*, 34-63.

Frank, H., & Wanzenböck, H. (1994). Insolvenzquoten und Entwicklungslinien von geförderten Unternehmensgründungen. In J. Mugler (Ed.), *Materialien des Institutes für BWL der Klein- und Mittelbetriebe an der WU Wien*. (S. 1-52). Wien: WU-Eigendruck.

Gartner, W. B. (1985). A conceptual framework for describing the phenomenon of new venture creation. *Academy of Management Review, 10*, 696-706.

Glass, G. V. (1977). Integrating findings: The meta-analysis of research. *Review of Research in Education, 5*, 351-379.

Miller, D. (1987). The genesis of configuration. *Academy of Management Review, 12*, 686-701.

Mintzberg, H. (1979). *The structuring of organizations*. Englewood Cliffs: Prentice Hall.

Mugler, J. (1998^3). *Betriebswirtschaftslehre der Klein- und Mittelbetriebe. Band 1*. Wien: Springer.

Müller, G. F. (2000). Dispositionelle und geschlechtsspezifische Besonderheiten beruflicher Selbständigkeit. *Zeitschrift für Differentielle und Diagnostische Psychologie*, im Druck.

Wanzenböck, H. (1996). Überlebensquoten und Wachstumsverläufe von Unternehmensgründungen. In J. Mugler (Ed.), *Materialien des Institutes für BWL der Klein- und Mittelbetriebe an der WU Wien*. (S. 53-101). Wien: WU-Eigendruck.

Berufsorientierungen und Ziele von potenziellen Gründern aus dem Hochschulbereich

Thomas Lang-von Wins und Jürgen Kaschube

1. Die Motive von Gründern und Unternehmern

Über die Motive und Ziele von Unternehmern ist mittlerweile viel geschrieben und geforscht worden; dies gilt zumindest dann, wenn man den Anteil diesbezüglicher Arbeiten an der Gesamtmenge der psychologisch orientierten Publikationen zu Existenzgründung und Unternehmertum betrachtet. Auch wenn man die methodischen Einschränkungen und möglichen Mängel dieser Arbeiten in Betracht zieht – die Stichproben setzen sich meist aus älteren Unternehmern zusammen (Sozialisationseffekte müssen daher vorausgesetzt werden), die eingesetzten Instrumente sind in der Regel domänenunspezifisch (darunter leidet die ökologische Validität) – so gibt es doch kaum Gründe anzunehmen, dass die Befunde in ihrer Gesamtheit nicht zuträfen. Deutliche Hinweise darauf, dass die berichteten Ergebnisse trotz anzunehmender Sozialisationseffekte der selbstständigen und unternehmerischen Tätigkeit in ihrer Grundtendenz zutreffen, liefern Arbeiten, die bei unternehmerisch interessierten Schülern (Bonnett & Furnham, 1991) sowie bei Gründern und Unternehmern (Brandstätter, 1997) die in der Literatur berichteten motivationalen Tendenzen nachweisen konnten.

Man kann also davon ausgehen, dass bei Unternehmern einige motivationale Besonderheiten vorliegen, die ihre psychologische Struktur prägen. Diese Besonderheiten beziehen sich einerseits auf den Stellenwert, den die Arbeit im Leben eines Unternehmers einnimmt. Die Bedeutung der Arbeit, die von Unternehmern weitgehend selbst gestaltet werden kann, ist offenbar sehr zentral. In manchen Arbeiten wird im Hinblick darauf von einer ausgeprägten protestantischen Arbeitsethik gesprochen (z.B. Carroll & Mosakowski, 1987; Jeremy, 1984; Singh, 1985), andere Arbeiten beleuchten den Zusammenhang zwischen beruflicher Selbstständigkeit und psychologischer Bindung an die Arbeit (z.B. Hamermesh, 1990; Thompson, Kopelman & Schriesheim, 1992). Insbesondere von einem klassischen motivationalen Konstrukt werden immer wieder höhere Ausprägungen bei Unternehmern berichtet. Bereits seit dem

Ende der 60-er Jahre wird über die ausgeprägte Leistungsmotivation von Unternehmern berichtet (z.B. Cooper & Gimeno-Gaskon, 1992; McClelland, 1987; McClelland & Winter, 1969; Miron & McClelland, 1979; Müller, 1999). Auch das Bedürfnis nach Macht, Einfluss und dem Wachstum der eigenen Firma (z.B. Carland, Hoy, Boyton & Carland, 1984; McClelland, 1975; Wärneryd, 1988) wurde als spezifisches Merkmal von Unternehmern herausgearbeitet. Daneben werden verschiedene Persönlichkeitseigenschaften benannt, wie z.B. eine mittlere Risikobereitschaft (z.B. Begley & Boyd, 1987; Timmons, 1999), die Toleranz von Unsicherheit und Ambiguität (z.B. Kets de Vries, 1977), eine hohe internale Kontroll- und Selbstwirksamkeitsüberzeugung (z.B. Bonnett & Furnham, 1991) oder Eigeninitiative (Frese, 1995).

2. Berufsorientierungen und berufliche Ziele

Die Argumentation der vorliegenden Arbeit setzt an einer anderen Forschungstradition an. Von Rosenstiel und Mitarbeiter (von Rosenstiel & Stengel, 1987; von Rosenstiel, Nerdinger, Spieß & Stengel, 1989; von Rosenstiel, Nerdinger & Spieß, 1991, 1998) haben eine Typologie von beruflichen Orientierungen entwickelt, die seit mehr als zehn Jahren ertragreich zur wissenschaftlichen Bestimmung des Berufseinstiegs eingesetzt wird.

Die Berufsorientierungen, wie sie durch von Rosenstiel und Stengel (1987) formuliert wurden, haben bisher zahlreiche Forschungsarbeiten angeregt (für einen Überblick vgl. Blickle, 1999). Die Berufsorientierungen, die mit Kaschube (1997) als unstillbare Zielintentionen (Gollwitzer, 1987) oder Motivationstendenzen (Blickle, 1999) aufgefasst werden können, sind Ausdruck der persönlichen Schwerpunkte, die man in seiner Berufsbiographie setzen will. Sie beeinflussen berufliche und berufsbezogene Aktivitäten wie die Stellenwahl, das Finden des Arbeitsplatzes und die Wahl beruflicher Ziele (Kaschube, 1997; Lang-von Wins, 1997).

In der bisher vorliegenden Form wurden drei Formen der Berufsorientierung unterschieden: eine auf Karriere ausgerichtete, eine die Freizeit betonende und eine, die alternatives Engagement in Form der Erprobung neuer, menschenwürdigerer Formen der Arbeit propagierte. Traditionell bildete die Erforschung der Berufsorientierungen von Hochschulabsolventen einen Schwerpunkt, um Selektions- und Sozialisationseffekte beim Übergang von der Hochschule in den Beruf zu erfassen. Die Kernthese dieser Arbeiten bezog sich auf die Verschärfung des Gegensatzes zwischen den Ansprüchen der Absolventen und den Forderungen der Organisationen. Dieser systemimmanente Konflikt zwischen Selbst- und Fremdbestimmung (Argyris, 1957) sollte sich den Annahmen zufolge durch einen gesellschaftlichen Wertewandel weiter verstärken, der bei den Berufseinsteigern zu einer Konfrontation der gewandelten Ansprüche mit erstarrten, an die gesellschaftliche Entwicklung nicht angepassten Strukturen führen sollte. Den Annahmen zufolge sollten sich starke Konflikte vor allem bei alternativ orientierten Berufseinsteigern ergeben, die als Ausweg bei Arbeitslosigkeit oder unbefriedigender Tätigkeit in Großorganisationen dann den Schritt in die Selbstständigkeit wagen (von Rosenstiel, 1989). Diese These ähnelt den Überlegungen Vonderachs (1980), der das Entstehen einer Klasse von „neuen Selbstständigen" postuliert hat, die sich aktiv eine Alternative zu bestehenden Strukturen schaffen. Vonderach sieht die so entstandene Selbstständigkeit durch kommunitäre Strukturen akzentuiert, wie sie etwa ein von mehreren Gleichgesinnten geführter alternativer Landwirtschaftsbetrieb darstellt. Er geht in seinen Thesen weiterhin davon aus, dass der Ausstieg der neuen Selbstständigen aus traditionellen Strukturen bereits während der Phase der Ausbildung stattfindet. Die von ihm angenommene Unterrepräsentierung höherer Ausbildungsabschlüsse bei den neuen Selbstständigen zeigt aber am deutlichsten, dass sich seine Überlegungen auf eine den durch von Rosenstiel beforschten Hochschulabsolventen in wesentlichen Punkten unähnliche Gruppe beziehen.

In einer qualitativen Studie (von Rosenstiel, Nerdinger & Spieß, 1991) konnten Anhaltspunkte für die Vermutung eines antizipierten oder manifest erfahrenen Konfliktes zwischen den eigenen alternativen Überzeugungen und den von der Organisation geforderten Verhaltensweisen gefunden werden. Wesentliche Determinanten des Wunsches, eine selbstständige Form der Berufstätigkeit anzutreten, waren der Wunsch nach einer flexiblen Einteilung der eigenen Arbeitszeit, nach der Übernahme von Verantwortung sowie einer Arbeit ohne kontrollierende Einflüsse von Vorgesetzten. In den Äußerungen der Befragten war sehr deutlich eine Akzentuierung zu erkennen, die der alternativen Orientierung entsprach.

Eine daran anschließende quantitative Längsschnittuntersuchung (Lang-von Wins, 1997, 1998) konnte jedoch keinen direkten Einfluss der alternativen Orientierung auf die Entscheidung für die berufliche Selbstständigkeit feststellen. Auch hier fanden sich Anhaltspunkte dafür, dass die Absolventen zwischen einer abhängigen und einer selbstständigen Form der Berufstätigkeit abwogen: später selbstständige Absolventen unterschieden sich z.B. hinsichtlich der abgeschickten Bewerbungen und der daraufhin erhaltenen Einladungen zu Vorstellungsgesprächen nicht von den später abhängig beschäftigten Absolventen (Lang-von Wins, 1998). Der Schritt in die berufliche Selbstständigkeit konnte auf der Ebene der Berufsorientierungen durch eine geringere

Ausprägung an Freizeitorientierung bzw. Karriereorientierung prognostiziert werden (Lang-von Wins, 1997, 1998). Inhaltlich akzentuiert wurde diese Wahl durch den Wunsch nach einem Arbeitsplatz, der kreatives und selbstbestimmtes Arbeiten zuließ.

In der Erforschung des Schrittes in die berufliche Selbstständigkeit wird gemeinhin zwischen *push-* und *pull-*Faktoren unterschieden. Kennzeichen der *push-*Faktoren ist es, dass die Selbstständigkeit ein mehr oder minder positiv bewerteter Ausweg aus einer belastenden Situation ist. Dies gilt insbesondere für eine antizipierte oder tatsächliche Arbeitslosigkeit (Bögenhold, 1989) und teilweise auch für eine grundsätzlich unzufrieden machende abhängige berufliche Beschäftigung, wie es den durch von Rosenstiel et al. (1991) festgestellten Entwicklungen aus den Organisationen hinaus entspricht. *Pull-*Faktoren beziehen sich auf die positiv besetzten Aspekte einer selbstständigen beruflichen Tätigkeit, wie z.B. dem Wunsch nach einer selbstbestimmten Tätigkeit, die Rahmen für kreatives Arbeiten lässt (z.B. Lang-von Wins, 1997).

Die traditionelle Dreiteilung der Berufsorientierungen in Karriereorientierung, Freizeitorientierung und alternatives Engagement wird den *pull-*Faktoren der abhängigen beruflichen Tätigkeit gut gerecht, die positiv besetzten Aspekte der beruflichen Selbstständigkeit sind darin jedoch nicht repräsentiert. In der bisherigen Form sind die Berufsorientierungen also nicht dazu geeignet, auf differenzierende und typisierende Weise die Motivation zu erfassen, sich beruflich selbstständig zu machen. Da es sich dabei um ein grundsätzlich überzeugendes Instrument handelt, das sich in vielen Untersuchungen bewährt hat, nahmen wir eine Ergänzung der Berufsorientierungen um eine vierte, unternehmerische Berufsorientierung vor, die die positiven Faktoren einer beruflichen Selbstständigkeit thematisiert.

Ziel dieser Arbeit ist es einerseits, zu überprüfen, ob sich eine unternehmerische Berufsorientierung von den drei traditionellen Formen der Berufsorientierung unterscheiden lässt. Andererseits sollte eine unternehmerische Berufsorientierung dann, wenn sie sich von den drei traditionellen Formen abhebt, spezifische unternehmerische Ziele besser als die bisher verwandten drei Typen erklären.

3 Methode

3.1 Ausgangslage und Design der Befragung

Den Rahmen der Untersuchung bildete eine Evaluationsbefragung unter den Teilnehmern der Münchener Business Plan Wettbewerbe 96/97 und 98/99. Dieser Wettbewerb war bei seinem Start 1996 mit der Intention ins Leben gerufen worden, Existenzgründungen aus der Hochschule heraus zu fördern und das vorhandene Potenzial an kreativen Ideen und fachlicher Kompetenz zu nutzen. In einer Gemeinschaftsaktion der drei Münchner Hochschulen sowie privater Existenzgründungsinitiativen und Sponsoren sollte den Teilnehmern die Möglichkeiten geboten werden, spielerisch und unter Anleitung in einem dreistufigen Wettbewerb einen kompletten Businessplan zu erstellen, mit dem sich die Teilnehmer um das Einwerben von Risikokapital bemühen konnten.

Die Prämisse des Wettbewerbs lautete: in bundesdeutschen Hochschulen wird eine Vielzahl von Dienstleistungsideen und Produkten im Bereich der Forschung entwickelt; die beteiligten Wissenschaftler denken zwar über eine wissenschaftliche, jedoch kaum über eine praktische Verwertung ihrer Arbeit nach. Ideen aus der Grundlagenforschung verstauben oftmals im Archiv und werden nicht zu markt- bzw. patentreifen Produkten weiterentwickelt oder werden ohne Garantie der Verwertung an privatwirtschaftliche Unternehmen weiterverkauft.

Als mögliche Gründe für die Zurückhaltung der Wissenschaftler bei der Umsetzung eigener Ideen wurden von den Initiatoren im Vorfeld des Wettbewerbs neben mangelndem Wissen über Möglichkeiten der Existenzgründung und der Angst, um die eigene Idee bestohlen zu werden, vor allem eine geringe Bereitschaft ausgemacht, das Risiko einer Unternehmensgründung zu tragen und dadurch selbst als Arbeitgeber Verantwortung für Mitarbeiter zu übernehmen. Aus diesem Grunde war bei der Evaluationsbefragung sowohl aus wissenschaftlicher als auch praktischer Perspektive neben der Bewertung des eigentlichen Wettbewerbs durch die Teilnehmer (vgl. Kaschube & Lang-von Wins, 1999) auch deren allgemeine berufliche Motivation von Interesse.

Die Befragung der Teilnehmer fand in den Jahren 1997 und 1999 jeweils gegen Ende der zweiten Wettbewerbsphase statt (Abgabe einer Vorstufe des Businessplans inklusive eines Marketingkonzepts). Über die Veranstalter wurden alle Personen angeschrieben, die Teilnehmerunterlagen angefordert hatten. Diesem Personenkreis wurde ein standardisierter Fragebogen mit Fragen zur Bewertung des Wettbewerbs und zur beruflichen Motivation zugeschickt.

3.2 Stichprobe

In beiden Befragungswellen wurden jeweils 800 Personen angeschrieben, unter denen sich ein großer Anteil befand, der in die Adressenliste der Veranstalter des Wettbewerbes eher durch einmaliges, kurzfristiges denn durch dauerhaftes Interesse aufgenommen wurde. Zusätzlich fand die Befragung zu einem Zeitpunkt statt, zu dem die Teilnehmer bereits ein intensives Bild vom Wettbewerb gewonnen hatten, aber durch ihre Teilnahme zeitlich stark in Anspruch genommen waren. Es war daher eine verhältnismäßig hohe Ausfallquote zu erwarten, von der besonders stark engagierte aber auch besonders wenig involvierte Personen betroffen sein sollten. Von den jeweils 800 Angeschriebenen antworteten 195 bzw. 156 Personen; dies entsprach einer Rücklaufquote von 24.4% bzw. 19.5%. Die Stichprobe, die in die Analysen der vorliegenden Untersuchung eingeht, verringert sich durch den Ausschluss fehlender Werte und eine Beschränkung auf Akademiker aus den mehrheitlich vertretenen Studienrichtungen auf N=247 Personen. In die Analyse werden Vertreter der Wirtschaftswissenschaften (24.7%), Naturwissenschaftler und Mediziner (26.3%) sowie Ingenieure und Informatiker (49%) aufgenommen. Die Teilnehmer der beiden Befragungen stammen also überwiegend aus dem technisch-naturwissenschaftlichen Bereich.

Zusätzlich zum Studienfach wurde die Art der Anbindung an die Hochschule erhoben. Etwa ein knappes Drittel der Teilnehmer hat das Studium noch nicht beendet, ein Viertel arbeitet im Rahmen einer wissenschaftlichen Qualifikationsstelle als Assistent oder Doktorand. Die Zahl der Professoren, die in der Regel gemeinsam mit Assistenten eine Idee zur Marktreife führen wollen, ist vergleichsweise gering. Mehr als ein Drittel der Teilnehmer war zum Zeitpunkt der Befragung nicht mehr an eine Hochschule angebunden. Wie eine qualitative Begleitstudie ergab, pflegen diese Teilnehmer des Wettbewerbs zum Teil durch eine lose Zusammenarbeit mit wissenschaftlichen Instituten den indirekten Kontakt zu den Hochschulen. Nur jeder zehnte Teilnehmer der Befragungen war weiblich – eine Zahl, die zum Teil auf den hohen Anteil technischer Studienrichtungen zurückgehen mag, in denen Frauen nicht eben häufig vertreten sind. Der Prozentsatz von 10 % entspricht in etwa dem Anteil von Frauen in technischen und ingenieurwissenschaftlichen Fachrichtungen. 51% der Teilnehmer kommen aus anderen akademischen Ausbildungsrichtungen, was darauf hindeutet, dass der Anteil der Frauen nicht nur an den Befragten des Wettbewerbs, sondern vermutlich auch an den Wettbewerbsteilnehmern deutlich unterrepräsentiert ist.

Das Durchschnittsalter der Befragungsteilnehmer lag zum Zeitpunkt der Befragung bei rund 33 Jahren; der jüngste Teilnehmer war 19 Jahre, der älteste bereits 75 Jahre alt.

3.3 Operationalisierung der Variablen

Die berufliche Motivation der Teilnehmer wurde auf zwei Ebenen erhoben: auf der Ebene der langfristigen Berufsorientierung und auf der konkreteren Ebene der aktuellen Ziele, die mit der Gründung bzw. dem Führen eines eigenen Unternehmens verbunden sind. Zur Erhebung der Berufsorientierung griffen wir auf eine vielfach erprobte Frage (vgl. von Rosenstiel & Stengel, 1987; Blickle, 1999) zurück, in der drei Typen der beruflichen Motivation aus Sicht von Hochschulabsolventen dargestellt wurden:

- Karriereorientierung, die den beruflichen Aufstieg in Großorganisationen in den Mittelpunkt stellt.
- Freizeitorientierung, die die Freizeit als zumindest gleichwertig mit der beruflichen Tätigkeit erscheinen lässt.
- Alternatives Engagement, das eine berufliche Tätigkeit außerhalb starrer Strukturen in Großorganisationen anstrebt.

Für die Untersuchung wurde in Anlehnung an die Literatur zum Unternehmertum und eigene Vorarbeiten eine neue Form der Berufsorientierung skizziert: die des selbstständigen Unternehmers, der das unternehmerische Risiko trägt, dem seine Arbeit aber auch die Chance auf Gewinn und die Verwirklichung eigener Ideen eröffnet. Im Folgenden ist die exakte Formulierung aller Orientierungen dargestellt.

Es unterhalten sich vier Hochschulabsolventen über ihre berufliche Zukunft.

Karriere

Der Erste sagt: ich möchte später einmal in einer großen Organisation der Wirtschaft oder Verwaltung in verantwortlicher Position tätig sein. Dort habe ich die Möglichkeit, Einfluss auf wichtige Geschehnisse zu nehmen und werde außerdem gut bezahlt. Dafür bin ich gerne bereit, mehr als 40 Stunden in der Woche zu investieren und auf Freizeit zu verzichten.

Freizeit

Der Zweite sagt: ich bin nicht so ehrgeizig. Wenn ich eine sichere Position mit geregelter Arbeitszeit habe und mit netten Kollegen zusammenarbeiten kann, bin ich zufrieden. Die mir wichtigen Dinge liegen nicht in der Arbeitszeit, sondern in der Freizeit - und dafür brauche ich auch nicht sehr viel Geld.

Alternatives Engagement

Der Dritte sagt: ich bin durchaus bereit, viel Arbeitskraft zu investieren, aber nicht in einer der großen Organisationen der Wirtschaft oder Verwaltung, durch die unsere Gesellschaft immer unmenschlicher wird. Ich möchte einmal in einer anderen, konkreteren Arbeitswelt tätig sein, in der menschenwürdige Lebensformen erprobt werden. Dafür bin ich auch bereit, auf hohe Bezahlung oder auf Geltung und Ansehen außerhalb meines Freundeskreises zu verzichten.

Selbständigkeit/Unternehmertum

Der Vierte sagt: ich will mir eine berufliche Existenz als selbstständiger Unternehmer aufbauen. Nur so kann ich im Arbeitsleben konsequent meine eigenen Ideen verwirklichen und mir meine Arbeit selbst einteilen. Ich möchte nicht für andere arbeiten, sondern selbst den Gewinn aus meiner Arbeit ziehen. Dafür bin ich gerne bereit, viel zu arbeiten und das unternehmerische Risiko auf mich zu nehmen.

Die Befragten wurden gebeten, den Grad ihrer Zustimmung auf einer siebenstufigen Rating-Skala anzugeben (von 1 = „stimme überhaupt nicht zu" bis 7 = „stimme voll und ganz zu").

Für die Formulierung beruflicher Ziele wurde eine Reihe von Experteninterviews mit Initiatoren des Businessplans sowie Unternehmern und Selbstständigen aus verschiedenen Branchen durchgeführt, aus denen eine breite Palette von möglichen beruflichen Zielen extrahiert wurde. Zusammen mit Formulierungen aus Studien zum Berufseinstieg von Hochschulabsolventen (vgl. Kaschube, 1997) wurde für die erste Befragung 1997 eine Liste mit 22 Zielen formuliert, die in leicht veränderter Form (24 Ziele) auch in der zweiten Befragung 1999 eingesetzt wurde. 21 der Items konnten am Ende drei Dimensionen (vgl. Tabelle 2) zugeordnet werden: der Dimension *Führung, Status, Geld*, der Dimension *Unternehmerisches Handeln* und der Dimension *Autonomie und Selbstverwirklichung*.

Tabelle 2: Kategorisierung beruflicher Ziele mit jeweils vier Beispielitems

Kategorien (Anzahl der Items)	„Ich will ein Unternehmen gründen, weil ich..." [a]	α [b]
Führung, Status, Geld (8)	...meine Führungsqualitäten entwickeln und umsetzen will. ...im eigenen Unternehmen alle Fäden in der Hand halten will. ...hohe Anerkennung in der Gesellschaft genießen will. ...überdurchschnittlich viel Geld verdienen will.	.84
Unternehmerisches Handeln (6)	...nur so meine Visionen realisieren kann. ...eigenverantwortlich handeln kann. ...gerne für mich und andere Verantwortung trage. ...die Herausforderung suche, etwas Neues von Grund auf aufzubauen.	.71
Autonomie und Selbstverwirklichung (7)	...meine Arbeitszeit frei einteilen kann. ...fachlich genau das machen kann, was mir am meisten Spaß macht. ...neue Produkte und Dienstleistungen entwickeln will. ...von anderen unabhängig sein will.	.64

Anmerkung: [a] Der Fragenanker wurde in der Evaluationsbefragung 1997 stärker projektiv formuliert („Ich bin Unternehmer, weil ich..")
[b] In die Reliabilitätsanalyse gingen die Daten der gesamten Untersuchungsstichprobe (N = 351) ein. Die Befragten wurden gebeten, den Grad der Wichtigkeit auf einer fünfstufigen Rating-Skala anzugeben (von 1 = „vollkommen unwichtig" bis 5 = „sehr wichtig").

4 Ergebnisse

Die Interkorrelationen der Berufsorientierungen zeigen ein in weiten Bereichen dem traditionellen Muster ähnliches, wenn auch nicht identisches Bild. So zeigen sich klare negative Zusammenhänge zwischen dem Ausmaß an Karriereorientierung und der Ausprägung des alternativen Engagements; der nach bisherigen Arbeiten (z.B. Blickle, 1999; Lang-von Wins, 1997) zu vermutende klare negative Zusammenhang mit der Freizeitorientierung zeigt sich allerdings nicht. Neben einer möglichen, wenn auch nicht sehr wahrscheinlichen Veränderung des Antwortverhaltens aufgrund der Erweiterung um eine vierte Form der Berufsorientierung sind die Gründe dafür vermutlich in der Zusammensetzung der Stichprobe zu suchen. An der vorliegenden Befragung hatten sich bedeutend weniger der stark an Karriere in Großunternehmen orientierten Betriebswirtschaftsstudenten beteiligt. Stattdessen setzt sich eventuell, wie bereits bei von Rosenstiel, Nerdinger und Spieß (1991) für Ingenieure und Naturwissenschaftler beschrieben, eine Tendenz zur Kombination mehrerer Berufsorientierungen durch. Tabelle 3 gibt die Interkorrelationen der Berufsorientierungen wieder.

Tabelle 3: Interkorrelationen der Berufsorientierungen

	Freizeitorientierung	Alternatives Engagement	Unternehmerische Orientierung
Karriereorientierung	.11	-.29**	-.16*
Freizeitorientierung		.12	-.11
Alt. Engagement			.07

Anmerkung: N = 247; **$p<.01$; *$p<.05$.

Die unternehmerische Orientierung erweist sich in der vorliegenden Stichprobe als relativ unabhängig von den drei traditionellen Ansätzen. Signifikant ist allein die Abgrenzung zwischen Karriereorientierung und unternehmerischer Orientierung. In Anbetracht des Settings, aus dem unsere Stichprobe stammt, verwundert es nicht, dass sich die befragten Personen am stärksten im Bereich der unternehmerischen Orientierung verorteten. Die anderen Berufsorientierungen spielten für die Befragten eine deutlich untergeordnete Rolle. Die entsprechenden Kennwerte der Berufsorientierungen und der beruflichen Ziele sind in Tabelle 4 wiedergegeben.

Tabelle 4: Mittelwerte von Berufsorientierungen und beruflichen Zielen

	Mittelwert	Standardabweichung
Berufsorientierungen		
Karriereorientierung	3.78	1.86
Freizeitorientierung	2.36	1.45
Alternatives Engagement	3.61	1.81
Unternehmerische Orientierung	5.94	1.26

	Mittelwert	Standardabweichung
Berufliche Ziele		
Führung, Status, Geld	3.39	.70
Unternehmerisches Handeln	4.23	.58
Autonomie und Selbstverwirklichung	3.80	.64

Im Vergleich zu Befragungen von Absolventen, die sich nicht schwerpunktmäßig für die berufliche Selbstständigkeit interessieren (vgl. Blickle, 1999; Lang-von Wins, 1997; 1998), hat in der vorliegenden Befragung vor allem die Freizeitorientierung eine deutlich geringere Bedeutung. Unter den beruflichen Zielen dominiert das unternehmerische Handeln in der Bedeutsamkeit für die Befragungsteilnehmer.

Um den Einfluss der auf einer abstrakteren motivationalen Ebene angesiedelten Berufsorientierungen auf die konkreteren beruflichen Ziele zu bestimmen, wurden multiple Regressionsanalysen auf die beruflichen Ziele berechnet. Dabei wurden im ersten Schritt soziodemographische Kontrollvariable eingeführt, von denen ein Einfluss auf die beruflichen Zielsetzungen der Befragten angenommen werden kann: Geschlecht und Studienfach. Im zweiten Schritt wurde das Alter sowie eine vorhandene Hochschulanbindung in die Regressionsgleichung eingeführt. Im dritten Schritt wurden die traditionellen drei Formen der Berufsorientierung zur Vorhersage der beruflichen Ziele eingesetzt, und im letzten Schritt folgte die neu entwickelte unternehmerische Form der Berufsorientierung. Diese Aufteilung der Berufsorientierungen auf zwei Stufen erfolgte, um den Erklärungsanteil der unternehmerischen Orientierung über Karriere-, Freizeit- und Alternativorientierung hinaus zu bestimmen. Die Ergebnisse der Berechnungen zeigt Tabelle 5.

Die Berechnungen zur Zieldimension *Führung, Status, Geld* weisen zunächst einen signifikanten Effekt des Studienfaches der Befragten aus, der zu Lasten der naturwissenschaftlich ausgebildeten Teilnehmer geht. Dieser Befund lässt sich gut in die Fachkultur naturwissenschaftlicher Studiengänge einordnen (vgl. Windolf, 1997) und entspricht auch den Befunden, die von Rosenstiel et al. (1991) für Absolventen berichten, die sich primär für den Weg in die abhängige Beschäftigung interessieren. Die Führung von Mitarbeitern, der gesellschaftliche Status oder Reichtum, der sich durch die Vermarktung der eigenen Idee einstellt, sind für die Absolventen naturwissenschaftlicher Fächer keine zentralen Ziele, die sie mit der Gründung verfolgen.

Tabelle 5: Hierarchische Regressionsanalyse auf die Ziele von Existenzgründern

Schritt/ Prädiktoren	R^2	ΔR^2	ΔF	Beta[a]
Führung, Status, Geld				
1 Kontrollvariablen Studienfach, Geschlecht[b]	.05	.05	4.24**	-.13*
2 Alter / Hochschulanbindung	.06	.01	1.42	
3 Berufsorientierung	.13	.07	6.15***	
Karriere				.22***
Freizeit,				-.03
Alternativ				-.15*
4 Berufsorientierung Unternehmertum/ Selbständigkeit	.23	.10	30.72***	.33***
$F_{(9, 234)} = 7.80$***				
Unternehmerisches Handeln				
1 Kontrollvariablen Studienfach, Geschlecht	.06	.06	4.94**	-.17**
2 Alter / Hochschulanbindung	.07	.01	1.21	
3 Berufsorientierung	.10	.03	2.79*	
Karriere				-.01
Freizeit,				-.11
Alternativ				.10
4 Berufsorientierung Unternehmertum/ Selbständigkeit	.19	.09	24.52***	.31***
$F_{(9, 233)} = 5.91$***				
Autonomie/ Selbstverwirklichung				
1 Kontrollvariablen Studienfach, Geschlecht	.02	.02	2.09	
2 Alter / Hochschulanbindung	.03	.01	.65	
3 Berufsorientierung	.07	.04	3.76*	
Karriere				.04
Freizeit,				-.17**
Alternativ				.14*
4 Berufsorientierung Unternehmertum/ Selbständigkeit	.10	.03	7.14**	.17**
$F_{(9, 234)} = 2.97$**				

Anmerkung: [a] standardisierte Beta-Koeffizienten aus der Endgleichung;
(*$p<.05$; **$p<.01$; *** $p<.001$)
[b] die Kontrollvariablen wurden *dummy*-codiert

In Anlehnung an Windolf (1997) ist dagegen eine starke Affinität zu einem hauptsächlich durch die Wissenschaft bestimmten Lebensstil zu vermuten. Noch deutlicher zeigt sich ein Effekt, der zu Lasten der Teilnehmer mit naturwissenschaftlicher Ausbildung geht, bei der Zieldimension *Unternehmerisches Handeln*. Offenbar sind es also weniger die Herausforderungen einer selbstständigen und unternehmerischen Tätigkeit verbunden mit dem Aufbau des Unternehmens und der Übernahme von Verantwortung, die die Naturwissenschaftler in die Selbstständigkeit ziehen.

Es kann vermutet werden, dass diese Befunde wesentlich durch Sozialisation in verschiedenen Fachkulturen und selbstselektive Mechanismen erklärt werden können.

Die Berufsorientierungen erklären bei jeder Zieldimension zusätzliche Varianzanteile. Bei der Zieldimension *Führung, Status, Geld* geht wie zu erwarten bei den traditionell eingesetzten Formen der deutlichste Einfluss von der Karriereorientierung aus. Auch das alternative Engagement der Befragten kann hier einen – wenn auch kleineren – Teil der Varianz aufklären, es steht in negativem Zusammenhang zu der Wahl von auf *Führung, Status, Geld* bezogenen beruflichen Zielen. Die neu hinzugekommene Form der unternehmerischen und auf eine selbstständige Form der Berufstätigkeit abzielende Berufsorientierung erklärt zusätzlich einen Varianzanteil von zehn Prozent. Bei der Zieldimension *Unternehmerisches Handeln* lässt sich für die traditionellen Formen der Berufsorientierung nur ein unspezifischer Einfluss nachweisen. Das unternehmerische Orientierungsmuster zeigt dagegen wiederum deutlichen Einfluss auf die Formulierung beruflicher Ziele, die unternehmerisches Handeln in den Mittelpunkt stellen. Bei der dritten in dieser Untersuchung eingesetzten Zieldimension, *Autonomie und Selbstverwirklichung*, zeigen das alternative Engagement und die Freizeitorientierung einen klaren, den Vermutungen entsprechenden Zusammenhang: zur Freizeitorientierung zeigt sich ein deutlicher negativer, zum alternativen Engagement dagegen ein positiver Zusammenhang. Auch hier erklärt die vierte Form der Berufsorientierungen einen zusätzlichen signifikanten Anteil der Varianz bei der Wahl dieser Zieldimension.

5 Fazit

Die neu entwickelte Form der unternehmerischen Berufsorientierung hat sich in der ersten Analyse bewährt. Sie kann zusätzlich zu den bisher eingesetzten Formen der Karriereorientierung, der Freizeitorientierung und des alternativen Engagements spezifische Anteile der Varianz von auf die berufliche Selbstständigkeit bezogenen beruflichen Zielen erklären. Die Anteile von drei bis zehn Prozent erklärter Varianz in den Dimensionen der beruflichen Ziele sind angesichts eines theoretischen Ideals der vollständigen Varianzaufklärung klein; bezieht man die von den anderen Variable erklärte Varianz der Wahl beruflicher Ziele in diese Betrachtung mit ein, so fällt auf, dass die neue Form der Berufsorientierung nahezu zur Verdoppelung der durch die anderen in der Gleichung vertretenen Variablen beiträgt. Vor diesem Hintergrund und dem Wirken einer Vielzahl unkontrollierter Einflüssen gewinnen die Varianzanteile klar an Bedeutung. Die Befunde müssen sich in weiteren Studien bewähren; bedeutsam ist insbesondere der Einsatz an heterogeneren Stichproben.

Von besonderem inhaltlichem Interesse ist eine Kombination der Berufsorientierungen und beruflichen Ziele mit Instrumenten zur Erfassung motivationaler und persönlichkeitspsychologischer Konstrukte (vgl. Blickle, 1999), von denen ein Zusammenhang zu beruflicher Selbstständigkeit und Unternehmertum nachgewiesen ist. Da diese Konstrukte auf einer anderen inhaltlichen Ebene ansetzen, könnte dies ein ertragreicher Weg sein, die Aussagen über die psychologischen Bedingungen der Wahl eines unternehmerischen Lebensweges weiter zu differenzieren. Diese Kombination ist auch aus praktischer Sicht interessant. Instrumente, die zur dringend notwendigen Beratung von werdenden Unternehmern eingesetzt werden – etwa um Motive, Kompetenzen und notwendige Ressourcen zu erfassen und zu bewerten – sollten neben den traditionell eingesetzten motivationalen Konstrukten, die meist nicht auf den beruflichen Bereich bezogen sind, auch spezifische berufsbezogene Themen einbeziehen. Die Erfassung und Bestimmung von beruflichen Zielen und Berufsorientierungen kann einen sinnvollen Beitrag leisten, um die Diagnostik bei der wissenschaftlichen Bestimmung und praktisch-beratungsbezogenen Anwendung im Bereich von Existenzgründung und Unternehmertum weiter zu verfeinern.

Literatur

Argyris, C. (1957). *Personality and organization: The conflict between system and the individual.* New York: Harper & Row.

Begley, T.M. & Boyd, D.B. (1987). Psychological characteristics associated with performance in entrepreneurial firms and small businesses. *Journal of Business Venturing, 2,* 79-93.

Blickle, G. (1999). *Karriere, Freizeit, Alternatives Engagement. Empirische Studien zum psychologischen Kontext von Berufsorientierungen.* Mering: Hampp.

Bögenhold, D. (1989). Die Berufspassage in das Unternehmertum. Theoretische und empirische Befunde zum sozialen Prozeß von Firmengründungen. *Zeitschrift für Soziologie, 18,* 263-281.

Bonnett, C. & Furnham, A. (1991). Who wants to be an entrepreneur? A study of adolescents interested in a young enterprise scheme. *Journal of Economic Psychology, 12,* 465-478.

Brandstätter, H. (1997). Becoming an entrepreneur – a question of personality structure? *Journal of Economic Psychology, 18,* 157-177.

Carland, J.W.; Hoy, F.; Boyton, W. & Carland, J. (1984). Differentiating entrepreneurs from small business owners. *Academy of Management Review, 9,* 354-359.

Carroll, G.R. & Mosakowski, E. (1987). The career dynamics of self-employment. *Administrative Science Quarterly, 32,* 570-589.

Cooper, A.C. & Gimeno Gascon, F.J. (1992). Entrepreneurs, process of founding, and new firm perfomrnace. In D.L. Sexton & J.D. Kasarda (Eds.) *The state of the art of entrepreneurship* (pp. 301-340). Boston.

Frese, M. (1995). Entrepreneurship in East Europe: A general model and empirical findings. In C.L. Cooper & D.M. Rousseau (Eds.) *Trends in Organizational Behavior* (pp. 65-84). Chichester: Wiley.

Gollwitzer, P.M. (1987). Suchen, Finden und Festigen der eigenen Identität: Unstillbare Zielintentionen. In H. Heckhausen, P.M. Gollwitzer & F.E. Weinert (Hrsg.) *Jenseits des Rubikon: Der Wille in den Humanwissenschaften* (S. 176-189). Berlin: Springer.

Hamermesh, D.S. (1990). Shirking or productive shmoozing: Wages at the allocation of time at work. *Industrial and Labor Relations Review, 43,* 121-133.

Jeremy, D.J. (1984). Anatomy of the british business elite 1860-1980. *Business History, 26,* 3-23.

Kaschube, J. (1997). *Ziele von Führungsnachwuchskräften.* Mering: Hampp.

Kaschube, J. & Lang-von Wins, T. (1999). Erfahrungen aus einem Gründungswettbewerb an Münchner Hochschulen. In K. Moser, B. Batinic & J. Zempel (Hrsg.) *Unternehmerisch erfolgreiches Handeln* (S. 245-262). Göttingen: Verlag für Angewandte Psychologie.

Kets de Vries, M.F.R. (1977). The entrepreneurial personality: A person at the crossroads. *Journal of Management Studies, 14*, 34-57.

Lang-von Wins, T. (1997). *Arbeitnehmer, Unternehmer oder arbeitslos? Ein psychologischer Beitrag zum Berufseinstieg von Hochschulabsolventen.* Mering: Hampp.

Lang-von Wins, T. (1998). Der Übergang von der Hochschule in den Beruf: Berufsorientierungen und Wege in Arbeitslosigkeit, abhängige und selbständige Beschäftigung. In L. v. Rosenstiel, F.W. Nerdinger & E. Spieß (Hrsg.) *Von der Hochschule in den Beruf* (S. 57-78). Göttingen: Verlag für Angewandte Psychologie.

McClelland, D.C. (1975). *Power - the inner experience.* New York: Irvington.

McClelland, D.C. (1987). Characteristics of sucessful entrepreneurs. *Journal of Creative Behavior, 21*, 219-233.

McClelland, D.C. & Winter, D.G. (1969). *Motivating economic achievement.* New York: Free Press.

Miron, D. & McClelland, D.C. (1979). The impact of achievement motivation training on small businesses. *California Management Review, 21*, 13-28.

Müller, G.F. (1999). Dispositionelle und biographische Bedingungen beruflicher Selbständigkeit. In K. Moser, B. Batinic & J. Zempel (Hrsg.) *Unternehmerisch erfolgreiches Handeln* (S. 173-192). Göttingen: Verlag für Angewandte Psychologie.

Rosenstiel, L. v. (1989). Selektions- und Sozialisationseffekte beim Übergang vom Bildungs- ins Beschäftigungssystem. *Zeitschrift für Arbeits- und Organisationspsychologie, 33*, 21-32.

Rosenstiel, L.v. & Stengel, M. (1987). *Identifikationskrise? Zum Engagement in betrieblichen Führungspositionen.* Bern: Huber.

Rosenstiel, L. v., Nerdinger, F.W. & Spieß, E. (1991). *Was morgen alles anders läuft.* Düsseldorf: Econ.

Rosenstiel, L. v., Nerdinger, F.W. & Spieß, E. (1998). *Von der Hochschule in den Beruf.* Göttingen: Verlag für Angewandte Psychologie.

Rosenstiel, L.v., Nerdinger, F.W., Spieß, E. & Stengel, M. (1989). *Führungsnachwuchs im Unternehmen. Wertkonflikte zwischen Individuum und Organisation.* München: Beck.

Singh, S. (1985). Relevance of social factors in entrepreneurial growth. *Journal of Sociological Studies, 4*, 72-85.

Thompson, C.A., Kopelman, R.E. & Schriesheim, C.A. (1992). Putting all one's eggs in the same basket: A comparison of commitment and satisfaction among self- and organizationally employed men. *Journal of Applied Psychology, 77*, 738-743.

Timmons, J.A. (1999). *New Venture Creation*. Boston: McGraw Hill.

Vonderach, G. (1980). Die „neuen Selbständigen". 10 Thesen zur Soziologie eines unvermuteten Phänomens. *MittAB, 13,* 153-169.

Wärneryd, K.-E. (1988). The psychology of innovative entrepreneurship. In W.F. van Raaij, G.M. van Veldhoven & K.E. Wärneryd (Eds.) *Handbook of Economic Psychology* (pp. 404-447). Dordrecht: Kluwer.

Windolf, P. (1997). Selektion und Selbstselektion an deutschen Universitäten. In L. von Rosenstiel, T. Lang & E. Sigl (Hrsg.) *Fach- und Führungsnachwuchs finden und fördern* (S. 39-71). Stuttgart: Schäffer-Poeschel.

Anforderungsanalyse für Existenzgründer

Ottmar L. Braun und Julia Maaßen

1. Zur Notwendigkeit der Anforderungsanalyse

Die Anforderungsanalyse sucht nach den Voraussetzungen auf Seiten der Person, die zur Bewältigung einer bestimmten Aufgabe bzw. Tätigkeit in einem bestimmten Kontext nötig oder günstig sind. Will man diese Anforderungen an die Person ermitteln, muss dort angesetzt werden, wo die Anforderungen gestellt werden - bei der Tätigkeit (vgl. Jeserich, 1981, S. 51 ff.). Es gibt nicht *das* Anforderungsprofil; konkrete Anforderungen lassen sich nur aus konkreten Aufgaben innerhalb eines Berufes oder einer Tätigkeit ableiten, d.h. es gibt u.U. so viele Anforderungsprofile wie Berufe, wobei diese noch mit dem spezifischen Umfeld (z.B. Organisation, Firma, Kollegen) variieren. „Es sind also die Tätigkeiten zu analysieren und die Anforderungen abzuleiten, die an Bewerber gestellt werden" (Schuler, 1996, S. 59).

Nun stellt sich im konkreten Fall der Existenzgründung die Frage: in welchem besonderen Kontext befindet sich der Existenzgründer und welche Tätigkeiten hat er zu bewältigen? Gewisse Übereinstimmungen scheint es mit der Arbeit als Führungskraft zu geben. Sowohl Führungskraft als auch Existenzgründer müssen vermehrt Entscheidungen treffen und Verantwortung übernehmen. Dennoch gibt es Grundsätzliches, was den Existenzgründer von der Führungskraft unterscheidet. Während sich die Arbeit der Führungskraft im Kontext eines Unternehmens mit seinen spezifischen Strukturen und Hierarchien abspielt und die Führungskraft sich in diesem Unternehmen zu behaupten hat, hat der Existenzgründer direkt auf dem Markt und in der Gesamtgesellschaft zu bestehen. Während im Falle der Führungskraft in einem Unternehmen die Personalabteilung über Einstellung und Fortbestand zu entscheiden hat, sind es im Falle des Existenzgründers z.B. bestimmte Behörden und der finanzielle Geschäftserfolg, die über Gründung und Fortbestand entscheiden.

Es gibt sicher noch mehr Unterschiede zu nennen, jedoch zeigt schon der kurze Vergleich, dass der Existenzgründer sich in einem einzigartigen Kontext befindet und mit einzigartigen Bedingungen konfrontiert wird. Neben dem

Rahmen, in dem sich eine Tätigkeit abspielt, ist es wichtig, die Tätigkeit selbst zu beleuchten. Was also tut der Existenzgründer? Der Existenzgründer hat eine Geschäftsidee, die er umzusetzen versucht. Er nimmt Kontakt zu Banken auf, besorgt sich Kredite, er nimmt Kontakt zu sonstigen relevanten öffentlichen und privaten Stellen auf, er sucht Mitarbeiter und Lieferanten, schafft entsprechende Strukturen, er betreibt Öffentlichkeitsarbeit und verkauft Produkte.

Schon diese einleitenden Gedanken zu Kontext und Tätigkeit im Zusammenhang der Existenzgründung machen deutlich, dass der Existenzgründer neues Land betritt, welches spezifische Anforderungen an ihn stellt. Ziel dieser Studie ist es, die Anforderungen zu erkennen und in ein Anforderungsprofil für Existenzgründer zu transformieren, mit dessen Hilfe Auswahl, Beratung und Training eben solcher Personen möglich ist.

2. Methoden der Anforderungsanalyse

Schuler (1996, S. 59 ff.) unterscheidet drei Wege der Bestimmung von Anforderungen. Zum einen nennt er die *erfahrungsgeleitet-intuitive Methode*. Diese beschäftigt sich ohne empirische Methoden rein mit den Eigentümlichkeiten der Berufe, mit den in ihnen auszuübenden Tätigkeiten, dem „Material" der Tätigkeiten und sonstigen Bedingungen. Die Methode findet insbesondere bei der Berufsberatung Anwendung und verlangt vom Anwender ein hohes Maß an Erfahrung.

Mehr standardisierten und empirischen Charakter hat die *arbeitsplatzanalytisch-empirische Methode*. Mit Hilfe von Fragebögen werden die Tätigkeiten und Situationen an konkreten Arbeitsplätzen untersucht. Bei der arbeitsplatzanalytischen Methode geht es um die Analyse der Aufgaben, die zu erledigen sind.

Die *personenbezogen-empirische Methode* versucht, über statistische Zusammenhänge zwischen den Merkmalen der im Beruf tätigen Personen und Kriterien wie Leistungshöhe und Berufszufriedenheit die Anforderungen nach Art und Höhe zu bestimmen. Schuler selbst bezeichnet die arbeitsanalytisch-empirische Methode als Methode der Wahl.

Folgt man Jeserich (1981, S. 61 ff.), so kann man Anforderungsanalysen vier gröberen Methoden-Kategorien zuordnen:
- Verfahren der Expertenbefragung
- Verfahren der kritischen Verhaltensbeschreibung

- Verfahren der Beschreibung kritischer Vorfälle
- Kombinierte Verfahren.

Die *Verfahren der Expertenbefragung* zeichnen sich dadurch aus, dass sich Personen, die sich besonders gut mit dem fraglichen Beruf und dessen Anforderungen auskennen (z.B. Führungkräfte), versammeln und mittels verschiedener Methoden (Moderation, Informationssammlung aus Literatur und Gesprächen) Anforderungen erarbeiten und strukturieren. Diese Verfahren zeichnen sich durch hohe Praktikabilität und Akzeptanz aus. Andererseits können andere Personengruppen zu anderen Ergebnissen kommen, was eine Beeinträchtigung der Objektivität darstellt. Deshalb ist grundsätzlich auch die Validität eines solchen Vorgehens in Frage zu stellen.

Die *Verfahren der kritischen Verhaltensbeschreibung* arbeiten systematisch unter teilweise hohem Zeit- und Arbeitsaufwand mit Verhaltensweisen real existierender, leistungsmäßig guter oder schlechter Stelleninhaber. Anhand der gefundenen Verhaltensweisen werden Instrumente entwickelt, die meist in mehreren Durchgängen von Inhabern und Vorgesetzten der Zielebene bearbeitet werden und aus denen dann das endgültige Anforderungsprofil erstellt wird.

Beim *Verfahren der Beschreibung kritischer Vorfälle* (Flanagan, 1954) geht es darum, erst einmal mehr oder minder typische Vorfälle zu sammeln. Kenner der Zielebene beschreiben sodann Verhaltensweisen erfolgreicher und weniger erfolgreicher Stelleninhaber in den jeweiligen Situationen, aus denen wiederum Fragebögen entwickelt werden. Da sie bei Situationen und nicht bei Verhaltensweisen ansetzt, zeichnet sich die Methode durch eine hohe Objektivität aus.

Kombinierte Verfahren nach Jeserich (1981) gehen von vier allgemeingültigen Faktoren aus, die bei jeder Zielebene oder -stelle relevant sind. Diese lauten: 1. Steuerung sozialer Prozesse, 2. systematisches Denken und Handeln, 3. Aktivität, 4. Ausdruck. Jeder dieser Faktoren wird dann mit drei bis sechs Merkmalen definiert. So ist z.B. der Faktor Ausdruck durch die Merkmale 4.1. mündliche und schriftliche Formulierung, 4.2. Flexibilität und 4.3. Überzeugung definiert. Jedes Merkmal ist dann wiederum auf einer dritten Ebene verhaltensnah verankert. Dies wird am Beispiel Überzeugung deutlich gemacht: 4.3.1. Andere übernehmen seine Ideen, Ziele, Methodenvorschläge, 4.3.2. Seine Argumente erzeugen keine Widerrede, 4.3.3. Andere suchen seinen Rat und 4.4.4. Andere akzeptieren seine Führungsrolle/bieten Führungsrolle an. Insgesamt enthält der Katalog auf der obersten Ebene vier Faktoren, auf der zweiten Ebene 19 Merkmale und auf der dritten Ebene 78 Verhaltensweisen.

Um ein spezifisches Anforderungsprofil zu erstellen, werden mit der *critical-incident*-Methode drei Vorfälle - ein wichtiges, ein häufig vorkommendes und ein überraschendes Ereignis – erhoben. Die 78 Merkmale werden einzeln auf Karten geschrieben, durch einen Code in ihrer Zugehörigkeit zu einem der vier Faktoren gekennzeichnet und in entsprechende vier Kartenbündel sortiert. Stelleninhaber und Vorgesetzte werden gebeten, nacheinander die Kartenbündel auf die für die Bewältigung des jeweiligen Vorfalls wichtigere Hälfte der Merkmale zu reduzieren. So entsteht durch eine relativ einfache und praktikable Prozedur das Anforderungsprofil. Ein weiterer, neuerer Ansatz zur Beschreibung relevanter Anforderungsdimensionen läßt sich aus dem Bochumer Inventar zur berufsbezogenen Persönlichkeitsbeschreibung (Hossiep & Paschen, 1998) ableiten. Dieses Instrument, welches Persönlichkeit unabhängig vom klinischen Hintergrund berufsbezogen und anforderungsnah beschreiben will, teilt persönliche Eignungsvoraussetzungen in vier Bereiche oder Dimensionen mit entsprechenden Unterdimensionen.

- Berufliche Orientierung mit den Unterdimensionen Leistungsmotivation, Gestaltungsmotivation, Führungsmotivation.
- Arbeitsverhalten mit den Unterdimensionen Gewissenhaftigkeit, Flexibilität, Handlungsorientierung.
- Soziale Kompetenzen mit den Unterdimensionen Sensitivität, Kontaktfähigkeit, Soziabilität, Teamorientierung, Durchsetzungsstärke.
- Psychische Konstitution mit den Unterdimensionen emotionale Stabilität, Belastbarkeit, Selbstbewusstsein.

Sowohl Jeserich (1981) als auch Hossiep und Paschen (1988) beschäftigen sich mit beruflichen Anforderungen im Allgemeinen und nicht mit Existenzgründung im Speziellen. Hingegen haben Conrad, Müller, Wagener und Wilhelm (1998) unternehmerische Potenziale bei angehenden Existenzgründern untersucht. Sie kommen auf drei Schlüssel-Potenziale, die relativ unabhängig von den individuellen Gegebenheiten unternehmerisches Handeln von Gründern bedingen:

- Kognitive Potenzialfaktoren mit den Unterfaktoren intellektuelle Befähigung, Verarbeitungskapazität, Wissenskapazität (unterteilt in Inhaltswissen und Anwendungswissen) und Kreativität.
- Motivationale Potenzialfaktoren mit den Unterfaktoren Leistungsmotivation Stärke internaler Kontrollüberzeugungen, Risikobereitschaft und Stressresistenz.

- Soziale Potenzialfaktoren mit den Unterfaktoren Durchsetzungsvermögen und integrative Fähigkeiten.

Diese drei Faktoren wurden von Müller (in diesem Band) noch um einen vierten Faktor ergänzt, nämlich den affektiven Faktor mit den Unterfaktoren Belastbarkeit, emotionale Stabilität und Antriebsstärke.

Konkrete Hypothesen wurden von uns nicht formuliert. Allerdings kann auf Basis der vorliegenden Forschung zum leistungsmotivierten Verhalten (McClelland & Winter, 1969), auf der Basis der Arbeiten von Jeserich (1981) zu den Anforderungen an Führungskräfte, auf der Basis des Fragebogens von Hossiep und Paschen (1998), auf der Basis der Arbeit von Conrad et al. (1998) und Müller (in diesem Band) angenommen werden, dass

- die Anforderungen sich in die Oberkategorien motivationale Anforderungen, kognitive Anforderungen, soziale Anforderungen und emotionale Anforderungen einteilen lassen,
- der Motivation bzw. der persönlichen Zielsetzung eine besonders hohe Bedeutung beigemessen wird,
- das klassische Thema Mitarbeiter-Führung von den Experten als wichtig erachtet wird und
- die soziale Kompetenz ebenfalls ein Faktor ist, dem hohe Bedeutung beigemessen wird.

3. Delphi-Studie zum Anforderungsprofil für Existenzgründer

3.1 Überblick

Bezüglich des methodischen Vorgehens standen folgen Überlegungen im Vordergrund:

- Es sollte ein Anforderungsprofil für eine Zielebene erstellt werden, für das es bisher weniger Informationsmaterial gibt als z.B. für die Formulierung eines Anforderungsprofils für Führungskräfte oder Verkäufer. Deshalb konnte auch nicht aus bestehenden Anforderungsprofilen ein solches für Existenzgründer abgeleitet werden. Ein kombiniertes Verfahren wie etwa Jeserich es vertritt, fiel für uns somit aus.
- Existenzgründer haben keine Vorgesetzten, die die Zielebene durchlaufen haben und sich darin auskennen. Eine klassische Expertenbefragung, in der

Experten zur Beratung, Erarbeitung und Strukturierung zusammentreffen, scheitert also ebenfalls.

- Wer sind überhaupt die Experten für Existenzgründung? Unserer Ansicht nach sind es Personen, die regelmäßig Umgang mit Existenzgründern haben und die während ihrer Tätigkeit erfolgreiche und erfolglose Existenzgründungen beobachten und beurteilen konnten.

Wir entschieden uns für ein mehrstufiges Vorgehen in Anlehnung an die Delphi-Methode (Franke & Zerres, 1988). Die Delphi-Methode basiert auf schriftlichen Einzelbefragungen von Experten einer bestimmten, fraglichen Thematik. Der Grundgedanke der Methode ist, dass durch einen strukturierten Rückmeldungsprozess und die Bereitstellung der Einschätzungen und Argumente anderer schließlich ein „korrektes" Gesamtbild entsteht. Es wird in mehreren Befragungsphasen vorgegangen, in denen jeder einzelne Teilnehmer das Gesamtergebnis aller Teilnehmer der letzten Befragungsphase durch die Forscher zurückgemeldet bekommt. Jeder Teilnehmer hat dann die Möglichkeit, seine Sichtweise zu überdenken, neue Argumente in seine Überlegungen mit einzubeziehen und somit zu einer neuen Einschätzung zu gelangen. Das Verfahren wird insbesondere bei der Prognose wirtschaftlicher oder gesellschaftlicher Entwicklungen eingesetzt, schien jedoch bei der vorliegenden Fragestellung mit entsprechenden Abwandlungen durchaus geeignet. Diese Methode hat neben der praktikablen schriftlichen Vorgehensweise den Vorteil, dass sie anonym durchgeführt wird. Außerdem können Gruppenprozesse das Ergebnis nicht verzerren.

3.2 *Untersuchungsteilnehmer und Vorgehen*

Im Rahmen der vorliegenden Untersuchung wurden rund 30 Experten auf dem Gebiet der Existenzgründung angeschrieben. Dabei handelte es sich um fünf Bankfachleute, drei Existenzgründer, vier Unternehmensberater und achtzehn Geschäftsführer von Technologie- und Innovationzentren. Es handelte sich also um Personen, die häufig Kontakt zu Existenzgründern haben oder mit unternehmerischem Handeln aus der eigenen Berufspraxis vertraut sind. Neben einem Anschreiben, in dem wir unser Vorhaben, die Teilschritte und den Zeitplan vorstellten, verschickten wir ein Formblatt mit der Frage: Welche Fähigkeiten bzw. Fertigkeiten und Kenntnisse benötigt der Existenzgründer?

Das Formblatt war unterteilt in:

- Grundsätzliche Merkmale/Verhaltensweisen/Eigenschaften,

- Merkmale/Verhaltensweisen/Eigenschaften, die speziell im Dienstleistungssektor wichtig sind,
- Merkmale/Verhaltensweisen/Eigenschaften, die speziell im technischen Bereich wichtig sind.

Die Frage war ganz bewusst offen gehalten, um nicht von vorne herein Einschränkungen bei der Nennung der Merkmale, Verhaltensweisen und Eigenschaften vorzunehmen. Sämtliche Nennungen dieser *ersten Phase* wurden kategorisiert und mit einem Kategoriennamen versehen. Der Unterteilung in Dienstleistungssektor und technischen Bereich wurde im weiteren Gang der Untersuchung keine Beachtung geschenkt, da sich hier keine Unterschiede fanden.

Die so kategorisierten Ergebnisse wurden in einer *zweiten Phase* wieder den Experten zugeschickt. Zum einen sollten sie die entstandenen Kategorien ergänzen bzw. korrigieren und zum anderen sollten sie die gefundenen Merkmale auf der Verhaltensebene operationalisieren. D.h. sie sollten den Merkmalen beobachtbares Verhalten zuordnen oder - wenn das nicht möglich war - die Merkmale konkretisieren. Unter den aus dieser Phase eingegangenen Nennungen wurde dann eine Auswahl getroffen – hauptsächlich nach dem Kriterium der Beobachtbarkeit. Die Merkmale und die zugehörigen Verhaltensweisen wurden in eine übersichtliche Form gebracht (1 DIN A4 Blatt) und ein letztes Mal an die Experten verschickt.

In dieser *dritten und letzten* Phase hatten die Teilnehmer die Aufgabe, die Kategorien auf einer Skala von 1= „weniger wichtig" bis 5 = „sehr wichtig" zu gewichten. In jeder Phase beteiligten sich zehn Experten an der Befragung.

3.3 *Ergebnisse*

Ergebnis der Studie ist ein Anforderungsprofil für Existenzgründer mit elf Dimensionen, die in ihrer Wichtigkeit von 1 = „weniger wichtig" bis 5 = „sehr wichtig" skaliert sind. Dieses Anforderungsprofil ist in Abbildung 1 dargestellt. Wie Abbildung 1 zu entnehmen ist, wird der Bereich von persönlichen Zielen und Motivation als besonders wichtig eingeschätzt. Die Experten sind der Ansicht, dass Existenzgründer insbesondere über Zielstrebigkeit und Ergebnisorientierung verfügen müssen, dass sie klare Ziele mit Ausdauer verfolgen müssen. Dazu gehört auch, dass sie bei Rückschlägen nicht aufgeben und Pläne aufstellen sollten.

Merkmal	Konkrete Beschreibung	*Wichtigkeit* (Mittelwert)
Ziele & Motivation (Zielstrebigkeit, Ergebnisorientierung, klare Zielsetzung, Fähigkeit zur Selbstmotivation, Ausdauer)	➢ kann Ziele formulieren ➢ stellt Pläne auf ➢ liefert Ergebnisse ➢ gibt bei Rückschlägen nicht auf ➢ hat schon längere Projekte/Aufgaben bearbeitet	4,67
Umgang mit Mitarbeitern/Führung (Mitarbeitermotivation, Teamfähigkeit, Mitarbeiterführung, Organisationstalent, Institutionen-Kenntnis)	➢ macht Zielvorgaben ➢ begründet Zielvorgaben ➢ verteilt Arbeit ➢ lobt ➢ leitet gerne Besprechungen ➢ löst Probleme in kurzer Zeit	4,22
Soziale Kompetenz (Kontaktfreudigkeit, Konfliktbereitschaft; Durchsetzungsfähigkeit, Einfühlungsvermögen)	➢ geht auf Andere zu ➢ hört zu ➢ meidet Auseinandersetzungen nicht ➢ widerspricht auch mal ➢ gibt auch mal nach ➢ argumentiert ruhig und analytisch	4,00
Umgang mit Kunden (Akquisitionskompetenz, Vertriebskompetenz, Abschlussstärke)	➢ wirkt sympathisch ➢ kennt die Rituale	4,00
BWL (Profitorientierung, Marktkenntnis, Marketingkenntnisse)	➢ kennt Konkurrenz und Zielgruppe ➢ hat eine Marketingstrategie	4,00
Kreativität (Innovationsfähigkeit, Weltoffenheit; Querdenken, Interdisziplinarität)	➢ fragt nach anderen Meinungen ➢ kennt neue Medien ➢ bedient sich anderer Fachleute ➢ ist vielseitig interessiert	4,00
Emotionale Stabilität (Belastbarkeit, Risikobereitschaft, Krisenfestigkeit, Gelassenheit)	➢ wirkt trotz Streß gelassen ➢ ist zur Aufnahme von Darlehen/ Krediten bereit ➢ bleibt auch gegenüber Bürokraten cool ➢ geht kalkulierbare Risiken ein	3,89
Kognitive Kompetenz (Wesentliches erkennen können, Entscheidungsfreude, Konzentrationsfähigkeit)	➢ setzt Prioritäten ➢ wägt Vor- und Nachteile von Alternativen ab ➢ antwortet nach angemessener Zeit	3,78
Ausstrahlung (Sicheres Auftreten, sympathisches Äußeres, Selbstbewußtsein, Vertrauenswürdigkeit)	➢ ist freundlich ➢ ist angemessen gekleidet ➢ lächelt ➢ ist pünktlich	3,67
Selbsterfahrung (Abgrenzungsstärke, Fähigkeit zur Selbstüberprüfung, Rollenbewusstsein)	➢ erinnert sich an Irrtümer und Fehler ➢ verhält sich in unterschiedlichen Situationen jeweils angemessen ➢ kann sich selbst kritisieren ➢ analysiert Erfolge und Misserfolge	3,67
Wissen/Bildung (Fachkenntnisse, EDV, globalistische Bildung, Aktuell informiert etc.)	➢ abgeschlossene Ausbildung ➢ beherrscht MS-Office, Internet ➢ spricht Fremdsprachen ➢ liest Wirtschaftsmagazine ➢ hat mind. ein Jahr Berufserfahrung	3,33

Abbildung 1: Anforderungsprofil für Existenzgründer

Das zweitwichtigste Merkmal für Existenzgründer ist nach Ansicht der Experten der Umgang mit Mitarbeitern. Mitarbeitermotivation, Teamfähigkeit und Führung sind die Begriffe, die das Merkmal genauer beschreiben. Bei den konkreten Verhaltensbeschreibungen fällt wiederum auf, dass Ziele eine wichtige Rolle spielen. Das mag daran liegen, dass die Zielsetzungstheorie (Locke & Latham, 1990; Wegge, 1998) und das zugehörige Instrument der Führung durch Zielvereinbarung (vgl. Kleinbeck & Schmidt, 1996) inzwischen eine weite Verbreitung in der Wirtschaft gefunden hat (Hölzle, 2000). Auf die Bedeutung von Zielen für erfolgreiches unternehmerisches Handeln haben auch Rauch und Frese (1998, S. 19) hingewiesen.

Auf dem dritten Rang findet man die Merkmale soziale Kompetenz, Umgang mit Kunden, betriebswirtschaftliche Kenntnisse und Kreativität.

Zur sozialen Kompetenz zählen die befragten Experten Kontaktfreudigkeit, Konfliktbereitschaft, Durchsetzungsfähigkeit, Einfühlungsvermögen etc. Die konkreten Verhaltensbeschreibungen wirken teilweise widersprüchlich (widerspricht auch mal, gibt auch mal nach, meidet Auseinandersetzungen nicht), treffen aber im Kern wohl das, was bei Gesprächen, insbesondere Verhandlungen wichtig ist.

Unter dem Merkmal Umgang mit Kunden werden Akquisitionskompetenz, Vertriebskompetenz und Abschlussstärke genannt. Die konkrete Beschreibung beinhaltet die sympathische Wirkung und die Kenntnis der Rituale. Inhaltlich besteht hier wahrscheinlich ein Bezug zur Ausstrahlung (s.u.).

Betriebswirtschaftliche Orientierung ist nach Ansicht der Experten ein weiteres wichtiges Merkmal. Bei näherer Betrachtung zeigt sich, dass damit in erster Linie Kenntnisse im Marketing gemeint sind.

Kreativität wird von den Fachleuten ebenfalls als wichtiges Merkmal angesehen. Damit ist Innovationsfähigkeit, Weltoffenheit, die Fähigkeit zum Querdenken und Interdisziplinarität gemeint. Konkret kann man dieses Merkmal daran erkennen, ob jemand nach anderen Meinungen fragt, neue Medien kennt (und nutzt), ob er vielseitige Interessen hat und sich auch anderer Fachleute bedient.

Für Existenzgründer wird emotionale Stabilität als wichtig angesehen, womit Belastbarkeit Risikobereitschaft, Krisenfestigkeit und Gelassenheit gemeint sind. Bei der konkreten Verhaltensbeschreibung zeigt sich, dass die Experten bei der Beantwortung der Fragen zu den Existenzgründern wohl eher an die Existenzgründungsphase gedacht haben, denn es tauchen Verhaltensweisen auf, die insbesondere dieser Phase zuzurechnen sind: „ist zur Aufnahme von Krediten bereit", „bleibt auch gegenüber Bürokraten cool" und „geht kalkulierbare Risiken ein".

Unter dem Begriff kognitive Kompetenz sind Begriffe wie Entscheidungsfreude, Wesentliches erkennen und Konzentrationsfähigkeit zu finden. Konkret lässt sich dies daran erkennen, dass Prioritäten gesetzt werden, dass Vor- und Nachteile von Alternativen abgewogen und Antworten nach angemessener Zeit gegeben werden.

Unter Ausstrahlung (siehe auch Umgang mit Kunden) fallen das sichere Auftreten, ein sympathisches Äußeres, Selbstbewusstsein und Vertrauenswürdigkeit. Konkret ist dies daran zu erkennen, dass jemand freundlich ist, dass er angemessen gekleidet ist, dass er lächelt und pünktlich ist.

Die Experten halten auch ein gewisses Maß an Selbsterfahrung für hilfreich. Gemeint ist hier wohl das, was Psychologen mit Selbstreflexion oder Lernfähigkeit bezeichnen. Genannt wurden die Begriffe Abgrenzungsstärke, Fähigkeit zur Selbstüberprüfung, Rollenbewusstsein. Konkret lässt sich das Vorhandensein dieses Merkmals daran erkennen, dass sich der Existenzgründer an Irrtümer und Fehler erinnert, dass er sich in unterschiedlichen Situationen jeweils angemessen verhält, dass er sich selbst kritisieren kann und dass er Erfolge und Misserfolge analysiert.

Schließlich scheint ein gewisses Maß an Wissen und Bildung für Existenzgründer notwendig zu sein. Gemeint ist hier Fachwissen, EDV-Kompetenz, globalistische Bildung und aktuelles Informiertsein. Konkret sei dieses Merkmal daran erkennbar, dass eine abgeschlossene Ausbildung vorliegt, dass MS-Office und Internet beherrscht werden, dass Fremdsprachenkenntnisse vorliegen, Wirtschaftsmagazine gelesen werden und mindestens ein Jahr Berufserfahrung vorliegt.

4. Diskussion

Die Diskussion erfolgt unter theoretischen und methodischen Gesichtspunkten. Theoretisch ist die Formulierung eines Anforderungsprofils immer eine notwendige Voraussetzung, wenn man Personalauswahl bzw. Personalentwicklung betreiben will. Schließlich muss die Frage nach dem „Auswählen wofür" und die Frage nach der „Entwicklung wohin" beantwortet werden, bevor man entsprechende Massnahmen einleitet. Beim vorliegenden Ergebnis fällt auf, dass es sich vielfach um Anforderungen handelt, die auch an Führungskräfte gestellt werden. Dennoch tauchen auch Anforderungen auf, die bei

Führungskräften weniger gefragt sind, z.B. Umgang mit (externen) Kunden, Akquisitionskompetenz oder Kreativität.

Bei mittelständischen oder großen Unternehmen wird es wohl eher so sein, dass ein Teil der hier genannten Anforderungen von einer Person mit einer Funktion abgedeckt werden, andere Personen übernehmen andere Aufgaben und decken damit andere Anforderungen ab. Der klassische Existenzgründer sollte jedoch in nahezu allen Punkten dem Profil entsprechen. Teamgründungen wären hier ein Weg, mögliche Lücken zu schließen.

Bei der Untersuchung wurde nicht nach Anforderungen speziell für die Gründungsphase und solchen speziell für nachfolgende Phasen der Unternehmensentwicklung getrennt. Aus den Nennungen geht jedoch indirekt hervor, dass die befragten Experten die Antworten auf die Gründungsphase bezogen haben. Da auch nach Existenzgründern und nicht nach Existenzabsicherern oder Unternehmern gefragt worden ist, liegt es nahe, dass sich die Antworten auf die Gründungsphase beziehen.

Bei genauerer Betrachtung lassen sich die gefundenen Merkmale wieder vier Oberkategorien zuordnen: motivationale Anforderungen, kognitive Anforderungen, soziale Anforderungen und emotionale Anforderungen. Zu den motivationalen Anforderungen zählt nur das Merkmal Ziele und Motivation, das jedoch den höchsten Mittelwert aufweist. Zu den kognitiven Anforderungen zählen die Merkmale kognitive Kompetenz, betriebswirtschaftliche Orientierung, Kreativität, und Wissen/Bildung. Zu den sozialen Anforderungen zählen die Merkmale soziale Kompetenz, Umgang mit Mitarbeitern, Umgang mit Kunden und Ausstrahlung. Zu den emotionalen Anforderungen zählen die emotionale Stabilität und die Selbsterfahrung.

Methodisch lassen sich bei der vorliegenden Studie einige Stärken und Schwächen anführen. Zu den Stärken zählt das mehrphasige Vorgehen in Anlehnung an die Delphi-Methode und die offene Fragestellung. Dies hat dazu geführt, dass die verwendeten Begrifflichkeiten durch Synonyme oder Begriffe im semantischen Umfeld beschrieben wurden, so dass dem Leser und Nutzer klarer sein müsste, wovon eigentlich die Rede ist. Schließlich liefern die konkreten Beschreibungen, zum Teil verhaltensnah, Operationalisierungshinweise für die verwendeten Konstrukte.

Zu den methodischen Schwächen gehören die zwangsläufig notwendigen subjektiven Auswertungsschritte, die der Objektivität abträglich sind. Wer gewohnt ist, mit großen Stichproben zu arbeiten, der wird als Mangel sicher die relativ kleine Stichprobengröße anführen, die bei Expertenbefragungen aber durchaus üblich ist. Man kann sich fragen, ob bei einer größeren Stichprobe etwas grundsätzlich anderes herausgekommen wäre. Solange eine solche Studie nicht vorliegt, kann die Frage jedoch nicht beantwortet werden.

Bei der Beurteilung der Ergebnisse sollte man auch immer bedenken, dass die Informationen zwar von Fachleuten kamen, dass es sich aber letztlich um psychologische Laien gehandelt hat. Insofern geben die Ergebnisse Meinungen wieder, es handelt sich nicht um korrelationsstatistische Ergebnisse im Sinne der personenbezogenen-empirischen Methode (Schuler, 1996, S. 60).

5. Anwendung

In welchen Kontexten lassen sich die Ergebnisse anwenden bzw. einer Anwendung zuführen? Denkbar wäre, dass das gefundene Anforderungsprofil in ein Beurteilungsinstrument übersetzt wird, mit dem Personen, die beruflich Umgang mit Existenzgründern haben (Mitarbeiter der IHK, Berater, Bankkaufleute, Juristen), deren Eignung systematischer beurteilen könnten, als nur auf der Basis eines ersten Eindrucks. Zumindest wurde in Gesprächen mit Praktikern der Wunsch nach einem solchen Instrument geäußert. Dieses Instrument ist in Abbildung 2 dargestellt.

Beurteilungsbogen für Existenzgründer

Merkmal Synonyme bzw. Erläuterungen	Konkrete Beschreibung	Beurteilung (1=nicht ausgeprägt) (5=stark ausgeprägt)
Motivationale Anforderungen		
Ziele & Motivation (Zielstrebigkeit, Ergebnisorientierung, klare Zielsetzung, Fähigkeit zur Selbstmotivation, Ausdauer)	➢ kann Ziele formulieren ➢ stellt Pläne auf ➢ liefert Ergebnisse ➢ gibt bei Rückschlägen nicht auf ➢ hat schon längere Projekte/ Aufgaben bearbeitet	1 2 3 4 5 1 2 3 4 5 1 2 3 4 5 1 2 3 4 5 1 2 3 4 5
Kognitive Anforderungen		
Kognitive Kompetenz (Das Wesentliche erkennen können, Entscheidungsfreude, Konzentrationsfähigkeit)	➢ setzt Prioritäten ➢ wägt Vor- und Nachteile von Alternativen ab ➢ antwortet nach angemessener Zeit	1 2 3 4 5 1 2 3 4 5 1 2 3 4 5
BWL (Profitorientierung, Marktkenntnis, Marketingkenntnisse)	➢ kennt Konkurrenz und Zielgruppe ➢ hat eine Marketingstrategie	1 2 3 4 5 1 2 3 4 5
Kreativität (Innovationsfähigkeit, Weltoffenheit; Querdenken, Interdisziplinarität)	➢ fragt nach anderen Meinungen ➢ kennt neue Medien ➢ bedient sich anderer Fachleute ➢ ist vielseitig interessiert	1 2 3 4 5 1 2 3 4 5 1 2 3 4 5 1 2 3 4 5

Merkmal Synonyme bzw. Erläuterungen	Konkrete Beschreibung	Beurteilung (1=nicht ausgeprägt) (5=stark ausgeprägt)
Wissen/Bildung (Fachkenntnisse, EDV, globalistische Bildung, Aktuell informiert etc.)	➢ abgeschlossene Ausbildung ➢ beherrscht MS-Office, Internet ➢ spricht Fremdsprachen ➢ liest Wirtschaftsmagazine ➢ hat mind. ein Jahr Berufserfahrung	1 2 3 4 5 1 2 3 4 5 1 2 3 4 5 1 2 3 4 5 1 2 3 4 5
Soziale Anforderungen		
Soziale Kompetenz... (Kontaktfreudigkeit, Konfliktbereitschaft; Durchsetzungsfähigkeit, Einfühlungsvermögen)	➢ geht auf Andere zu ➢ hört zu ➢ meidet Auseinandersetzungen nicht ➢ widerspricht auch mal ➢ gibt auch mal nach ➢ argumentiert ruhig und analytisch	1 2 3 4 5 1 2 3 4 5 1 2 3 4 5 1 2 3 4 5 1 2 3 4 5 1 2 3 4 5
Umgang mit Mitarbeitern/Führung (Mitarbeitermotivation, Teamfähigkeit, Mitarbeiterführung, Organisationstalent, Institutionen-Kenntnis)	➢ macht Zielvorgaben ➢ begründet Zielvorgaben ➢ verteilt Arbeit ➢ lobt ➢ leitet gerne Besprechungen ➢ löst Probleme in kurzer Zeit	1 2 3 4 5 1 2 3 4 5 1 2 3 4 5 1 2 3 4 5 1 2 3 4 5 1 2 3 4 5
Umgang mit Kunden (Akquisitionskompetenz, Vertriebskompetenz, Abschlussstärke)	➢ wirkt sympathisch ➢ kennt die Rituale	1 2 3 4 5 1 2 3 4 5
Ausstrahlung (Sicheres Auftreten, sympathisches Äußeres, Selbstbewußtsein, Vertrauenswürdigkeit)	➢ ist freundlich ➢ ist angemessen gekleidet ➢ lächelt ➢ ist pünktlich	1 2 3 4 5 1 2 3 4 5 1 2 3 4 5 1 2 3 4 5
Emotionale Anforderungen		
Emotionale Stabilität (Belastbarkeit, Risikobereitschaft, Krisenfestigkeit, Gelassenheit)	➢ wirkt trotz Stress gelassen ➢ ist zur Aufnahme von Darlehen/Krediten bereit ➢ bleibt auch gegenüber Bürokraten cool ➢ geht kalkulierbare Risiken ein	1 2 3 4 5 1 2 3 4 5 1 2 3 4 5 1 2 3 4 5
Selbsterfahrung (Abgrenzungsstärke, Fähigkeit zur Selbstüberprüfung, Rollenbewusstsein)	➢ erinnert sich an Irrtümer und Fehler ➢ verhält sich in untersch. Sit. angemessen ➢ kann sich selbst kritisieren ➢ analysiert Erfolge und Misserfolge	1 2 3 4 5 1 2 3 4 5 1 2 3 4 5 1 2 3 4 5

Abbildung 2: Beurteilungsbogen für Existenzgründer

Dabei müssten die Beurteiler im bzw. nach dem ohnehin geführten Gespräch mit dem Existenzgründer jeweils ankreuzen, wie stark eine bestimmte Verhaltensweise ausgeprägt war. Durch Mittelwertbildung entweder auf der Ebene der Merkmale oder auf der Ebene der Kategorien würde sich dann ein Stärken-Schwächen-Profil des Existenzgründers ergeben. Ob diese Informationen dann für eine Intervention genutzt wird (z.B. Training) oder ob sie Grundlage für Entscheidungen ist (z.B. Förderung, Kreditvergabe), bleibt dahingestellt.

Ein anspruchsvollerer Ansatz für eine Anwendung bestünde darin, das Anforderungsprofil in konkrete Auswahl/Förder-Instrumente umzusetzen. Denkbar wäre hier die Analyse von schriftlichen Unterlagen (Zeugnisse, Geschäftsplan), das strukturierte Interview und das Assessment-Center (AC). In der folgenden Gesamtauswertungsmatrix (siehe Abbildung 3) ist dargestellt, wie die einzelnen Dimensionen mit den Auswahlinstrumenten „Analyse der Unterlagen", „projektorientiertes Interview" bzw. den Übungen des ACs verbunden werden könnten. Das Anforderungsmerkmal Ziele/Motivation lässt sich durch alle aufgeführten Übungen/Methoden beurteilen, während die BWL-Orientierung besonders gut aus den Unterlagen und den Ergebnissen der Fallstudie hervorgeht.

Wenn man sich fragt, welche Anwendungsmöglichkeiten es für ein Existenzgründer-Anforderungsprofil und die darauf aufbauenden Auswahlinstrumente gibt, muss man sich gleichzeitig fragen, wer ein Interesse an einer „guten" Auswahl oder Förderung von Existenzgründern bzw. an einer Diagnose der dahinterliegenden Potenziale hat. Da Erfolg oder Misserfolg der beruflichen Selbstständigkeit neben ökonomischen Rahmenbedingungen von individuellen Kompetenzen des angehenden Existenzgründers abhängen (Conrad et. al, 1998), könnten Banken und sonstige Geldgeber zur Kreditabsicherung an einer validen Auswahl der Kreditempfänger interessiert sein. Allerdings sollte man hier den Bedarf nicht überschätzen. Deutsche Banken sichern ihre Kredite sorgfältig ab. Vermutlich gehen die Überlegungen von Banken/Kreditinstituten eher in die Richtung, Gründerpleiten und damit Imageschäden zu vermeiden. Denkbar wäre demnach, dass Banken diese psychologischen Überlegungen aufgreifen, um ihr Beratungsangebot auszuweiten. Eine weitere große Gruppe potenzieller Interessenten sind natürlich die angehenden und bereits agierenden Existenzgründer selbst, da sie selbst an einer genauen Diagnose ihrer Potenziale, Schwachstellen und Stärken interessiert sein sollten. Existenzgründer könnten ihre Stärken möglicherweise noch intensiver für die Unternehmensziele einsetzen. Bei Schwächen besteht auf jeden Fall Kompensationsbedarf, der entweder durch Trainingsmaßnahmen oder durch die Kooperation mit anderen Personen gedeckt werden sollte.

Anforderungs-merkmale	Übungen							
	Unterlagen	Projekt-orientiertes-Interview	Mitarbeiter-gespräch	Kunden-gespräch	Verhandlungs-gespräch	Fallstudie	Gruppen-diskussion	Unternehmens-präsentation
Ziele / Motivation								
Selbsterfahrung/ -kontrolle	■		■	■	■		■	■
Emotionale Stabilität	■						■	■
Kognitive Kompetenz		■	■					
Kreativität		■	■			■		■
Soziale Kompetenz	■					■		
Führungskompetenz		■				■		■
Ausstrahlung	■					■		
BWL-Orientierung		■	■	■	■		■	■
Wissen/ Bildung		■	■	■	■		■	■

Abbildung 3:   Gesamtauswertungsmatrix Assessment-Center für Existenzgründer

Anmerkung: Weisse Felder: Das entsprechende Merkmal wird durch die Methode diagnostiziert. Schwarze Felder: Das entsprechende Merkmal wird durch die Methode nicht diagnostiziert.

Literatur

Braun, O.L. (2000). *Ein Modell Aktiver Anpassung: Berufliche Zielklarheit, Organisationsorientierung, Mittelklarheit und Vorsatzbildung/Planung als vorauslaufende Bedingungen von Arbeitszufriedenheit, Wechseltendenz und Leistung.* Landau: VEP, im Druck.

Conrad, W., Müller, G.F., Wagner, D. & Wilhelm, O. (1998). Psychologische Beiträge zur Analyse unternehmerischer Potenziale bei angehenden Existenzgründern. *Veröffentlichung des Instituts für Mittelstandsforschung* Nr. 36. Universität Mannheim: Institut für Mittelstandsforschung.

Flanagan, J. (1954). The critical incident technique. *Psychological Bulletin, 51*, 327-358.

Franke, R. & Zerres, M. P. (1988). *Planungstechniken: Instrumente für zukunftsorientierte Unternehmensführung.* Aschaffenburg: FAZ-Verlag.

Hölzle, P. (2000). Die Anwendung des Führungsinstrumentes „Zielvereinbarung" in der deutschen Wirtschaft. In: O. L. Braun. *Zielvereinbarungen im Kontext strategischer Organisationsentwicklung.* Landau: VEP, im Druck.

Hossiep, R. & Paschen, M. (1998). *Das Bochumer Inventar zur berufsbezogenen Persönlichkeitsbeschreibung* (BIP). *Handanweisung.* Göttingen: Hogrefe.

Jeserich, W. (1981). *Mitarbeiter auswählen und fördern: Assessment-Center-Verfahren.* München: Hanser.

Kleinbeck, U. & Schmidt, K. H. (1996). Die Wirkung von Zielsetzungen auf das Handeln. In: J. Kuhl & H. Heckhausen (Hg.). *Enzyklopädie der Psychologie, Motivation und Handeln, Band 4* (S. 875-907). Göttingen: Hogrefe.

Locke, E. A. & Latham, G. P. (1990). *A theory of goal setting and task performance.* Prentice Hall: Englewood Cliffs.

McClelland, D.C. & Winter, D.C. (1969). *Motivating economic achievement.* New York. Free Press.

Rauch, A. & Frese, M. (1998). Was wissen wir über die Psychologie erfolgreichen Unternehmertums?. In M. Frese: *Erfolgreiche Unternehmensgründer* (S. 5-34). Göttingen: VAP.

Schuler, H. (1996). *Psychologische Personalauswahl.* Göttingen: VAP.

Wegge, J. (1998). Die Zielsetzungstheorie: Ein kritischer Blick auf Grundlagen und Anwendungen. In: O. L. Braun (Hg.). *Ziele und Wille in der Psychologie: Grundlagen und Anwendungen.* (S. 3-50). Landau: VEP.

Existenzgründung

Förderung

Hohenheimer Gründerdiagnose: Konzeption zur eignungsdiagnostischen Untersuchung potenzieller Unternehmensgründer

Heinz Schuler und Henning Rolfs

1. Einleitung

Nach der klassischen Aussage von Schumpeter (1935) ist die Person des Unternehmensgründers für den Erfolg von Unternehmensgründungen und für die Weiterentwicklung ganzer Volkswirtschaften von zentraler Bedeutung. Die Hohenheimer Gründerdiagnose versucht für die Betrachtung der Person des Unternehmensgründers eignungsdiagnostische Modelle und Methoden nutzbar zu machen. Die dabei operationalisierten Konstrukte und eingesetzten eignungsdiagnostischen Methoden leiten sich aus zwei Strängen eignungsdiagnostischer Forschung ab: zum ersten aus umfangreichen empirischen Untersuchungen über die personalen Determinanten der beruflichen Leistung und des individuellen Erlebens bei der Arbeit für den Bereich abhängig beschäftigter Personen (für einen Überblick siehe Schuler, 1998). Aus der Fülle dieser Untersuchungen wurden Prädiktoren ausgewählt, für die generelle Validität, also Gültigkeit für alle Berufsgruppen nachgewiesen werden konnte (für eine Zusammenstellung von Metaanalysen zur Prädiktion beruflicher Leistung siehe Schmidt & Hunter, 1998 und Motowidlo, 1996 für Antezedentien der Arbeitszufriedenheit). Die Prädiktoren stammen z.B. aus dem kognitiven oder dem motivationalen Bereich. Eine zweite Ableitung von Konstrukten und Methoden erfolgte aus genuin für den Bereich selbstständiger Arbeit entwickelten Modellen und aus Untersuchungen zur Erfolgsprognose von Unternehmensgründern. Dieser Bereich wurde erst in letzter Zeit verstärkt theoretischer und empirischer Arbeit unterzogen (z.B. Brandstätter, 1993; Frese, 1998; Müller, 1999). Folglich steht für die hierbei erstellten theoretischen Modelle und Theorien sowie Konstrukte und Prädiktoren eine dem Bereich abhängig beschäftigter Personen vergleichbare empirische Bestätigung noch aus.

Aus diesen beiden Forschungssträngen wurden Arbeitshypothesen über die Vorhersage der Kriterien (der beruflichen Leistung und des Erlebens) abgeleitet. Diese Arbeitshypothesen über die Bedeutung personaler Voraussetzungen für den Erfolg als Unternehmer erfahren eine zusätzliche Stützung aus der Analyse der generellen Arbeitssituation von Selbstständigen. Aus der Bezeichnung „selbstständige Arbeit" ergibt sich schon der freie, selbstbestimmte Charakter dieser Tätigkeit: Selbstständige können sich ihre Arbeit frei einteilen und verfügen bei vielen Entscheidungen über große Handlungsspielräume. In psychologischen Begriffen ausgedrückt sind Selbstständige gegenüber abhängig Beschäftigten mit beruflichen Situationen geringerer Stärke konfrontiert. Diese Situationsstärke bezeichnet nach Mischel (1968) das Ausmaß des verhaltensprovozierenden Impetus von Situationen. Aus der Persönlichkeitspsychologie ist bekannt, daß es gerade Situationen mit geringer Stärke sind, die eine Manifestation personaler Merkmale ermöglichen. Die Hohenheimer Gründerdiagnose konstruiert auf dieser inhaltlichen und empirischen Grundlage eine möglichst breit angelegte Diagnose mit zahlreichen unterschiedlichen Konstrukten.

Für eine Einteilung der dabei eingesetzten Verfahren bietet sich die Differenzierung diagnostischer Verfahren in eigenschafts- und simulationsorientierte Ansätze an (Schuler & Funke, 1989). Der eigenschaftsorientierte Prognoseansatz der Eignungsdiagnostik schließt aus dem Verhalten einer Person in einer Testsituation (z.B. ihrer Antwort auf ein Item eines Persönlichkeitstests) auf eine latente Eigenschaft der Person (z.B. Extraversion). Diese Eigenschaft wiederum wird dann als Prädiktor für zukünftiges Verhalten verwendet. Der simulationsorientierte Ansatz geht diesen Weg über die personalen Eigenschaften nicht. In diesem Prognosekonzept wird versucht, eine repräsentative Abbildung des späteren kriterienrelevanten Verhaltens in einem eignungsdiagnostischen Verfahren zu erreichen. Von diesem in der Testsituation gezeigten Verhalten wird dann in Analogie auf zukünftiges Verhalten geschlossen. In diesem Sinne ist das Testverhalten einer Person nicht, wie beim eigenschaftsorientierten Ansatz, ein Zeichen (nämlich für eine individuelle Eigenschaft), sondern eine Stichprobe (insbesondere des zukünftigen kriterienrelevanten Verhaltens). Im Sinne einer Multimethodalität ist immer wieder der Nutzen einer Kombination dieser beiden Prognosekonzepte herausgestrichen worden (z.B. Schuler & Schmitt, 1987).

In der Hohenheimer Gründerdiagnose folgen dem eigenschaftsorientierten Prognosekonzept die Verfahren zur Erhebung der Motivation zu beruflicher Leistung (Hohenheimer Leistungsmotivationstest; Schuler & Prohaska, 2000), der beruflichen Interessen (Allgemeiner Interessen-Struktur-Test; Bergmann & Eder, 1992), der kognitiven Leistungsfähigkeit (Berliner Intelligenzstruktur-Test; Jäger, Süß & Beauducel, 1997) sowie das Verfahren zur Erhebung von

Aspekten sozialer Kompetenz über Filmszenen (Schuler, Diemand & Moser, 1993). Im Rahmen des simulationsorientierten Ansatzes werden eine Gruppendiskussion und ein Rollenspiel eingesetzt. Das multimodale Interview (Schuler, 1992) kombiniert Aspekte beider Bereiche, ergänzt um biographische Elemente. Durch die Berücksichtigung unterschiedlicher diagnostischer Prognosekonzepte wird ein großes Maß methodischer Breite erreicht und damit der für valide und verantwortungsvolle Eignungsdiagnostik als Anspruch formulierten Multimethodalität entsprochen. Diese methodische Breite korrespondiert mit der Vielfalt der erhobenen Konstrukte. Es werden Aspekte des Verhaltens und Erlebens aus dem kognitiven Bereich (allgemeine Intelligenz), aus dem motivationalen Bereich (Leistungsmotivation) und aus dem Verhaltensbereich (Verhalten in schwierigen Kundensituationen) erhoben. Insgesamt ist diese Konzeption der Vorhersage des Erfolgs und der Zufriedenheit potenzieller Unternehmensgründer stark auf die Person ausgerichtet. Andere Aspekte, wie die Gründungsbranche oder die individuellen finanziellen Voraussetzungen, werden dabei nicht berücksichtigt. Sie sind Gegenstand nichtpsychologischer Disziplinen (z.B. der Betriebswirtschaftslehre).

Welche konkreten Zielsetzungen sind mit der Anwendung der Hohenheimer Gründerdiagnose verbunden? Zuerst einmal geht es darum, Institutionen zusätzliche Information für die Entscheidungsfindung zu liefern, z.B. bei der Bewilligung von Fördergeldern. Diese Entscheidungen waren bisher vor allem gekennzeichnet durch eine wirtschaftliche Analyse des Gründungsvorhabens, während die Person des Gründers eher intuitiv beurteilt wurde. Neben dieser Verbesserung der Entscheidungsgrundlagen für Institutionen soll den potenziellen Unternehmensgründern ein wissenschaftlich fundiertes psychologisches Feedback über individuelle Stärken und Schwächen gegeben werden. Hierdurch eröffnet sich für diese Personen die Möglichkeit, Stärken gezielt einzusetzen und Schwächen durch persönliche Weiterentwicklung zu verbessern bzw. in Bereichen, in denen eine Veränderbarkeit nur eingeschränkt möglich ist, Handlungspläne und Strategien zur Kompensation von Defiziten zu entwickeln. Nachfolgend sollen die in der Hohenheimer Gründerdiagnose eingesetzten Verfahren und die über sie operationalisierten Konstrukte vorgestellt werden.

2. Beschreibung der eingesetzten Instrumente und Verfahren

2.1 Berliner Intelligenzstruktur-Test (BIS)

Die allgemeine Intelligenz hat sich als zentrale Fähigkeit bei der Bewältigung beruflicher Anforderungen erwiesen. In Metaanalysen zur Vorhersagekraft dieses Konstrukts für die berufliche Leistung (z.B. Schmidt, Gooding, Noe & Kirsch, 1984) konnte eine generelle, also für alle Berufsgruppen bedeutsame Validität nachgewiesen werden. In diesen Metaanalysen variierten die Zusammenhänge mit dem Komplexitätsgrad der untersuchten Berufe. Es zeigte sich, daß der Zusammenhang zwischen der kognitiven Leistungsfähigkeit und der beruflichen Leistung besonders für Berufe mit komplexen Anforderungen sehr hoch ist.

Auf diese Ergebnisse gründete sich der Einsatz des Berliner-Intelligenzstruktur-Tests (BIS) in der Hohenheimer Gründerdiagnose. Der BIS lehnt sich an das Berliner Intelligenzstruktur-Modell von Jäger (1984) an, das den Bereich der kognitiven Leistungsfähigkeit zum einen nach dem Inhalts- oder Materialaspekt, auf den sich eine Leistung bezieht (sprachlich, numerisch sowie figural-bildhaft), und zum anderen nach den dabei beteiligten kognitiven Prozessen (Verarbeitungskapazität, Merkfähigkeit, Bearbeitungsgeschwindigkeit sowie Einfallsreichtum) strukturiert. Zusätzlich nimmt dieses Modell einen g-Faktor der allgemeinen Intelligenz an, der in unterschiedlicher Gewichtung am Zustandekommen aller beobachtbaren Intelligenzleistungen beteiligt ist.

In der Hohenheimer Gründerdiagnose wurden aus dem Berliner Intelligenzstruktur-Modell zwei Komponenten operationalisiert: zum einen die allgemeine Intelligenz, deren Relevanz für den unternehmerischen Bereich groß sein dürfte, da Unternehmer häufig mit komplexen, unstrukturierten Situationen konfrontiert sind, in denen es gilt, über Analyse, Bewertung und Zielentwicklung, also kognitive Prozesse, zu geeigneten Problemlösungen zu gelangen. Dazu sind Fähigkeiten in der Prozessierung von Informationen, bei der Analyse von Situationen und in der Logik von Problemlösungen notwendig. Diese Bereiche stellen Kernfähigkeiten der Intelligenz dar.

Neben der allgemeinen Intelligenz wurde aus dem Berliner Intelligenzstruktur-Modell mit dem Einfallsreichtum noch ein zweiter Bereich erhoben. Einfallsreichtum, oder auch Kreativität, ist besonders für solche Aufgaben von

Unternehmern bedeutsam, für die es nicht eine oder einige wenige richtige und logisch ableitbare Lösungen gibt. So gilt es oftmals, Produktionsabläufe neu zu strukturieren, neue Produkte zu entwickeln oder neue Wege des Absatzes zu entwerfen. Diese Tätigkeiten erfordern eine flexible Ideenproduktion, einen Reichtum an Vorstellungen, neben den analytischen auch synthetische Fähigkeiten, kurz Kreativität oder aufgabenbezogenen Einfallsreichtum. Kreativität ist im Kontext unternehmerischer Tätigkeit immer problembezogen und meint nicht die Generierung vieler, dabei aber unrealistischer Ideen.

2.2 *Filmszenen*

Die Verwendung von Filmszenen hat in der Personalentwicklung, z.B. als Feedbackinstrument, eine lange Tradition. Schuler, Diemand und Moser (1993) haben einen ersten Versuch unternommen, dieses Medium auch für die berufliche Eignungsdiagnostik nutzbar zu machen. Es bot sich hierfür besonders der Bereich der Diagnostik sozialer Kompetenz an, der nach Hornke, Schiff und Hansen (1991) der Erfassung durch reine Papier- und Bleistifttests nur schwer zugänglich ist. Die dazu entwickelten Filmszenen kommen in der Hohenheimer Gründerdiagnose zum Einsatz. Es werden den Testteilnehmern zehn Videosequenzen mit zwischenmenschlichen Situationen aus dem beruflichen Leben vorgestellt, in denen ein dysfunktionales Verhalten gezeigt wird. Zum Beispiel wird eine Situation dargestellt, in der ein Zweigstellenleiter eines Unternehmens nach seinem Urlaub in einer Abteilungsbesprechung die in der Urlaubszeit geleistete Arbeit würdigt, dabei jedoch eine Person besonders hervorhebt und implizit die Leistungen der anderen Personen abwertet. Nach der Vorgabe der Videosequenz beantworten die Testteilnehmer Fragen zu den in diesen Situationen ablaufenden sozialen Prozessen. Die erste Fragenart erhebt die „soziale Wahrnehmungskompetenz", also die Fähigkeit, den Gehalt sozialer Situationen zu analysieren. Es schließt sich zu jeder Filmszene noch ein zweiter Typ von Fragen an. Die Testteilnehmer werden nach den sich aus dieser Situation ergebenden optimalen Handlungsmöglichkeiten gefragt. Diese identifizierten Handlungsmöglichkeiten stellen einen Indikator „sozialer Handlungskompetenz" dar.

In ersten Anwendungen der Filmszenen hat sich die Nutzung eines offenen Antwortformats als sehr auswertungsintensiv und weniger auswertungsobjektiv erwiesen, so dass für die einzelnen Fragen aus dem Wahrnehmungs- und Handlungsbereich *multiple choice*-Antworten entwickelt wurden (in Anlehnung an Karkoschka, 1998). Die Personen haben jetzt auf jede Frage nach ihrer Analyse der Situationen und ihren hypothetischen Verhaltensabsichten aus fünf Antwortalternativen die am besten und die am schlechtesten Passenden auszuwählen.

In der Beschreibung der Testentwicklung berichten Schuler et al. (1993) unter Verwendung des offenen Antwortformats erste Ergebnisse zur Konstruktvaliderung des Verfahrens. So zeigen sich signifikante, mittelhohe Zusammenhänge ($r = .33$) zwischen den Leistungen in den Filmszenen und der kognitiven Leistungfähigkeit. Diesen Zusammenhang dürften besonders Analyse- und Wahrnehmungsfaktoren der Intelligenz bedingen. Bezogen auf die Inhaltsfaktoren der Intelligenz, dürfte beim Einsatz des *multiple choice*-Formats insbesondere der sprachliche Anteil der Intelligenz für die Differenzierung des semantischen Gehalts der unterschiedlichen Antwortalternativen von Bedeutung sein. Darüber hinaus ergab sich ein Zusammenhang zu den Leistungen in einem Konzentrationsleistungstest. Es zeigt sich also, dass kognitive Leistungen einen Anteil am Zustandekommen der Leistungen in den Filmszenen aufweisen. Daneben besteht aber ein großer Varianzanteil, der sich nicht aus kognitiven Unterschieden herleiten läßt und mutmaßlich ein genuin soziales Wissen erfaßt.

2.3 *Multimodales Interview (MMI)*

Interviews sind in der beruflichen Eignungsdiagnostik das am häufigsten verwendete Verfahren (Schuler, Frier & Kauffmann, 1993). Frühe Validitätsüberprüfungen zur Vorhersage der beruflichen Leistung erbrachten dagegen eher enttäuschende Einschätzungen. In den 80er Jahren wurden dann wichtige Konstruktionsmerkmale von Auswahlinterviews identifiziert, die es ermöglichen, Interviews zu konstruieren, die bezüglich der Validität anderen bewährten Verfahren vergleichbar sind (Eder & Feris, 1989; McDaniel, Whetzel, Schmidt & Maurer, 1994). So erweisen sich strukturierte Interviews unstrukturierten gegenüber als überlegen. Weitere positive Wirkungen auf die Validität ergeben sich aus einer strikt anforderungsbezogenen Gestaltung und einer statistischen (vs. klinischen) Urteilsbildung. Die Konzeption des multimodalen Interviews (Schuler, 1992) setzt diese Aspekte bei der Konstruktion von Interviews um. Zusätzlich werden in diese Art des Auswahlgesprächs Verfahrenselemente aufgenommen, die sich als Methoden der psychologischen Diagnostik bereits bewährt haben, in konventionellen Interviews aber eher selten Verwendung finden. Die biographischen Fragen schließen an das Prinzip der biographischen Diagnostik an, die situativen Fragen an Arbeitssimulationen. Insgesamt kombiniert das MMI Merkmale des eigenschaftsorientierten (z.B. in den Fragen zu Interessen und Einstellungen) und des simulationsorientierten

Ansatzes (z.B. in den situativen Fragen) und greift darüber hinaus auf die Logik biographischer Verfahren zurück. Es werden die Vorteile der diagnostischen Methoden Test, Simulation und biographischer Fragebogen in einer Interviewform kombiniert. Das multimodale Interview in der Personalauswahl weist damit folgenden Aufbau auf:

1. *Gesprächsbeginn.* Kurze informelle Unterhaltung; Bemühen um angenehme und offene Atmosphäre; Vorstellung; Skizzierung des Verfahrensablaufs; keine Beurteilung.

2. *Selbstvorstellung des Bewerbers.* Bewerber spricht einige Minuten über seinen persönlichen und beruflichen Hintergrund. Beurteilung nach drei anforderungsbezogenen Dimensionen auf einer fünfstufigen Skala.

3. *Freies Gespräch.* Interviewer stellt offene Fragen in Anknüpfung an Selbstvorstellung und Bewerbungsunterlagen. Summarische Eindrucksbeurteilung.

4. *Handlungswissen.* Bewerber wird nach seinem Vorwissen über das angestrebte Berufsfeld gefragt, Antworten werden auf einer fünfstufigen beispielverankerten Skala beurteilt. Bei Berufsanfängern wird stattdessen nach Motiven ihrer Berufs- und Organisationswahl gefragt.

5. *Biographiebezogene Fragen.* Biographische (oder „Erfahrungs-")Fragen werden aus Anforderungsanalysen abgeleitet oder anforderungsbezogen aus biographischen Fragebogen übernommen. Die Antworten werden anhand einer dreistufigen (einfache Fragen) bzw. fünfstufigen (komplexe Fragen) verhaltensverankerten Skala beurteilt.

6. *Realistische Tätigkeitsinformation.* Ausgewogene Information seitens des Interviewers über Arbeitsplatz und Unternehmen. Überleitung zu situativen Fragen.

7. *Situative Fragen.* Auf *critical incident*-Basis konstruierte situative Fragen werden gestellt, die Antworten werden auf fünfstufigen verhaltensverankerten Skalen beurteilt.

8. *Gesprächsabschluss.* Fragen des Bewerbers; Zusammenfassung; weitere Vereinbarungen.

Für den allgemeinen beruflichen Kontext konnten Schuler und Moser (1995) die Validität des MMI belegen. Über erste Erfahrungen aus der Anwendung bei Gründungsunternehmern berichtet Schuler (1999). In diesem spezifischen Kontext ging es um die Auswahl von Gaststättenpächtern, die zwar an eine betriebliche Konzeption der vergebenden Brauerei gebunden sind, in der Ausgestaltung ihres Unternehmens aber große Gestaltungsspielräume nutzen können. Der Person des Gaststättenpächters kommt dabei nach Einschätzung vieler Lizenzgeber entscheidende Bedeutung für den Erfolg zu. Zur Auswahl von Gaststättenpächtern wurde ein MMI auf der Basis umfangreicher Arbeits- und Anforderungsanalysen entwickelt. Die in der Hohenheimer Gründerdiagnose operationalisierten Anforderungsdimensionen leiteten sich aus der Analyse der in der Literatur beschriebenen Tätigkeiten von Unternehmern und aus den Ergebnissen der Anforderungsanalysen der Gaststättenpächter ab. Es wurden folgende Anforderungsdimensionen erhoben:

- „Organisation" als die Fähigkeit, Sachverhalte und Problemzusammenhänge gedanklich logisch zu strukturieren und sprachlich differenziert und übersichtlich darzustellen.
- „Kooperation" als die Fähigkeit, mit anderen Menschen zusammenzuarbeiten und dabei die unterschiedlichen Interessen so zu integrieren, dass für die beteiligten Parteien, aber auch für eine übergeordnete Sache eine optimale Einigung erzielt wird.
- „Überzeugung" umfasst zwei Fähigkeiten: zum einen die Überzeugungsfähigkeit in der Kommunikation und zum anderen Führungsfähigkeiten.

In den einzelnen Sequenzen des Interviews werden die Personen auf diesen Dimensionen eingestuft und diese Einschätzungen anschließend zu einem Dimensionsgesamtwert aggregiert.

2.4 Hohenheimer Leistungsmotivationstest (HLMT)

Als ein eigenschaftsorientiertes Testverfahren aus dem Persönlichkeitsbereich kommt in der Hohenheimer Gründerdiagnose der Hohenheimer Leistungsmotivationstest (Schuler & Prohaska, 2000) zum Einsatz. Der Motivation als einem Teilaspekt der Persönlichkeit wird in der Literatur beim Zustandekommen beruflicher Leistung eine entscheidende Bedeutung zugesprochen (z.B. Campbell, McCloy, Oppler & Sager, 1993). Insgesamt erfährt die Betrachtung der individuellen Persönlichkeit in der Organisationspsychologie in den 90er Jahren eine Renaissance. Ein Beispiel hierfür ist die Untersuchung dispositioneller Anteile des Erlebens, insbesondere des Merkmals Neurotizismus, in ihrer Wirkung auf das Erleben spezifischer Arbeitskontexte (Spector & O'Connell, 1994). Diese zunehmende Bedeutung der Persönlichkeit zeigt sich auch in der beruflichen Eignungsdiagnostik. Hier ergaben sich für breite personale Merkmale wie Gewissenhaftigkeit (Salgado, 1998) oder engere wie Kundenorientierung (Frei & McDaniel, 1998) Validitäten, die das klassische Diktum der Bedeutungslosigkeit von Persönlichkeitsmessverfahren für die betriebliche Eignungsdiagnostik widerlegen. Im Bereich der selbstständigen Arbeit wird die Bedeutung von Persönlichkeitsmerkmalen für die Gründung und den Erfolg von Unternehmungen durch diverse Untersuchungen unterstrichen (siehe den Beitrag von Müller in diesem Band). Das dabei am umfassendsten untersuchte Merkmal stellt die Leistungsmotivation dar.

Bei der Anwendung von Persönlichkeitsverfahren in der Eignungsdiagnostik gilt es, für diese Instrumente eine engere theoretische Anbindung an den Kontext der Arbeit anzustreben bzw. diese Verfahren explizit für den Arbeitskontext zu konstruieren. Dies widerspricht der häufig geübten Praxis, Messungen der Persönlichkeit durch Instrumente vorzunehmen, die ursprünglich für andere Bereiche (z.B. die klinische Anwendung) konstruiert wurden.

Der HLMT beschreibt die motivationale Orientierung der individuellen Persönlichkeit im Kontext der Arbeitsumwelt. Dem Verfahren liegt ein Konzept motivierten Verhaltens zugrunde, das Leistungsmotivation nicht als isoliertes Persönlichkeitsmerkmal begreift, sondern als Ausrichtung großer Anteile der Gesamtperson auf die Leistungsthematik. Dem entsprechend vereinigt die breite Operationalisierung des Konstrukts unter anderem Konstrukte aus der sozialpsychologischen Attributionsforschung (Weiner & Kukla, 1970), aus kognitivistischen Orientierungen (Weiner, 1985) und aus der Facettenebene der faktorenanalytischen Persönlichkeitsforschung (Goldberg, 1993).

In ersten Untersuchungen zur Binnenstruktur des Instruments ergaben sich drei zentrale Dimensionen. Ein erster Bereich beschreibt das *berufliche Erfolgsstreben* einer Person (Faktorbezeichnung „Ehrgeiz"). Dieses Merkmal bezieht sich auf umfangreiche Sequenzen individueller Leistungsprozesse. So motiviert das Eingehen von Wettbewerb zu besonderen Leistungen (etwa um einen hervorgehobenen Status zu erlangen) und dient als Ankerpunkt für die eigene Leistung (etwa im direkten Vergleich mit anderen Personen). Durch die individuelle Zielsetzung erhalten diese Prozesse ihre Tiefengliederung und intentionale Ausrichtung. Die individuelle Bewertung der Erreichung dieser Ziele manifestiert sich dann in spezifischen Gefühlen (Leistungsstolz). Der zweite große inhaltliche Bereich ist die *Unabhängigkeit*. Sich in seinem Urteil und seinen Handlungen stärker nach eigenen Plänen und Einschätzungen und weniger nach kurzfristigen Beeinflussungen der Umwelt zu richten, ist ein zentrales Merkmal von Unternehmern. Um solch ein Verhalten ausführen zu können, bedarf es Eigenschaften wie Erfolgszuversicht, Furchtlosigkeit und vor allem Selbstständigkeit. Erfolgsstreben und Unabhängigkeit sind zwei Bereiche, die eine starke soziale Komponente beinhalten: zum einen geht es darum, sein Verhalten an Maßstäben auszurichten, wie sie durch andere Personen gesetzt werden, und zum anderen um die Beeinflussbarkeit durch andere. Der dritte Bereich beschreibt mehr *aufgabenbezogene* Aspekte der Motivation im beruflichen Bereich (Faktorbezeichnung: „aufgabenbezogene Motivation"). Hier manifestieren sich disziplinierter, zielgerichteter Kräfteeinsatz und Selbstkontrolle bei der Bearbeitung beruflicher Aufgaben. Die Facetten der Leistungsmotivation sollten besonders in wenig strukturierten, Eigeninitiative und Aktivität erfordernden Tätigkeitsbereichen, wie sie die unternehmerische Tätigkeit auszeichnen, eine große Bedeutung haben. Die Motivation zu beruflicher Leistung gliedert sich im HLMT in folgende Dimensionen bzw. Skalen auf:

Ehrgeiz

- Engagement: Anstrengungsbereitschaft, Einsatz und Arbeitsmenge.
- *Flow*: sich mit hoher Konzentration einer Aufgabe widmen.
- Kompensatorische Anstrengung: Misserfolgsfurcht durch Anstrengung und Einsatz konstruktiv überwinden.
- Leistungsstolz: Befriedigung und Selbstachtung aus eigener Anstrengung und Leistung ziehen.
- Lernbereitschaft: aus eigenem Antrieb Zeit und Mühe investieren, um Neues dazuzulernen.
- Statusorientierung: Bestreben nach beruflichem Fortkommen und nach einem vorderen Platz in der sozialen Hierarchie.
- Wettbewerbsorientierung: Tendenz, Konkurrenz als Ansporn für eigene Leistung zu erleben.
- Zielsetzung: Planung eigener Vorhaben, ausgeprägter Zukunftsbezug.

Unabhängigkeit

- Erfolgszuversicht: Überzeugung, auch bei neuen und schwierigen Aufgaben das Ziel zu erreichen.
- Selbstständigkeit: Neigung zu eigenständigem und selbstverantwortlichem Handeln.
- Furchtlosigkeit: keine Versagensangst, durch Zeitdruck und Öffentlichkeit nicht in der Leistung beeinträchtigt werden.
- Dominanz: Bestreben, Einfluss auf andere Personen und Arbeitsgruppen auszuüben.
- Flexibilität: Aufgeschlossenheit und Interesse gegenüber neuartigen Situationen und Aufgabenstellungen.
- Schwierigkeitspräferenz: schwierige Aufgaben und anspruchsvolle Problemstellungen bevorzugen.

Aufgabenbezogene Motivation

- Beharrlichkeit: Ausdauer und Krafteeinsatz bei beruflichen Aufgaben.
- Selbstkontrolle: Befähigung zu organisierter, disziplinierter und konzentrierter Arbeit
- Internalität: Überzeugung, dass Erfolg von eigenem Verhalten und Krafteeinsatz abhängt.

2.5 Gruppendiskussion

Die führerlose Gruppendiskussion ist ein Kernbestandteil vieler Assessment Center-Konzeptionen. Sie stellt ein sozial-interaktives Instrument dar und folgt der Logik der simulationsorientierten Diagnostik. In der Hohenheimer Gründerdiagnose wird eine mehrdeutige Situation vorgegeben, in der die Teilnehmer die Fortgänge interaktiv auszuhandeln haben. Dabei werden folgende, für die Beobachter mit beispielhaften Verhaltensoperationalisierungen beschriebene vier Verhaltensbereiche erhoben: „Kooperation", „Überzeugung" und „Organisation" entsprechen den Anforderungsdimensionen des MMI und werden mit diesen zu einem Gesamtwert für jede Dimension verrechnet. In den diagnostischen Zugängen zu diesen Dimensionen über den sprachlichen und den behavioralen Weg zeigt sich erneut der Aspekt der Multimethodalität. Der vierte Bereich, „Erfolgsorientierung", beschreibt die Ausrichtung und Stärke des individuellen Verhaltens zur Erreichung eines vorgegebenen Ziels.

2.6 Rollenspiel

Eine weitere Methode der simulationsorientierten Diagnostik ist das Rollenspiel, das dem Prinzip der Arbeitsprobe folgt. In der Hohenheimer Gründerdiagnose wird den Testteilnehmern eine Situation vorgegeben, in der sie sich als Vertreter eines Unternehmens mit einem aufgebrachten Kunden auseinandersetzen müssen. Die Rolle des Kunden wird dabei von einem der Testleiter übernommen. Die von diesem zu zeigenden Verhaltensstimuli sind standardisiert und gliedern das Rollenspiel in drei Sequenzen. Die Reaktion der Testteilnehmer auf diese verbalen und inhaltlichen Stimuli wird dann von einem weiteren Beobachter für jede einzelne Sequenz auf einer verhaltensverankerten Einstufungsskala bewertet, und diese Bewertungen werden anschließend zu einem Gesamtwert aggregiert. Für diese spezifische Gestaltung des Rollenspiels hat sich in vorgängigen Analysen (bisher unveröffentlichte Daten) erwiesen, daß sie eine erhebliche Verbesserung der Reliabilität und Konstruktvalidität ermöglichen. Im Gesamtwert der Testteilnehmer spiegelt sich ihre Fähigkeit wider, Stresssituationen im Kundenkontakt zu bewältigen. Aus den einzelnen Sequenzen können dabei für das Feedback funktionale und dysfunktionale Verhaltensweisen benannt werden.

2.7 *Interessentest*

Berufliche Interessen können als kognitive, emotionale und wertbezogene Orientierungen von Personen gegenüber ihren beruflichen Umwelten angesehen werden (Dawis, 1991). Die Kongruenz der Interessen einer Person mit Merkmalen eines Berufs hat sich in der Forschung als eine Determinante der beruflichen Leistung, aber besonders der Zufriedenheit und des Verbleibs in einem Beruf erwiesen (Dawis, 1991; Hogan & Blake, 1996): Personen in Berufen, die ihren Interessen entgegenkommen, sind eher erfolgreich, eher zufrieden, und sie verbleiben länger in ihrem Beruf. Der in dieser Testreihe eingesetzte Allgemeine-Interessen-Struktur-Test lehnt sich an die Theorie der beruflichen Interessen von J.L. Holland an (z.B. Holland, 1985). Nach Holland gliedern sich die beruflichen Interessen im westlichen Kulturkreis in folgende sechs Typen (Beschreibung nach Bergmann & Eder, 1993):

- Praktisch-technische Orientierung: Menschen mit dieser Grundorientierung haben eine Vorliebe für Tätigkeiten, die Kraft, Koordination und Handgeschicklichkeit erfordern und zu konkreten, sichtbaren Ergebnissen führen. Sie arbeiten häufig in mechanischen, technischen oder landwirtschaftlichen Berufen.
- Intellektuell-forschende Orientierung: Menschen mit dieser Grundorientierung haben eine Vorliebe für Aktivitäten, bei denen die symbolische, schöpferische, systematische oder beobachtende Auseinandersetzung mit physischen, biologischen oder kulturellen Phänomenen im Vordergrund steht. Personen diesen Typs bevorzugen intellektuell-forschende Berufe, in denen sie ihre mathematischen und naturwissenschaftlichen Fähigkeiten zum Ausdruck bringen können.
- Künstlerisch-sprachliche Orientierung: Personen mit dieser Grundorientierung haben eine Vorliebe für offene, unstrukturierte Aktivitäten, die ihnen den auf künstlerische Selbstdarstellung oder die Schaffung kreativer Produkte gerichteten Umgang mit Material, Sprache oder auch Menschen ermöglichen. Sie bevorzugen künstlerische und freie Berufe aus den Bereichen Sprache, Musik und Schriftstellerei oder handwerkliche Berufe mit gestaltenden Komponenten.

- Soziale Orientierung: Menschen mit dieser Grundorientierung haben eine Vorliebe für Tätigkeiten, bei denen sie sich mit anderen Menschen in Form von Unterrichten, Lehren, Ausbilden, Versorgen oder Pflegen befassen können. Diese Tätigkeiten finden sich besonders bei Berufen, in denen das Erbringen sozialer Dienstleistungen im Vordergrund steht.

- Unternehmerische Orientierung: Personen diesen Typs haben eine Vorliebe für Tätigkeiten oder Situationen, in denen sie andere - meist um eines spezifischen organisatorischen oder wirtschaftlichen Zieles willen - mit Hilfe der Sprache oder anderer Mittel beeinflussen oder führen können. Dieser Bereich deckt besonders den verkäuferischen Anteil der unternehmerischen Orientierung ab.

- Konventionelle Orientierung: Personen mit dieser Interessenorientierung haben eine Vorliebe für den genau bestimmten, geordneten, systematischen Umgang mit Daten. Hierunter fallen Tätigkeiten wie das Anlegen von Dokumentationen, das Führen von Aufzeichnungen sowie die maschinelle Verarbeitung organisatorischer und wirtschaftlicher Daten oder, generell ausgedrückt, Tätigkeiten mit administrativem Schwerpunkt.

Neben dieser Beschreibung macht Holland Aussagen zur psychologischen Ähnlichkeit der einzelnen Typen. Er veranschaulicht diese Ähnlichkeiten in einer Grafik, in der die Entfernung der einzelnen Typen ihrer psychologischen und inhaltlichen Nähe entspricht, z.B. sind sich soziale und unternehmerische Interessen ähnlicher als soziale und praktisch-technische (siehe Abbildung 1- für die Interessentypen werden amerikanische Kürzel verwendet).

Die Abbildung der inhaltlichen Struktur in einem Hexagon hat, besonders für den amerikanischen Sprachraum, eine umfassende empirische Bestätigung gefunden (Tracey & Rounds, 1993). Analog zur Beschreibung individueller Interessen verwendet Holland dieses Modell auch zur Beschreibung beruflicher Umwelten. Es gibt also z.B. eine praktisch-technische oder eine wissenschaftliche Umwelt. Diese Umwelten charakterisieren sich dabei durch die Wichtigkeit der zu den Interessentypen gehörenden Tätigkeiten. So wird zum Beispiel die Umwelt eines Berufs mit einem R beschrieben, wenn in diesem Beruf praktisch-technische Tätigkeiten besonders wichtig sind. Eine andere Konzeption in der Diagnostik des Umwelttyps besteht in der Ermittlung des in einem Setting am häufigsten vorkommenden Typs. Die Grundüberlegung des Einsatzes von Hollands Theorie im beruflichen Beratungskontext äußert sich in der sogenannten Kongruenzhypothese.

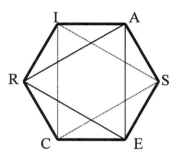

Abbildung 1: Die Struktur beruflicher Interessen nach Holland (1986)
Anmerkung: I = wissenschaftlich-technische Interessen, A = künstlerisch-sprachliche Interessen, S = soziale Interessen; E = unternehmerische Interessen, C = konventionelle Interessen, R = praktisch-technische Interessen

Für Personen, die sich in Umwelten befinden, die zu ihren Interessen kongruent sind, kann ein positiveres Erleben vorhergesagt werden als für Personen in inkongruenten Umwelten. Dieser Abgleich kann auch prospektiv geschehen, indem der individuelle Interessentyp einer Person mit dem in einem angestrebten beruflichen Setting dominanten Typ verglichen wird. Die empirischen Befunde zur Kongruenzhypothese sind bisher insgesamt gemischt (für Metaanalysen siehe Assouline & Meir, 1987 sowie Tranberg, Slane & Ekeberg, 1993), wobei hierfür besonders die Methoden der Operationalisierung von Kongruenz und der abhängigen Variable Zufriedenheit als ein kritischer Punkt für die Stärke dieser Zusammenhänge angeführt werden. In der Übertragung des Kongruenzkonzepts auf den Bereich selbstständiger Arbeit kann angenommen werden, daß sich diese positiven Aspekte des Erlebens für Unternehmensgründer dann erschließen, wenn es ihnen gelingt, ihre unternehmerische Tätigkeit so anzulegen, dass sie mit ihren beruflichen Interessen korrespondiert. Neben der Kongruenz zum vorgesehenen Betätigungsfeld ist eine hohe Ausprägung des Interessenbereichs „unternehmerische Interessen" als generell günstig für Unternehmensgründer anzusehen.

3. Erste Erfahrungen und Perspektiven für die Weiterentwicklung

Aus den bisherigen Durchführungen der Hohenheimer Gründerdiagnose sollen hier erste Erfahrungen berichtet werden. Die Untersuchung wird für jeweils sechs bis acht Personen an einem Tag durchgeführt. Diese umfangreiche Diagnostik an mehreren Personen setzt die Verfügung über diverse Räumlichkeiten, besonders für die parallele Durchführung einiger Verfahren, voraus. Zudem ist die Mitarbeit mehrerer Assessoren notwendig. Für jeden Testteilnehmer wird ein umfangreiches, schriftliches Gutachten erstellt und postalisch etwa drei Wochen nach der Diagnostik zugestellt. In diesem Gutachten werden die individuellen Testwerte der Teilnehmer zurückgemeldet und in einer Gesamtbewertung im Hinblick auf eine Unternehmensgründung integriert. Diese Rückmeldung sei hier stark verkürzt am Beispiel eines Unternehmensgründers aus dem Bereich der elektronischen Datenkommunikation aufgezeigt. Dieser Gründer wies in seinem individuellen Profil deutlich überdurchschnittliche Werte in den kognitiven Merkmalen und der sozialen Kompetenz auf. Im Bereich der Motivation zeigte er besonders starke Ausprägungen in den Aspekten des Konkurrenzverhaltens. In ihren beruflichen Interessen beschrieb sich diese Person als ein EI-Typ, also eine Kombination, die nach Holland mit eher geringer Konsistenz einhergeht, aber in diesem Fall der Kombination eines Hochtechnologieprodukts mit der beruflichen Selbstständigkeit eine sehr gute Passung zu der angestrebten Tätigkeit erwarten lässt. Es wurden bei dieser Person auch einige Verhaltensdefizite identifiziert. Im Bereich ihres Führungsverhaltens, diagnostiziert über das MMI und die Gruppendiskussion, zeigten sich Schwächen in der Formulierung einer gemeinsamen Arbeitsbasis mit anderen Personen. Es fiel dem Betreffenden schwer, Anforderungen an andere Personen klar zu definieren und zu artikulieren. In der Bewältigung von Stresssituationen im Kundenkontakt zeigte sich, daß sich der Testteilnehmer in der initialen Phase der Verhandlung mit dem Kunden überfahren ließ und hilflos reagierte. Im Laufe der Verhandlung konnte sich dann seine überlegene Problemlösungskompetenz manifestieren. Die Person zeigte hier ein erweiterbares Verhaltenspotenzial. Im Gesamturteil konnten dieser Person viele für den Erfolg als Unternehmer relevante personale Merkmale zugesprochen werden. Es konnten aber auch Möglichkeiten der Verbesserung individueller Schwächen aufgezeigt werden, wie sie in Trainingsmaßnahmen, in der Gestaltung individueller Handlungspläne, der persönlichkeitsadäquaten Situationsauswahl und der komplementären Partnerwahl für die Expansion des Unternehmens bestehen.

Bei der Formulierung des Feedbacks erwiesen sich die eingesetzten Verfahren als auf unterschiedliche Weise geeignet, Grundlage für Interventionsempfehlungen zu sein. Beispielsweise können solche Verfahren, die sich auf Aspekte des individuellen Verhaltens und Erlebens beziehen, für die eine stärkere Veränderbarkeit angenommen werden kann, etwa das Verhalten in schwierigen Kundensituationen, Anhaltspunkte für Trainingsinterventionen liefern. Die Verfahren, denen eine zeitstabile Eigenschaftskonzeption zugrundeliegt, wie der BIS, sind eher geeignet, die Personen auf adäquate Situationswahlen hinzuweisen. In der Formulierung der Gutachten ergab sich ein Zieldualismus zwischen individueller Rückmeldung und der Aufstellung einer Erfolgsprognose als Entscheidungsgrundlage für die fördernde Institution. So entspricht die vorsichtige Formulierung dispositioneller Schwächen einer rücksichtsvollen teilnehmerbezogenen Rückmeldung, steht einer klaren Erfolgsprognose aber eher entgegen. Insgesamt erfordert die Abfassung der Gutachten große Sorgfalt, Erfahrung sowie die Berücksichtigung beider Zielsetzungen. Von den Teilnehmern wurde der Diagnosetag insgesamt als anstrengend erlebt. Diese Anstrengung steht nach ihrer Aussage aber in einem vertretbaren Verhältnis zu dem dadurch erzielten Informationsgewinn. Bei der Ausgestaltung des Auswahltages ist es deshalb von Relevanz, Abwechslung durch die Kombination unterschiedlicher Methoden zu gewährleisten. Diese kann zum Beispiel durch die Platzierung eines interaktiven Verfahrens zwischen die Bearbeitung zweier fragebogengestützter Testverfahren erreicht werden. Für die Hohenheimer Gründerdiagnose liegen Verbesserungspotenziale in einem noch spezifischeren Zuschnitt auf den Bereich selbstständiger Arbeit. So könnten Filmszenen zur Diagnostik sozialer Kompetenz oder ein Interessentest speziell für unternehmerische Tätigkeiten konstruiert werden. Insgesamt kann die Hohenheimer Gründerdiagnose als ein erster Schritt in der Übertragung eignungsdiagnostischer Konzepte und Methoden auf den Bereich selbstständiger Arbeit gelten. Weitere wissenschaftliche Arbeit zur Validierung der Hohenheimer Gründerdiagnose und der einzelnen Komponenten in einem prospektiven Design ist notwendig und geplant. Unter anderem ist die anforderungsanalytisch fundierte Spezifizierung nach Branchen bzw. Tätigkeiten vorgesehen.

Literatur

Assouline, M. & Meir, E.I. (1987). Meta-analysis of the relationship between congruence and well-being measures. *Journal of Vocational Behavior, 31*, 319-332.

Bergmann, C. & Eder, F. (1992). *Allgemeiner Interessen-Struktur-Test (AIST), Umwelt-Struktur-Test (UST). Testmanual.* Weinheim: Beltz.

Brandstätter, H. (1993). Should economic psychology care about personality structure? *Journal of Economic Psychology, 14*, 473-494.

Campbell, J.A., McCloy, R.A., Oppler, S.H. & Sager, C.E. (1993). A theory of performance. In N. Schmitt & W. C. Borman (Eds.), *Personnel selection in organizations* (pp. 35-69). San Francisco: Jossey-Bass.

Dawis, R.V. (1991). Vocational interests, values, and preferences. In M. D. Dunnette & L. M. Hough (Eds.), *Handbook of Industrial and Orgnizational Psychology* (pp. 833-872). Palo Alto: Consulting Psychologists Press.

Eder, R. & Ferris, G.R. (1989). *The employment interview: Theory, research, and practice.* Beverly Hills: Sage.

Frei, R.L. & McDaniel, M.A. (1998). Validity of customer service measures in personnel selection: A review of criterion and construct evidence. *Human Performance, 11(1)*, 1-27.

Frese, M. (1998). *Erfolgreiche Unternehmensgründer.* Göttingen: Hogrefe.

Goldberg, L.R. (1993). The structure of phenotypic personality traits. *American Psychologist, 48*, 26-34.

Hogan, R. & Blake, R.J. (1996). Vocational interests: Matching self-concept with the work environment. In K. R. Murphy (Ed.), *Individual Differences and Behavior in Organizations* (pp. 89-144). San Francisco: Jossey Bass.

Holland, J.L. (1985). *Making vocational choices.* Englewood Cliffs: Prentice Hall.

Hornke, L.F., Schiff, B. & Hansen, C. (1991). Psychologische Diagnose des Sozial- bzw. Führungsverhaltens anhand videogestützt präsentierter Situationen. In H. Schuler & U. Funke (Hrsg.), *Eignungsdiagnostik in Forschung und Praxis* (S. 172-174). Göttingen: Hogrefe.

Jäger, A.O. (1984). Intelligenzstrukturforschung: Konkurrierende Modelle, neue Entwicklungen, Perspektiven. *Psychologische Rundschau, 35*, 21-35.

Jäger, A.O., Süß, H.M. & Beauducel, A. (1997). *Berliner Intelligenzstruktur-Test (BIS).* Göttingen: Hogrefe.

Karkoschka, U. (1998). *Validität eignungsdiagnostischer Verfahren zur Messung sozialer Kompetenz.* Frankfurt: Lang.

McDaniel, M.A., Whetzel, D.L., Schmidt, F.L. & Maurer, S.D. (1994). The validity of employment interviews: A comprehensive review and meta-analysis. *Journal of Applied Psychology, 79*, 599-616.

Mischel, W. (1968). *Personality and Assessment.* New York: Wiley.

Motowidlo, S.J. (1996). Orientation toward the job and organization. In K. R. Murphy (Ed.), *Individual Differences and behavior in organizations* (pp. 175-208). San Francisco: Jossey-Bass.

Müller, G.F. (1999). Dispositionelle und biographische Bedingungen beruflicher Selbständigkeit. In K. Moser, B. Batinic & J. Zempel (Hrsg.), *Unternehmerisch erfolgreiches Handeln* (S. 173-193). Göttingen: Hogrefe.

Salgado, J.F. (1998). Big five personality dimensions and job performance. *Human Performance, 11*(2/3), 271-288.

Schmidt, F.L. & Hunter, J.E. (1998). The validity and utility of selection methods in personnel psychology: Practical and theoretical implications of 85 years of research findings. *Psychological Bulletin, 124*(2), 262-274.

Schmidt, N., Gooding, R.Z., Noe, R.A. & Kirsch, M. (1984). Meta-analysis of validity studies published between 1964 and 1982 and the investigation of study characteristics. *Personnel Psychology, 37*, 407-422.

Schuler, H. (1992). Das Multimodale Einstellungsinterview. *Diagnostica, 38*, 281-300.

Schuler, H. (1998²). *Psychologische Personalauswahl*. Göttingen: Hogrefe.

Schuler, H. (1999). Auswahl von Gründungsunternehmern mittels Interview - Ein Erfahrungsbericht. In K. Moser, B. Batinic & J. Zempel (Hrsg.), *Unternehmerisch erfolgreiches Handeln* (S. 145-154). Göttingen: Hogrefe.

Schuler, H., Diemand, A. & Moser, K. (1993). Filmszenen. Entwicklung und Konstruktvalidierung eines neuen eignungsdiagnostischen Verfahrens. *Zeitschrift für Arbeits- und Organisationspsychologie, 37*, 3-9.

Schuler, H., Frier, D. & Kauffmann, M. (1993). *Personalauswahl im europäischen Vergleich*. Göttingen: Hogrefe.

Schuler, H. & Funke, U. (1989). Berufseignungsdiagnostik. In E. Roth (Hrsg.), *Enzyklopädie der Psychologie D/III/3: Organisationspsychologie* (S. 281-320). Göttingen: Hogrefe.

Schuler, H. & Moser, K. (1995). Die Validität des Multimodalen Interviews. *Zeitschrift für Arbeits- und Organisationspsychologie, 39*, 2-12.

Schuler, H. & Prochaska, M. (2000). *Der Hohenheimer Leistungsmotivationstest*. Göttingen: Hogrefe.

Schuler, H. & Schmitt, N. (1987). Multimodale Messung in der Personalpsychologie. *Diagnostica, 33*, 259-271.

Schumpeter, J.A. (1935). *Theorie der wirtschaftlichen Entwicklung*. München: Duncker & Humblot.

Spector, P.E. & O'Connell, B.J. (1994). The contribution of personality traits, negative affectivity, locus of control, and type A to the subsequent reports of job stressors and job strains. *Journal of Occupational and Organizational Psychology, 67*, 1-11.

Tracey, T.J. & Rounds, J. (1993). Evaluating Holland's and Gati's vocational-interests models: A structural meta-analysis. *Psychological Bulletin, 113*, 229-246.

Tranberg, M., Slane, S. & Ekeberg, S.E. (1993). The relation between interest congruence and satisfaction: A metaanalysis. *Journal of Vocational Behavior, 42*, 253-264.

Weiner, B. & Kukla, A. (1970). An attributional analysis of achievement motivation. *Journal of Personality and Social Psychology, 15*, 1-20.

Weiner, B. (1985). An attributional theory of achievement motivation. *Psychological Review, 92*, 548-573.

Coaching von Gründern durch Netzwerke – Ein Praxisbeispiel

Jochen Feindt

1. Einleitung

Existenzgründung und Selbstständigkeit sind *en vouge*!

Existenzgründung und unternehmerisches Handeln sind allenthalben quer durch die Republik, in Wirtschaft, Wissenschaft und Politik hochaktuell und begründen so manche Initiative. Gründerinitiativen und Businessplan-Wettbewerbe dürfen in keinem Magazin fehlen, keine Stadt, die nicht eine Gründermesse im Angebot hat, und es gehört zum guten Ton der Meinungsführer aus Politik und Wirtschaft, einer solchen Initiative als Schirmherr vorzustehen.

Warum ist das so? Sicherlich ist dieses Phänomen zu komplex, um es in ein paar Sätzen erklären zu können, doch lässt sich beobachten, dass nach den wirtschaftlich starken Zeiten der 60er, 70er und auch 80er Jahre und der beobachtbaren Ausprägung einer Vollkasko-Mentalität in vielen Lebensbereichen der Gesellschaft heute ein deutlicher Mangel an Selbstverantwortung, Engagement und generell Unternehmertum besteht.

Jahrelang war es ein hohes Ziel der erwerbstätigen Bevölkerung, sich in einem sicheren, quasi beamtenähnlichen Anstellungsverhältnis auf Lebenszeit zu befinden (man denke an die goldene Uhr zum vierzigsten Firmenjubiläum) und noch heute verzichten viele potenzialstarke Menschen auf einen beruflichen Wechsel, um nicht die Betriebsrente zu gefährden.

Aber die Zeiten haben sich geändert. Globalisierung, technologischer Wandel oder auch Massenarbeitslosigkeit sind nur ein paar Schlagworte des zur Zeit stattfindenden wirtschaftlichen und sozialen Wandels, der unsere Gesellschaft noch auf Jahre begleiten wird. Den „sicheren Job" bis zur Rente gibt es nicht mehr in Zeiten, in denen der *shareholder value* zu einer alles entscheidenden Kennzahl eines Unternehmens geworden ist. Die Sozialsysteme brechen unter ihrer eigenen Last zusammen und der Einzelne wird, ob er es will oder nicht, zur Übernahme von mehr Selbstverantwortung gezwungen und somit zur Entwicklung von mehr Eigeninitiative.

Es ist oftmals weniger der Ausdruck proaktiven Handelns aus Überzeugung und Lust an der Selbstständigkeit, der die Menschen an das Thema „Existenzgründung" führt, sondern vielmehr der entsprechende Leidensdruck fehlender Alternativen zu den wirtschaftlichen und sozialen Problemen der heutigen Zeit, der dieses Thema in den Vordergrund drängt.

2. Problemstellung

Wie man den einleitenden Worten entnehmen kann, ist das Thema Existenzgründung und Selbstständigkeit keines, das aus der Gesellschaft und seiner Mentalität heraus geboren wurde, sondern eben aufgrund eines spezifischen Leidensdrucks aktuell entstanden ist.

Entsprechend gibt es im gesamten Ausbildungs- und Wertesystem der deutschen Gesellschaft keinen Bestandteil „Selbstständigkeit". Es wird weder in der Schule, noch im beruflichen und erst sehr zaghaft im universitären Ausbildungssystem vermittelt (vgl. Klandt & Münch, 1990). Es lässt sich vielmehr beobachten, dass die Bereitschaft zur Selbstständigkeit im Laufe eines universitären Studiums abnimmt!

Sogar die Gründer selbst haben, wenn sie nach ihrer Einstellung zur Selbstständigkeit gefragt werden, oftmals negative Assoziationen. Zwar liegt die Hauptmotivation von Gründern in dem Wunsch nach eigenverantwortlichem Handeln (vgl. Kulicke, 1993), jedoch erkauft man sich dieses teuer, zum Beispiel über die Annahme, dass mit der Selbstständigkeit grundsätzlich auf Freizeit und Urlaub zu verzichten sei. Man beachte die Fragebögen „Bin ich ein Unternehmertyp?", die vom Bundesministerium für Wirtschaft und ähnlichen Institutionen verbreitet werden (vgl. www.bmwi.de).

Um dem Defizit in der Ausbildung entgegenzuwirken, wurden eine Vielzahl von Fördermöglichkeiten, angefangen von zinsgünstigen Darlehen für Gründer bis zu Subventionen für Beratung, eröffnet, was dazu geführt hat, dass der Markt für Unterstützung in der Existenzgründung hochgradig fragmentiert und unübersichtlich geworden ist. Die Deutsche Bank fasst alle Förderinstrumente in einer Datenbank „db-select" zusammen. Darin sind aktuell über 3.000 solcher Programme gespeichert, davon alleine 800 aus Bayern.

Sobald ein neuer Fördertopf eröffnet ist, schießen selbsternannte Existenzgründungsberater aus dem Boden und leisten ihren Beitrag, die Unübersichtlichkeit noch weiter zu erhöhen.

Diese starke Einflussnahme der öffentlichen Hand und die nun weit verbreitete Annahme aller potenzieller Gründer, Gründungsberatung und –unterstützung müsse kostenlos sein, verschlimmert eher noch die Situation, als dass es zu einem gesellschaftlichen Konsens darüber kommt, wie Existenzgründung und Unternehmertum funktionieren können.

Gerade eben wegen der Vielzahl an Fördermöglichkeiten, Initiativen, kostenloser und subventionierter Angebote fühlt sich der „normale" Existenzgründer hilflos und alleingelassen.

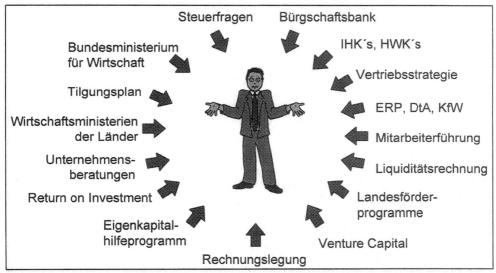

Abbildung 1: Ausgangssituation von Existenzgründern

Mittlerweile lässt sich aber in Literatur und Praxis beobachten, dass sich die Erkenntnis durchzusetzen beginnt, die bestehenden Angebote zu vernetzen, eine übergreifende Idee von „Existenzgründung" zu etablieren und für mehr Übersichtlichkeit zu sorgen.

Doch nicht selten ist hier wiederum die öffentliche Hand über Land, Bund und Europäischer Union die initiierende Kraft mit - wen wundert es - eigens dafür eingerichteten Fördertöpfen und Budgets. Als Beispiel ist die Ausschreibung Nr. 98/C263/13 der Europäischen Kommission zu nennen, erster Tätigkeitsbereich, Teilaufgabe „c": „Schaffung und Belebung von Netzwerken".

3. Lösungsansatz

Doch was benötigt der Gründer/die Gründerin nun wirklich? Womit kann man ihm/ihr einen signifikanten Nutzen stiften, die Gründungsidee zu konkretisieren und erfolgreich umzusetzen?

Generell lässt sich, vor allen Dingen auf Gründer- und Start-up-Messen, ein besonderer „Gründerdreikampf" beobachten. Dieser besteht darin, dass auf eine mehr oder weniger strukturierte und zielgerichtete Jagd nach Informationen, Kontakten und Finanzierung (Geld) gegangen wird.

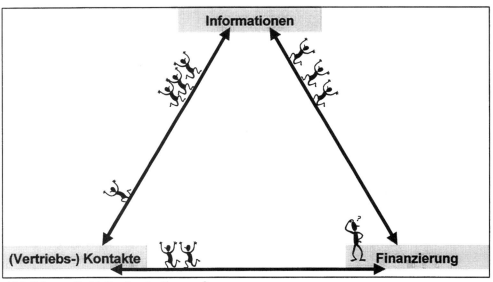

Abbildung 2: Gründerdreikampf

Doch reicht dies aus? Auf der einen Seite scheitern die meisten Gründungsvorhaben (sowohl in der Phase vor als auch nach der Gründung) an einer mangelhaften Finanzierung (vgl. Röttcher-Barthel, 1998). Auf der anderen Seite liegen Milliarden DM an Risiko- und Beteiligungskapital brach (vgl. FAZ vom 9.5.99: „Acht Milliarden liegen brach").

Die Gründungsvorhaben haben offensichtlich nicht die Qualität, um Investoren und Banker zu überzeugen. Dem oben dargestellten Dreikampf fehlt der Kern, der Inhalt, der zu einer Fundierung des Gründungsvorhabens führen würde.

Kern eines „guten" Gründungsvorhabens sind meines Erachtens folgende drei Bestandteile:

- eine überzeugende Geschäftsidee,
- ein fundiertes und tragfähiges Unternehmenskonzept (Businessplan) sowie
- eine ausgeprägte Unternehmerpersönlichkeit.

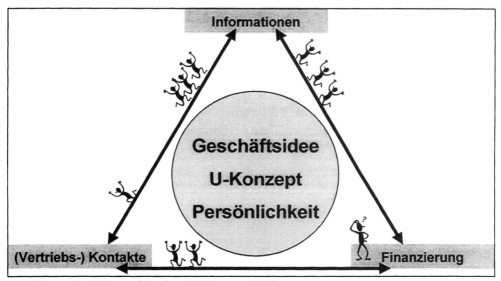

Abbildung 3: Eckpunkte der Existenzgründung

Meiner persönlichen Einschätzung zufolge ist eine entsprechende Gründerpersönlichkeit mit einem hohen Faktor für einen späteren Unternehmenserfolg ausschlaggebend. In mehreren Beiträgen dieses Bandes wird genau dieser Tatsache Rechnung getragen. Die Frage stellt sich, welche Eigenschaften nun eine „gute" Gründerpersönlichkeit ausmachen und weiterhin, ob und wie man die spezifischen Eigenschaften trainieren und verstärken kann. (vgl. Bihde, 1994, S. 153: „*Big ideas neccesitate big money and strong organisations. Successful entrepreneurs, therefore, require an evangelical ability to attract, retain, and balance the interests of investors, customers, employees, and suppliers for a seemingly outlandish vision, as well as the organizational and leadership skills to build large, complex company quickly. In addition, the entrepreneur may require considerable technical know-how in deal making, strategic planning, managing overhead, and other business skills. The revolutionary entrepreneur, in other words, would appear to require almost superhuman qualities: ordinary mortals need not apply."*)

4. Bestandteile eines Gründer-Coachings

Die obigen Ausführung lassen den Schluss zu, dass es erforderlich ist, um erfolgreiche Existenzgründung und Unternehmertum zu generieren, den Gründern und Gründerinnen in den drei als entscheidend beobachteten Bestandteilen des Gründungsvorhabens strukturiert und nachhaltig Unterstützung zukommen zu lassen.

Diese Betreuung sollte dabei aber weniger konzeptionell-beratend als vielmehr umsetzungsorientiert-begleitend sein. Ein „Coaching" von Gründern wird hier als nutzbringend und zielführend angesehen. Dabei wird Coaching verstanden als die individuelle Betreuung von Personen zu verschiedenen Themen und Aufgabenstellungen in den Bereichen Methode, Organisation, Verhalten und Einstellung.

Aber wie muss ein solches Coaching gestaltet sein und durch wen kann es erbracht werden?

4.1 Ganzheitlichkeit

Eine erste Anforderung an ein erfolgreiches Gründer-Coaching ist die Ganzheitlichkeit der Betrachtung. Allzuoft werden lediglich den betriebswirtschaftlichen Fragestellungen Beachtung geschenkt und Wert auf das Fachwissen der Gründer gelegt. Sicherlich sind dies wesentliche und grundlegende Bestandteile für den mittel- und langfristigen Unternehmenserfolg, jedoch nicht die alleinigen.

Der gesamte Verhaltens- und Einstellungskomplex wird bislang in der praktizierten Beratung vernachlässigt. Zwar wird zunehmend auch Wert auf Themen wie Kommunikation, Präsentation, Moderation, Konfliktmanagement etc. gelegt, doch bleibt die Frage nach den Einstellungsvariablen des Gründers, wie Zielstrebigkeit, Mut, Konsequenz, Selbstimage, Konzentrationsfähigkeit etc. fast vollständig unberücksichtigt. Auch führt ein Wochenendseminar nicht zu einer Verhaltens- und vor allem nicht zu einer Einstellungsveränderung. Hierzu ist der nachfolgende Aspekt der Langfristigkeit von Bedeutung.

4.2 Langfristigkeit

Eine sinnvolle Unterstützung von Gründern und Gründerinnen kann nur in einer langfristigen Begleitung liegen. Selbstständigkeit oder Unternehmertum sind keine Frage der Technik oder Methode, sondern vielmehr eine Frage der Einstellung und des Verhaltens.

Änderungen in diesen Bereichen lassen sich aber nur über eine langfristige und strukturierte Betreuung erzielen.

Weiterhin ändern sich im Verlauf der Gründung die spezifischen Fragestellungen der Gründer und Gründerinnen, so dass ein Coaching den jeweiligen Bedürfnissen entsprechen muss.

Weiterhin darf nicht der Eindruck entstehen, dass man aus jeder Person eine Unternehmerpersönlichkeit formen könne. Die elementaren Voraussetzungen müssen sicherlich mitgebracht werden und schon zu einem erheblichen Teil ausgeprägt sein.

Aber davon ausgehend, dass, wie oben ausgeführt, bislang in nur sehr wenigen Bereichen unseres Aus-, Fort- und Weiterbildungssystems Unternehmertum oder *entrepreneurship* gelehrt oder vermittelt wird, gibt es sicherlich eine Vielzahl an potenziellen Unternehmern und Unternehmerinnen, die sich durch eine entsprechende Unterstützung gut für die Selbstständigkeit eignen würden.

4.3 Umsetzungsorientierung

Der dritte Aspekt ist meines Erachtens die Umsetzungsorientierung des Gründer-Coachings. Weniger die akademische Beratung, sondern vielmehr die begleitende Unterstützung „mit der Hand am Arm" bringt wirkliche Umsetzungserfolge. Das eigentliche „Tun" muss aber zwingend der Gründer selbst vornehmen.

Wir halten es für grundsätzlich erforderlich, dass der Gründer

- seine eigene Geschäftsidee entwickelt, die seiner Persönlichkeit entspricht,
- sein Unternehmenskonzept im Wesentlichen selbst erstellt und sich mit allen relevanten Fragen der Gründung auseinandersetzt,
- konsequent und strukturiert an seiner Persönlichkeit arbeitet.

Der Coach kann ihn begleiten, ihn unterstützen und ihn anleiten; die Aufgaben bewältigen muss der Gründer selbst.

Aber genau diese Umsetzung, das Reflektieren der Erfahrungen, das Lernen aus Fehlern und das konsequente Planen neuer Schritte ist der Inhalt der umsetzungsorientierten Begleitung.

5. Lösungsansatz: Vernetzung

Wie kann man nun die Ganzheitlichkeit der Unterstützung und Begleitung erreichen? Wer kann alle relevanten Gründungsfragen beantworten helfen und gleichermaßen die *hard-facts* vermitteln wie die *soft-skills* trainieren?

Die Vernetzung der bestehenden Angebote ist hier eine interessante Lösung. Die Schaffung einer virtuellen Einheit, die alle relevanten Bestandteile zusammenführt und in ein ganzheitliches, langfristiges und umsetzungsorientiertes Coachingkonzept einbettet, ist ein sinnvoller und möglicher Ansatz (vgl. auch die Ansätze des BIC Kaiserslautern oder des Existenzgründerzentrums Stuttgart, weiterhin Initiativen wie die Arbeitsgemeinschaft Deutscher Technologie- und Gründerzentren mit über 3.500 Unternehmen in 162 Zentren).

Netzwerkarbeit wird dabei verstanden als „eine auf Realisierung von Wettbewerbsvorteilen zielende Organisationsform ökonomischer Aktivitäten, die sich durch komplex-reziproke, eher kooperative denn kompetitive und relativ stabile Beziehungen zwischen... Wirtschaftssubjekten auszeichnet". (vgl. Sydow, 1993, S. 79).

Netzwerkarbeit ist mehr als projektbezogene Kooperation. Vielmehr muss das „Weltbild" (vgl. Bleicher, 1991) der gemeinsam agierenden Einheiten weitgehend übereinstimmen, hier zum Beispiel in der Frage, ob das Coaching von Gründern sinnvoll und ertragbringend ist und auf welche Weise dies am besten gestaltet werden kann (vgl. Backhaus & Meyer, 1993). Bleicher verwendet den Begriff der „Superstruktur", der die entsprechenden Verfahren zur Konzensbildung beschreibt.

Die diversen Mitglieder des Netzwerks haben die Aufgabe, ihren Spezialthemen entsprechende, zielgruppenbezogene Trainings- und Beratungsprodukte zu entwickeln und anzubieten. Dabei müssen ein definierter Qualitätsstandard eingehalten und ausreichend Kapazitäten vorgehalten werden.

Die fokussierende Einheit des Netzwerkes hat dabei die Aufgabe der Qualitätssicherung und konzeptionellen Abstimmung der einzelnen Angebote (vgl. Bleicher, 1991). Hier werden Vision und Mission des Netzwerks abgestimmt, die Leitlinien und Zielsetzungen formuliert und deren Einhaltung bzw. Erreichung überwacht. Eine einheitliche Außendarstellung ist unerlässlich, um als Netzwerk zur Kenntnis genommen zu werden.

Ein Netzwerk belegt also auf dem Kontinuum zwischen Markt und Hierarchie eine mittlere Stellung, wobei die verbindenden Elemente wiederum in den weichen Faktoren liegen, also über die Verhaltens- und Einstellungsbereiche gestaltet werden.

Wichtig für das Funktionieren eines Netzwerks ist es weiterhin, dass die angebotenen Coaching-Leistungen mit einem Marktpreis bewertet werden. Zum einen, um ein gut geführtes Netzwerk am Laufen halten zu können. Zum anderen, um über den Preis sowohl auf der Angebots-, als auch auf der Nachfrageseite eine Selektion herbeiführen zu können (vgl. Sydow, 1993).

Neben der gemeinsamen Ausrichtung und den übereinstimmenden Werten der Netzwerk-Mitglieder sind aber auch gleichermaßen ausgeprägte Kompetenzen erforderlich. So ist es sicherlich mehr als nur wünschenswert, dass alle Netzwerk-Mitglieder vor allen Dingen unternehmerische Kompetenz und einen reichen persönlichen Erfahrungsschatz in Sachen Selbstständigkeit mitbringen.

Der Gründer hat damit folgende Vorteile:
- Er erhält nach seinen individuellen Bedürfnissen und analog des Entwicklungsstandes seines Gründungsvorhabens die entsprechende Beratung und Unterstützung.
- Dabei hat er prinzipiell nur einen Ansprechpartner, nämlich die fokussierende Einheit des Netzwerks, die die Netzwerk-Mitglieder und deren Angebote „managt".
- Der Gründer weiß, dass alle Leistungen der gleichen Denkwelt entspringen und ihm nicht, wie sonst so oft, unterschiedliche „Wahrheiten" erzählt werden und die Verunsicherung über die richtigen Schritte mit jedem weiteren Gesprächspartner größer wird (vgl. Kieser, 1994).
- Alle aus dem Netzwerk bezogenen Leistungen unterliegen einem Qualitätsstandard, so dass die Auswahl einzelner Trainer oder Dienstleister leichter fällt.

Eine häufig gestellte Frage in der Gründungs-Beratung ist zum Beispiel: „Wie finde ich einen guten Steuerberater?" Da es keine objektiven oder allgemeingültigen Qualitätskriterien gibt und der Markt im hohen Maße intransparent ist, bleibt oftmals nur die Antwort: „Genauso wie einen guten Zahnarzt!" Nicht so in einem qualitätsgesicherten Netzwerk. Hier können aufgrund der oben ausgeführten Voraussetzungen weit besser Empfehlungen ausgesprochen und Kontakte vermittelt werden.

6. Finanzierung

Zum guten Schluss darf natürlich nicht die Frage fehlen, wie nun ein derartig gestaltetes netzwerkgestütztes Gründer-Coaching finanziert werden könnte.

Man kann vermuten, dass hier nicht der Ruf nach weiteren Fördermitteln der öffentlichen Hand ertönen wird. Förderinstrumente sind gut und erfüllen sicherlich ihren Zweck. Unternehmertum basiert aber grundsätzlich auf privater Initiative mit einem ausgeprägten Erwerbsgedanken und einer Gewinnerzielungsabsicht.

Die finanziellen Mittel sind wie gesehen da, Gründer mitsamt ihren Ideen sind ebenfalls im ausreichenden Maße vorhanden. Und dennoch kommt der „Markt" nicht zum Ausgleich. Unvollkommene Märkte sind unter anderem durch eine fehlende Markttransparenz gekennzeichnet und diese wird gerade durch staatliche Eingriffe nicht verbessert, sondern vielmehr erhöht, wenn nicht sogar verursacht.

Warum funktioniert Existenzgründung und Gründungsfinanzierung in den USA so hervorragend? Sicherlich nicht, weil es einen besonders interventionistischen Staat gibt, sondern weil der privatwirtschaftlichen Initiative Vorschub geleistet wird.

Dem Gründer und auch einem potenziellen Beteiligungsgeber muss klar sein, dass die getätigten Investitionen, die in der Regel ja nicht unerheblich sind, durch ein ganzheitliches, langfristiges und umsetzungsorientiertes Coaching gesichert und zur erwarteten Rendite geführt werden können. Durch ein solches Instrument lassen sich sicherlich nicht alle Pleiten verhindern, aber der generelle Umsetzungserfolg sollte sich signifikant erhöhen lassen (was noch zu beweisen wäre).

Aber dieses Engagement muss den Gründer zwingend Geld kosten. Auf der einen Seite, um den Wert der Dienstleistung zu bestimmen und auf der anderen Seite, um über die Spürbarkeit der Kosten die ernsthaften und potenzialstarken Gründer zu selektieren.

So funktioniert der Markt, und das ist es ja, worum es den Unternehmern geht.

Literatur

Backhaus, K. & Meyer, M. (1993). Strategische Allianzen und strategische Netzwerke. *WiSt, Nr. 7*, 330 – 334.

Bihde, A., (1994). How Entrepreneurs craft strategies that work. *Havard Business Review, March-April*, 150 – 161.

Bleicher, K. (1991). Kooperation als Teil des organisatorischen Harmonisationsprozesses., Rolf Wunderer (Hrsg.) *Kooperation,* (S. 143-157). Stuttgart: Poeschel.

Kieser, A. (1994). Fremdorganisation, Selbstorganisation und evolutionäres Management. *ZfbF, Nr. 3*, 199 – 228.

Klandt, H. & Münch, G. (1990). Gründungsforschung im deutschsprachigen Raum – Ergebnisse einer empirischen Untersuchung. In N. Szyperski & P. Roth (Hrsg.). *Entrepreneur-ship: innovative Unternehmensgründung als Aufgabe* (S. 88-96). Stuttgart: Poeschel.

Kulicke, M. (1993). *Chancen und Risiken junger Technologieunternehmen:* Heidelberg: Physica.

Röttcher-Barthel, P. (1998). *Kapitalmangel*, DtA Pressemitteilung.

Sydow, J. (1993). *Strategische Netzwerke: Evolution und Organisation*, Wiesbaden: Gabler.

Unternehmerisches Handeln

Forschung

Selbstführung und unternehmerisches Verhalten auf Personen- und Teamebene[1]

Greg L. Stewart

1. Einleitung

Man spricht von Selbstführung, wenn Personen ihr Denken und Handeln in eigener Regie steuern, absichtsvoll verändern und zielgerichtet beeinflussen. Selbstführung kann es auf Personen- wie auf Gruppenebene geben. Personen, die sich selbst führen, wenden Strategien an wie Selbstbeobachtung, Beachtung der Umwelt, Festlegung von Verhaltenszielen, Selbstbelohnung oder Selbstbestrafung. Gruppen, die sich selbst führen, gehen ähnlich vor, d.h. beobachten gemeinsame Verhaltensweisen, setzen gemeinsame Ziele, registrieren Bedingungen ihres Umfelds oder praktizieren gedankliches Probehandeln. Sich selbst führende Individuen und Gruppen setzen auch kognitive Strategien ein wie den Umgang mit eigenen Überzeugungen und Glaubensgrundsätzen, Selbstdialoge, visuelle Vergegenwärtigungen oder Modifikation von Denkhaltungen. Im vorliegenden Beitrag werden Forschungsarbeiten zu verhaltensbezogenen und kognitiven Formen der Selbstführung beschrieben. Implikationen dieser Arbeiten für die Praxis werden hervorgehoben, wobei sich das Augenmerk speziell auf den Nutzen von Selbstführung bei unternehmerischen Tätigkeiten richtet.

2. Selbstführungstheorie

Bislang wurden zwei Ebenen der Selbstführung identifiziert. Durch eine nähere Betrachtung des Gesamtprozesses der Selbstführung lassen sich Unterschiede zwischen beiden Ebenen veranschaulichen. Individuen und Gruppen, die sich selbst führen, müssen Verantwortung für die Festlegung eigener Standards übernehmen, ihr Verhalten selbst kontrollieren, Ergebnisse ihres Verhal-

---

[1] Titel des Originalbeitrags: „Self-Leadership and Entrepreneurial Behavior: Individual and Team Perspectives", übersetzt von Eleonore Hertweck, bearbeitet von G.F. Müller

tens selbst evaluieren und selbst für Belohnung oder Bestrafung sorgen (Manz, 1986; Manz, Mossholder & Luthans, 1987). Prozesse der Verhaltensregulation, Ergebnisevaluierung und Verstärkung sind auf den verhaltensbezogenen Aspekt der Selbstführung gerichtet (Andrasik & Heimberg, 1982; Luthans & Kreitner, 1985; Manz & Sims, 1980). Die Festlegung eigener Standards und die Entwicklung von Strategien, Arbeits- und Verhaltensweisen angenehmer und intrinsisch motivierender zu machen, fordert darüber hinaus auch Fertigkeiten kognitiver Selbstführung (Manz, 1986; 1992). Verhaltensbezogene und kognitive Formen der Selbstführung werden im Folgenden ausführlicher dargestellt.

2.1 Verhaltensbezogene Fertigkeiten von Selbstführung

Der Erwerb von Fertigkeiten zur Selbstführung ist lerntheoretisch begründbar. Erklärungen liefert die soziale Lerntheorie. In dieser Theorie wird angenommen, dass Person, Umwelt und Verhalten in wechselseitiger Beziehung zueinander stehen (Bandura, 1986). Zudem wird davon ausgegangen, dass die Person in der Lage ist, sowohl auf ihr eigenes Verhalten als auch auf ihre Umgebung Einfluss zu nehmen. Die Fähigkeit, selbstbestimmte Handlungen auszuführen, kann also entweder durch direkte Beeinflussung des Verhaltens oder Veränderung der Umwelt entwickelt werden. Wie die Forschung zeigt, gibt es wirkungsvolle Strategien, wie Verhalten gesteuert werden kann. Selbstführung hat seinen Ausgangspunkt in Verhaltensweisen, die man ändern möchte. Dabei wird empfohlen, sich auf solche Verhaltensweise zu konzentrieren, deren Auftretenswahrscheinlichkeit erhöht werden soll (Andrasik & Heimberg, 1982; Luthans & Kreitner, 1985). Überdies sind spezifische Verhaltensweisen leichter zu verändern als allgemeine Verhaltensweisen. Nachdem das kritische Verhalten identifiziert wurde, werden die im Rahmen des Selbstführungprozesses notwendigen Schritte zur Veränderung des Verhaltens festgelegt.

2.2 Selbstbeobachtung

Selbstbeobachtung ist ein zentraler Bestandteil der Verhaltensänderung. Sie bedeutet, dass Personen Informationen über ihr Verhalten einholen (Andrasik & Heimberg, 1982; Manz & Sims, 1980). Obwohl man annehmen könnte, dass Personen ihrem Verhalten wie selbstverständlich Aufmerksamkeit schenken, kann dieses so routiniert ablaufen, dass es sich einer bewussten Reflektion entzieht (Bandura, 1986). Untersuchungen haben gezeigt, dass häufig ausgeübtes Verhalten eher unbewusst ausgeführt wird (Fiske & Taylor, 1984;

Schank & Abelson, 1977). Eine Möglichkeit, persönliches Verhalten zu beeinflussen besteht also darin, Notiz von seinem Verhalten zu nehmen. Allein der Akt der Beobachtung kann bereits zur dauerhaften Verhaltensänderung führen (Bandura, 1986). Die Beobachtung von Ereignissen, die dem Verhalten vorausgehen (Antezedentien) oder folgen (Konsequenzen), ist eine weitere Voraussetzung für einen erfolgreichen Selbstführungsprozess.

Auf Team-Ebene beinhaltet Selbstbeobachtung Bemühungen der Gruppe, gemeinsames Verhalten zu beobachten und aufzuzeichnen sowie Versuche, vorauslaufende Bedingungen und Folgen des Gruppenverhaltens zu verstehen (Neck, Stewart & Manz, 1996). Da Beobachtung ein selbst initiierter Prozess ist, ist es naheliegend, dass auch Handlungen von den Teammitglieder selbst ausgeführt werden müssen. Das Team muss als Gruppe zusammenarbeiten, um sich selbst führen zu können. Ein Beispiel wäre ein Team, das Informationen sucht, um eigene Leistungen bestimmten Produktionsvorgaben anzunähern.

2.3 Das Setzen eigener Ziele

Das Setzen eigener Ziele stellt einen weiteren Schritt im Selbstführungsprozess dar. Ein Ziel wird definiert als „das, was ein Individuum zu erreichen versucht; es ist der Zweck oder die Absicht einer Handlung" (Locke, Shaw, Saari & Latham, 1981, S. 126). Das Setzen von Zielen hilft Personen, da diese dann eine Messlatte für akzeptable Leistungen erhalten und Leistungsrückmeldungen besser interpretieren können (Locke & Latham, 1990). Darüber hinaus unterstützen Ziele die Entwicklung von Handlungsplänen (Earley, Wojnarowski & Prest, 1987).

Zielsetzungseffekte können ein beträchtliches Ausmaß erreichen. In fast 400 Studien zeigte sich, dass das Setzen von Zielen eine effektive Methode zur individuellen Leistungssteigerung darstellt (Locke & Latham, 1990). Ergebnisse dieser Untersuchungen belegen, dass Ziele mit einem mittleren Schwierigkeitsgrad besser sind als solche mit geringem Schwierigkeitsgrad (Locke & Latham, 1990. Manz & Sims, 1990). Ziele, die auf kurzfristige Vorhaben ausgerichtet sind, sind im Allgemeinen effektiver als komplexe, langfristige Ziele (Mahoney & Arnkoff, 1979; Wood, Mento & Locke, 1987). Die Anstrengungsbereitschaft von Personen, Ziele zu erreichen, stellt einen weiteren Erfolgsfaktor dar (Erez & Zidon, 1984). Um die Zielbindung zu erhöhen, kann man Personen erlauben, eigene Ziele festzulegen (Manz & Sims, 1990). Das Setzen von Zielen wird damit zu einem zentralen Bestandteil der Selbstführung.

Zielsetzung auf Teamebene erfordert, dass die Gruppe ihre Leistungsziele gemeinsam festlegt. Obwohl Individuen eigene Zielvorstellungen haben können, ist die Selbstführung auf Gruppenebene an Zielen des Teams als Ganzes ausgerichtet. Zielsetzung durch das Team ist ein Bestandteil von Selbstführung, die persönliche Ziele von Teammitgliedern und Führungspersonen einschließt, sich aber nicht nur hierüber definiert.

2.4 Modifikation vorauslaufender Bedingungen

Die Modifikation vorauslaufender Bedingungen des Verhaltens stellt eine Methode dar, die Umwelt so zu verändern, dass Verhaltensänderungen erleichtert werden. Es wurde festgestellt, dass sich viele menschliche Verhaltensweisen auf spezifische Umweltbedingungen zurückführen lassen (Luthans & Kreitner, 1985; Skinner, 1969). Diese Befunde legen es nahe, dass die Entfernung von Reizen, die unerwünschte Verhaltensweisen auslösen, und die Hinzufügung von Reizen, die gewünschte Verhaltensweisen bedingen, effektive Methoden der Verhaltensänderung sind (Adrasik & Heimberg, 1982; Mahoney & Arnkoff, 1979). Eine Möglichkeit, Umweltfaktoren selbst zu kontrollieren, besteht also darin, sich selektiv bestimmten Reizsituationen auszusetzen.

Auf Teamebene findet eine Modifikation vorauslaufender Bedingungen statt, wenn Teams ihre gemeinsame Umwelt verändern. Solche Initiativen werden kooperativ getragen und sind nicht identisch mit den Versuchen der Teammitglieder, Reiz-Bedingungen individuellen Verhaltens zu verändern.

2.5 Modifikation von Konsequenzen

Eine Modifikation vorauslaufender Bedingungen muss durch eine Modifikation von Konsequenzen ergänzt werden. Dies kann durch Selbstverstärkung oder Selbstbestrafung geschehen. Selbstverstärkung kann nach Bandura (1986) aus materiellen oder immateriellen Belohnungen bestehen. Beispiele für materielle Belohnungen sind das Kaufen eines begehrten Gegenstands, die Teilnahme an attraktiven Freizeitaktivitäten oder das Genießen einer Lieblingsspeise (Manz, 1992). Allerdings sind immaterielle Belohnungen in Form von Selbstachtung und Selbstzufriedenheit oft wirkungsvoller als materielle Belohnungen (Bandura, 1986). Die Wirksamkeit der Selbstverstärkung für Verhaltensänderungen ist empirisch gut belegt (Luthans & Kreitner, 1985; Luthans, Paul & Baker, 1981; Skinner, 1969). Der Schlüssel liegt darin, dass Personen lernen, ihr Verhalten zu steuern, indem sie Kontrolle über verstärkende Belohnungen erhalten.

Selbstbestrafung ist weniger effektiv. Bei der Bestrafung ist das Augenmerk auf negative Konsequenzen gerichtet, um unerwünschtes Verhalten zu reduzieren. Das Hauptproblem besteht darin, dass Personen häufig nicht bereit sind, sich selbst aversive Konsequenzen zuzufügen (Andrasik & Heimberg, 1982; Manz & Sims, 1980; Thoresen & Mahoney, 1974). Auch wurde festgestellt, dass Personen, die dazu neigen sich selbst zu bestrafen, über eine geringere Selbstachtung und Selbstwirksamkeit verfügen (Bandura, 1986; Manz, 1992). Somit ist die Modifikation von Konsequenzen am wirkungsvollsten, wenn sie als Selbstverstärkung stattfindet.

Auf Teamebene weist die Modifikation von Konsequenzen ähnliche Merkmale auf. Teams verstärken gemeinsam Verhaltensweisen, indem sie Belohnungen sowohl für einzelne Mitglieder als auch für die gesamte Gruppe bereitstellen. Geldprämien, Freizeit oder die Anschaffung neuer Geräte sind Beispiele für materielle Belohnungen. Zu den immateriellen Belohnungen zählen höhere Zufriedenheit, Spaß an der Teamarbeit oder Anerkennung für Arbeiten, die das Team leistet. Damit von Selbstführung auf Teamebene gesprochen werden kann, ist es allerdings notwendig, dass die Gruppe Belohnungen oder Sanktionen gemeinschaftlich teilt oder verabreicht.

2.6 Probehandeln

Probehandeln ist eine Form der Übung und kann entweder offen oder latent ausgeführt werden (Manz & Sims, 1980). Untersuchungen zeigen, dass Personen, die Handlungen vorher einüben, erfolgreicher bei der Ausführung eines Verhaltens sind als Personen, die keine Probehandlungen ausführen (Goldstein & Sorcher, 1974; Kazdin, 1974). Ein Vorteil des Probehandelns ist die mentale Konzentration auf gewünschte Konsequenzen spezifischer Verhaltensweisen (Manz & Sims, 1980). Zudem werden Gefühle von Selbstwirksamkeit verstärkt (Bandura, 1986; Manz & Sims, 1981).

In ähnlicher Weise profitiert auch das Team durch Probehandeln, da es sich besser auf gemeinsame Aufgaben vorbereiten kann. Ein Beispiel wäre die simulierte Präsentation einiger Teammitglieder, bevor Gremien oder Geldgeber von Investitionsvorhaben der Gruppe überzeugt werden sollen. Übungen müssen ebenfalls vom Team als Ganzes initiiert und ausgeführt werden und nicht etwa nur Angelegenheit der Führungskraft oder einzelner Gruppenmitglieder bleiben.

3. Kognitive Voraussetzungen für Selbstführung

Die kognitive Komponente der Selbstführung setzt voraus, dass Personen mentale Strategien einsetzen, um die Erledigung ihrer Aufgaben zu effektivieren und angenehmer zu gestalten. Sich selbst führende Personen verstehen es, ihre Arbeit so einzurichten, dass diese intrinsisch motivierend wirkt (Manz, 1986).

3.1 Selbst- und Fremdkontrolle

Eine Voraussetzung dafür, sich selbst führen zu können, ist das Vorhandensein von Handlungsspielräumen für die Festlegung individueller und gemeinsamer Leistungsstandards und die Evaluation individuellen und gemeinsamen Leistungsverhaltens (Manz, 1986; Manz et al., 1987). Hieraus darf jedoch nicht geschlossen werden, dass es überhaupt keine Fremdkontrolle in Situationen mit Selbstführungscharakter geben sollte. Auch sich selbst führende Personen und Gruppen sind in der Regel noch externer Kontrolle unterworfen. Dazu gehören Erwartungen von Kunden oder berufliche Wertvorstellungen, die auf Einflüssen im Elternhaus zurückgehen (Mills, 1983). Überdies basieren auch persönliche Standards oft auf Maßstäben, die wichtige Bezugspersonen teilen (Bandura, 1986). Weiterhin können Kollegen und Vorgesetzte individuelle Standards durch ihr Modellverhalten beeinflussen (Gioia & Manz, 1985; Manz & Sims, 1981). Zudem lässt sich vermuten, dass äußere Verstärkung eine wichtige Rolle bei der Förderung von Selbstführung spielt. Der Grund hierfür ist, dass selbstgeführtes Verhalten auf diese Weise länger aufrechterhalten werden kann (Manz & Sims, 1980). Mitarbeiter, die dafür belohnt werden, ihre Leistungsstandards selbst festzulegen und ihr Verhalten in eigener Regie zu ändern, werden dies auch weiterhin tun.

Sich selbst führende Personen und Teams beginnen, über Möglichkeiten nachzudenken, wie Arbeit anders ausgeführt oder Arbeitsverhalten verändert werden kann, wenn sie der Ansicht sind, dass dadurch auch Verbesserungen für die Organisation entstehen. Sich selbst führende Personen und Gruppen versuchen zudem, die Bewältigung von Aufgaben angenehmer zu gestalten, um ihre intrinsische Arbeitsmotivation zu steigern (Deci, 1975).

3.2 Integration natürlicher Belohnungen

Sich selbst führende Personen stellen Situationen her, die natürliche Belohnungen enthalten. Personen haben dadurch Freude an ihrer Arbeit und werden durch die Arbeit *per se* anstatt durch externe Faktoren wie z.B. finanzielle Anreize motiviert. Eine Möglichkeit, natürliche Belohnungen aus der Arbeitstätigkeit zu beziehen, besteht darin, Situationen herzustellen, die eine Verbesserung des Arbeitsumfeldes zur Folge haben (Manz, 1986). Vor dem Hintergrund der sozialen Lerntheorie kann angenommen werden, dass Personen fähig sind, auf äußere Arbeitsbedingungen Einfluss zu nehmen. Personen und Gruppen sollten deshalb möglichst viel Kontrolle über die Gestaltung physikalischer Umfeldbedingungen ausüben können.

Das physikalische Arbeitsumfeld lässt sich durch Eingriffe in den Prozess der Aufgabenausführung modifizieren (Manz, 1986). Das Ziel von Eingriffen sollte es sein, die intrinsische Motivation zu verbessern. Das ist der Fall, wenn Personen angenehme Tätigkeiten in Arbeitsabläufe integrieren können. So wurde festgestellt, dass Aufgaben, die ein Gefühl von Kompetenz, Selbstkontrolle und Sinnhaftigkeit vermitteln, die Freude an der Arbeit erhöhen (Deci & Ryan, 1985; Manz, 1992). Man kann sich auch an Prinzipien von *job enrichment* (Hackman & Oldham, 1980) orientieren, wenn es darum geht, Aufgaben intrinsisch motivierender zu gestalten. Hierbei muss allerdings berücksichtigt werden, dass gleiche Aufgaben zu unterschiedlichen Reaktionen bei Personen führen können. Aufgaben, die für einen Mitarbeiter intrinsisch motivierend sind, mögen für einen anderen demotivierend wirken. Aus diesem Grund ist es naheliegend, dass eine Integration natürlicher Belohnungen am besten durch Personen oder Gruppen selbst erfolgen sollte.

3.3 *Kognitive Selbstführung*

Kognitive Selbstführung bedeutet, dass man mentale Aktivitäten beherrschen kann (Manz, 1986; 1992). Ein entsprechender Ansatz, der sowohl in der sozialen Lerntheorie (Bandura, 1986) als auch in der kognitiven Psychologie (Anderson, 1990) verankert ist, nimmt an, dass Verhaltensweisen und Kognitionen miteinander verbunden sind und in wechselseitiger Beziehung zueinander stehen.

Zu den Methoden kognitiver Selbstführung gehören innere Dialoge, visuelle Vergegenwärtigungen, Überzeugungen, Glaubensgrundsätze und charakteristische Denkmuster (Manz, 1986, 1992; Manz & Neck, 1991). Unter inneren Dialogen versteht man das, was man gedanklich zu sich selbst sagt (Ellis, 1962). Studien aus der Sportpsychologie, klinischen Psychologie, Beratungspsychologie, Pädagogik und Kommunikation belegen ausnahmslos die Wirkung innerer Dialoge auf die Leistung von Personen (Neck, 1992). In gleicher Weise gibt die Vermittlung von Techniken des inneren Dialogs Möglichkeiten an die Hand, kognitive Aktivitäten gezielter steuern und Selbstführungskompetenzen aufbauen zu können.

Durch die Beobachtung, dass „Organisationen mit sich selbst reden", hat Weick (1979, S. 133) erkannt, dass es innere Dialoge auch auf überindividueller Ebene gibt. Selbstgespräche der Gruppe haben einen signifikanten Einfluss auf die Gruppenleistung (Janis, 1983; Neck & Manz, 1994). In Teams, die sich selbst führen, besteht die Neigung, sozialen Druck auf Mitglieder auszuüben, die mit ihren Äußerungen von vorherrschenden Gruppenmeinungen abweichen. Die Neigung zu gruppenkonformen Dialogen kann jedoch auch negative Auswirkungen haben.

Visuelle Vergegenwärtigungen haben Ähnlichkeit mit gedanklichem Probehandeln. Auch hier weisen Untersuchungen der Sportpsychologie, Beratungspsychologie oder klinischen Psychologie darauf hin, dass positive Leistungsergebnisse resultieren (Neck, 1992). Personen, die sich lebhafte Vorstellungen von ihrer Arbeit machen können, sind leistungsstärker als Personen, die dazu weniger gut in der Lage sind (Manz, 1992; Neck, 1992). Somit stellt die visuelle Vorstellungskraft eine Form internaler Kontrolle dar, die das Potenzial zur Selbstführung erhöht.

Ebenso können Gruppenleistungen durch visuelle Vorstellungen im Arbeitsteam gesteigert werden. Da Mitglieder erfolgreicher Gruppen zu einheitlichen Visionen neigen (Napier & Gershenfeld, 1987), können Teams sowohl von der Entwicklung gemeinsamer Vorstellungen als auch von der Visualisierung effektiver Problemlösungen profitieren.

Eine weitere Methode kognitiver Selbstführung ist die Kontrolle eigener Überzeugungen und Glaubensgrundsätze. Untersuchungen bestätigen, dass Personen mit positiven Überzeugungen und Glaubensgrundsätzen bessere Leistungen zeigen als Personen mit negativen Überzeugungen (Burns, 1980: Ellis, 1975). Die Identifikation und Veränderung negativer Überzeugungen vermittelt den Eindruck von Kontrolle über kognitive Prozesse und stärkt damit ebenfalls die Selbstführungskompetenz.

Auch charakteristische Denkmuster haben Auswirkungen auf Kognitionen und Verhaltensweisen. Nach Manz (1992) sind Personen, die zum „Chancen-Denken" neigen, effektiver als solche, die zum „Hindernis-Denken" neigen. Beim „Chancen-Denken" wird die Aufmerksamkeit auf Ermöglichungsaspekte von Situationen gelenkt, was dazu führt, dass Personen eher an Erfolge als an Misserfolge erinnert werden (Neck, 1992). „Chancen-Denken" kann Mitarbeitern dabei helfen, die Vorteile der Selbstführung und Verantwortungsübernahme für eigene Arbeitsergebnisse zu erkennen.

Es mögen jedoch auch Schwierigkeiten auftreten, wenn Teams übertrieben optimistische Haltungen einnehmen. In solchen Fällen unterliegen sie oft einer kollektiven Illusion der Unangreifbarkeit. Gruppen können unter diesen Umständen unnötige Risiken eingehen (Janis, 1983). Deshalb müssen im Team Chancen-Denken und Optimismus von Wahrscheinlichkeitsdenken und Realismus flankiert werden, damit positive Ergebnisse resultieren. Probleme als Herausforderungen wahrzunehmen kann günstig sein, solange Teams aufgrund positiver Haltungen keine dysfunktionalen Wege einschlagen. In der Tat könnte eine ideale Kombination darin bestehen, dass man nach positiven Gelegenheiten Ausschau hält, während man gleichzeitig sensibel für die Entstehung möglicher Probleme ist. Diese Logik wird auch durch Befunde zur Rückfallprävention unterstützt (vgl. Marx, 1982).

4. Persönlichkeit von und Selbstführung bei Unternehmern

Komponenten der Selbstführung weisen Überschneidungen mit Persönlichkeitsmerkmalen von Unternehmern auf. In seiner Beschreibung verschiedener Unternehmertypen fasst Miner (1997) klassische Unternehmereigenschaften unter dem Begriff des „persönlichen Leistungstypus" zusammen. Miner charakterisiert Unternehmer anhand von acht Merkmale: Hohe Leistungsmotivstärke, Typ A-Persönlichkeit, Bedürfnis nach Rückmeldung über erbrachte Leistungen, Bedürfnis zu planen und sich Ziele zu setzen, starkes persönliches Engagement bei der Aufgabenbewältigung, Bedürfnis nach Information und Wissen, sowie internale Kontrollüberzeugung. Zwischen jedem dieser Merkmale und den Komponenten der Selbstführung können Beziehungen hergestellt werden.

Personen mit ausgeprägtem Leistungsmotiv geht es eher darum, Erfolg zu haben als Misserfolg zu vermeiden. Sie präferieren Situationen, die sie beeinflussen und steuern können (Steiner & Miner, 1986). Einflussnahme und Kontrolle stellen auch zentrale Aspekte der Selbstführung dar. Der Selbstführungstheorie zufolge ist die intrinsische Motivation entscheidend für das erreichte Leistungsniveau. Sich selbst führende Personen sind bereit, kalkulierbare Risiken einzugehen, wenn dies erfolgversprechend scheint. Das Umfeld kann zwar ebenfalls die Leistung beeinflussen, sich selbst führende Personen betrachten sich jedoch als die eigentliche Kontrollinstanz ihres Verhaltens.

Ein Hauptmerkmal der Typ A-Persönlichkeit ist die Neigung, mehr in immer weniger Zeit zu erledigen (Miner, 1997). Obwohl dies oft auch für Unternehmer zutrifft, scheinen diese fähig zu sein, ihre Neigung so weit zu beherrschen, dass das persönliche Wohlbefinden nicht beeinträchtigt wird (Lee, Ashford & Bobko, 1990). Die Selbstführungstheorie geht davon aus, dass Personen hohe Leistungen anstreben, gleichzeitig jedoch auch versuchen, die Arbeit angenehmer zu gestalten. Darüber hinaus überprüfen sich selbst führende Personen häufiger ihre Motivation um sicherzustellen, dass diese noch mit persönlichen Werthaltungen übereinstimmt.

Unternehmer möchten zudem informiert sein, wie ihre Leistungen einzuordnen sind. Dieses Bedürfnis korrespondiert mit der Selbstbeobachtungskomponente von Selbstführung. Sich selbst führende Personen und Gruppen suchen ständig nach Rückmeldung. Sie nutzen dazu des öfteren Schaubilder und Diagramme, die ihnen helfen, ihr Verhalten und ihre Leistungen besser messen und verstehen zu können.

Das vierte Merkmal von Unternehmern ist ihr Wunsch, Ziele zu planen und festzulegen. Dies ist auch ein zentrales Merkmal von Selbstführung. Sich selbst führende Personen richten ihr Augenmerk auf die Zukunft und haben Zielperspektiven, um sich bei der Arbeit anzuspornen. Sie wenden auch gedankliches Probehandeln an, um erfolgversprechende Strategien zu finden. Zielvisualisierungen steigern die persönliche Anstrengungsbereitschaft und sichern das notwendige Durchhaltevermögen, wenn Barrieren und Hindernisse überwunden werden müssen.

Miner (1997, S. 23) definiert Unternehmer als „Personen, deren Leistungen auf ihre eigenen Aktivitäten zurückgehen; sie verlassen sich nicht auf die Hilfe anderer, um Dinge zu vollbringen." Eigeninitiative und internale Kontrolle sind ebenfalls in der Selbstführungstheorie enthalten. Die Verhaltenssteuerung nimmt ihren Ausgang beim Individuum und nicht bei äußeren Zwängen und Anforderungen. In der Tat ist es die Betonung internaler Kontrolle, die die Selbstführungstheorie von anderen Führungstheorien unterscheidet.

Unternehmer zeichnen sich zumeist durch ein starkes Engagement bei ihrer Arbeit aus, da sie persönliche Wertvorstellungen mit in die unternehmerische Tätigkeit einbeziehen. Solch eine Verknüpfung zwischen persönlichen Wertvorstellungen und Arbeitstätigkeiten wird auch von der Selbstführungstheorie postuliert. Personen, die sich selbst führen, überprüfen ständig eigene Verhaltensroutinen und Leistungsstandards. Wenn ihr Verhalten nicht mehr mit den für sie wichtigen Werthaltungen übereinstimmt, wenden sie Strategien an, um einen neuen Kurs einzuschlagen. Sich selbst führende Personen richten ihre Aufmerksamkeit auf intrinsisch motivierende Aspekte der Arbeit, um persönliches Engagement und Freude an der Arbeit zu erhöhen.

Das siebte Merkmal der unternehmerischen Persönlichkeit ist das Bedürfnis nach Information und Wissen. Eine Facette von Selbstführung sind Handlungen, die der eigenen Weiterentwicklung dienen. Durch Selbstbeobachtung können Personen feststellen, wo Lern- und Informationsbedarf vorhanden ist. Das Festlegen eigener Ziele und Verstärken zielführender Verhaltensweisen hilft, notwendige Schritte zu unternehmen, damit Lernen tatsächlich stattfindet. Autonomes Lernen wird in der Tat durch Selbstführung unterstützt. Empirische Belege dafür finden Stewart, Carson und Cardy (1996, s.u. 5.).

Ein weiteres Unternehmermerkmal ist die internale Kontrollüberzeugung. Personen mit internaler Kontrollüberzeugung schreiben Ereignisse ihren eigenen Fähigkeiten und Initiativen zu. Dies deckt sich mit Annahmen der sozialen Lerntheorie, auf die sich auch die Selbstführungstheorie bezieht. Sich selbst führende Personen sind der Meinung, dass sie ihr eigenes Verhalten ändern können. Sie trauen sich überdies zu, aktiv in ihre Umwelt einzugreifen, um gewünschtes Verhalten leichter realisieren zu können.

Dass Unternehmer Tätigkeiten schätzen, bei denen sie persönliche Ziele, Vorstellungen und Interessen verfolgen können, ist ebenfalls mit der Selbstführungstheorie vereinbar. Sich selbst führende Personen werden eher von eigenen Wünschen und Motivationen und weniger von äußeren Zwängen geleitet. Sie schöpfen Freude daraus, Arbeitsaufgaben eigenverantwortlich erledigen zu können, und unterscheiden sich in dieser Hinsicht von Personen, die damit zufrieden sind, Arbeitsaufgaben vorgeschrieben zu bekommen.

5. Studien zur Effektivität von Selbstführung

Selbstführung umfasst ein Repertoire von Denk- und Verhaltensweisen, die erlernt werden können. Neck und Manz (1996) untersuchten die Wirksamkeit eines Trainings für 48 Angestellte einer Firma, die Konkurs angemeldet hatte, wobei die Vermittlung kognitiver Strategien der Selbstführung im Vordergrund stand.

Die Mitarbeiter wurden per Zufall in zwei Gruppen eingeteilt. Die Trainingsgruppe nahm an einer Reihe von Selbstführungsseminaren teil, die Kontrollgruppe erhielt zunächst kein Training. Allerdings bekam die Kontrollgruppe die gleichen Seminare zu einem späteren Zeitpunkt, so dass sich überprüfen ließ, ob Trainingseffekte replizierbar waren.

Vor dem ersten Seminar wurde das Ausmaß an Enthusiasmus gemessen. Die Trainingsgruppe unterschied sich hierbei nicht signifikant von der Kontrollgruppe. Nach dem Training wurden bei der Trainingsgruppe deutlich höhere Enthusiasmuswerte gemessen. Dieser Effekt konnte bei der Kontrollgruppe repliziert werden. Überdies zeigte sich in einer dritten Messung bei der ersten Trainingsgruppe, dass die höheren Enthusiasmuswerte über die Zeit hinweg stabil geblieben sind.

Vor dem Training waren auch keine signifikante Unterschiede bei der Arbeitszufriedenheit beider Gruppen vorhanden. Die Arbeitszufriedenheit der Trainingsteilnehmer nahm jedoch ebenfalls zu und blieb auf hohem Niveau stabil.

Sowohl vor als auch nach jedem Seminar wurden Gefühle von Selbstwirksamkeit gemessen. Vor dem ersten Seminar hatte die Trainingsgruppe ähnliche Ausprägungen wie die Kontrollgruppe. Die Selbstwirksamkeitswerte stiegen bei der Trainingsgruppe dann kontinuierlich an, wie später auch bei der Kontrollgruppe.

Diese Ergebnisse belegen, dass ein Selbstführungstraining zur Verbesserung von Einstellungen und Gefühlen der Selbstwirksamkeit beizutragen vermag. Bezüge zu unternehmerischem Verhalten liegen auf der Hand.

In einer Studie von Stewart, Carson und Cardy (1996) konnte ein Zusammenhang zwischen Selbstführung und Leistungssteigerung nachgewiesen werden. 113 Hotelangestellte nahmen an dieser Studie teil. Sie wurden in zwei Gruppen aufgeteilt. 59 Mitarbeiter erhielten ein Selbstführungstraining, 54 Mitarbeiter dienten als Kontrollgruppe. Die Vorgesetzten beurteilten die Leistung jedes Mitarbeiters sowohl vor Beginn des Trainings als auch danach. Das Training bestand aus einem Selbstlernprogramm mit schriftlichen Instruktionen, wie Selbstführungskompetenzen verbessert werden können (vgl. Manz, 1993a, 1993b, 1993c). Fünf Wochen später trafen sich die Teilnehmer erneut mit dem Trainer und sprachen über das, was sie aus den Instruktionen gelernt hatten.

In einer ersten Analyse der Leistungsbeurteilungen konnten keine Unterschiede zwischen Angestellten mit und ohne Training gefunden werden. Es waren jedoch auch einige Persönlichkeitsmerkmale gemessen worden, die weitergehende Analysen möglich machten. Da Gewissenhaftigkeit eine Eigenschaft ist, die Überschneidungen mit Selbstführung aufweist, wurde untersucht, ob es eine Wechselwirkung zwischen diesem Persönlichkeitsmerkmal und Trainingseffekten gibt. Dies war in der Tat der Fall. Trainingsteilnehmer, die niedrige Gewissenhaftigkeitswerte hatten, verbesserten ihre Leistung, während Trainingsteilnehmer mit hohen Gewissenhaftigkeitswerten nur wenig vom Training profitierten. Die Studie zeigt somit, dass das Selbstführungstraining primär für solche Mitarbeiter nützlich war, die zu Unorganisiertheit oder Unzuverlässigkeit bei der Arbeit neigen.

Eine Studie von Stewart und Barrick (1999) beschäftigte sich mit Trainingseffekten auf Teamebene. An der Untersuchung nahmen 45 Arbeitsgruppen mit insgesamt 626 Personen aus dem Produktionsbereich teil. Jedem Teammitglied wurde eine Liste von Aktivitäten vorgelegt, die mit Selbstführung in Zusammenhang stehen (über geleistete Arbeitszeiten Buch führen, Zeitpläne aufstellen, Arbeitsroutinen überarbeiten, Leistungsziele festlegen, etc.). Die Mitarbeiter wurden sodann danach gefragt, ob das Team als Ganzes oder ein Vorgesetzter für diese Aktivitäten verantwortlich sei. Einzelne Werte wurden aufsummiert und gemittelt, um einen Indikator für das Ausmaß an Selbstführung in jedem Team zu erhalten. Darüber hinaus gab jeder Teamleiter eine Beurteilung der Gesamtleistung seiner Arbeitsgruppe an.

In der ersten Analyse konnte kein Zusammenhang zwischen Selbstführung und Gruppenleistung festgestellt werden. Allerdings waren die Team-Mitglieder auch danach gefragt worden, wie lange sie sich mit welchen Aufgaben beschäftigt hatten. Dabei zeichnete sich eine positive Beziehung zwischen Selbstführung und Teamleistung bei solchen Gruppen ab, die sich hauptsächlich mit *kognitiven* Aufgaben beschäftigt hatten. Da davon auszugehen ist, dass Teams von unternehmerisch tätigen Personen ebenfalls eher mit kognitiven Aufgaben beschäftigt sind, können Selbstführungskompetenzen auch für sie von Vorteil sein.

6. Schlussfolgerungen

Für Unternehmer dürfte Selbstführung von großer Bedeutung sein. Studien, die Selbstführung auf Personenebene untersuchten, haben gezeigt, dass sich Selbstführungskompetenzen lernen lassen. Somit kann auch erfolgreiches unternehmerisches Verhalten davon abhängig sein, ob und in welchem Ausmaß Selbstführungskompetenzen erworben, vertieft oder angewandt worden sind. Die Effekte entsprechender Trainings dürften größer sein, wenn schwach ausgeprägte Persönlichkeitsmerkmale kompensiert werden können (z.B. Gewissenhaftigkeit). Auf Teamebene begünstigt Selbstführung solche Gruppen, die kognitiv anspruchsvolle Aufgaben zu bewältigen haben. Mit der Aneignung von Selbstführungskompetenzen lernen Personen und Gruppen, auf mentale Prozesse Einfluss zu nehmen. Darüber hinaus lernen sie aber auch, ihr Arbeitsumfeld so zu gestalten, dass die Wahrscheinlichkeit, unternehmerische Ziele zu realisieren, steigt.

Literatur

Anderson, J. R. (1990³). *Cognitive psychology and its implications*. New York: Freeman.

Andrasik, F. & Heimberg, J. S. (1982). Self-management procedures. In L. W. Frederickson (Ed.), *Handbook of organizational behavior management*. New York: Wiley.

Bandura, A. (1986). *Social foundations of thought and action: A social cognitive theory*. Englewood Cliffs. Prentice-Hall.

Burns, D. D. (1980). *Feeling good: The new mood therapy*. New York: William Morrow.

Deci, E. L. (1975). Intrinsic motivation. New York: Plenum.

Deci, E.L. & Ryan, R. M. (1985). *Intrinsic motivation and self-determination in human behavior*. New York: Plenum.

Early, P. C., Wojnarowski, P. & Prest, W. (1987). Task planning and energy expended: Exploration of how goals affect performance. *Journal of Applied Psychology, 72*, 107-114.

Ellis, A. (1962). *Reason and emotion in psychotherapy*. New York: Lyle Stuart.

Ellis, A. (1975). *A new guide to rational living*. Englewood Cliffs: Prentice Hall.

Erez, M. & Zidon, I. (1984). Effect to goal acceptance on the relationship of goal difficulty to performance. *Journal of Applied Psychology, 69*, 69-78.

Fiske, S. & Taylor, S. (1984). *Social cognition*. Reading: Addison-Wesley.

Gioia, D. A. & Manz, C. C. (1985). Linking cognition and behavior: A script processing interpretation of vicarious learning. *Academy of Management Review, 10*, 527-539.

Goldstein, A. P. & Sorcher, M. (1974). *Changing supervisory behavior*. New York: Pergamon.

Hackman, J. R. & Oldham, G. R. (1980). *Work redesign*. Reading: Addison-Wesley.

Janis, I. L. (1983). *Groupthink*. Boston: Houghton Mifflin.

Kazdin, A. E. (1974). Effects of covert modeling and model reinforcement on assertive behavior. *Journal of Abnormal Psychology, 83*, 240-252.

Lee, C., Ashford, S. J. & Bobko, P. (1990). Interactive effects of type A behavior and perceived control on worker performance, job satisfaction, and somatic complaints. *Academy of Management Journal, 33*, 870-881.

Locke, E. A. & Latham, G. P. (1990). Work motivation and satisfaction: Light at the end of the tunnel. *Psychological Science, 1*, 240-246.

Locke, E. A., Shaw, K. N., Saari, L. M. & Latham, G. P. (1981). Goal setting and task performance: 1969-1980. *Psychological Bulletin, 90*, 125-152.

Luthans, F. & Kreitner, R. (1985). *Organizational behavior modification and beyond*. Glenview: Scott Foresman.

Luthans, F., Paul, R. & Baker, D. (1981). An experimental analysis of the impact of contingent reinforcement on salespersons' performance behavior. *Journal of Applied Psychology, 66*, 314-323.

Mahoney, M. J. & Arnkoff, D. B. (1979). Self-management: Theory, research, and application. In J. P. Brady & D. Pomerieau (Eds.), *Behavioral medicine: Theory and practice*. Baltimore: Williams & Williams.

Manz, C. C. (1986). Self-leadership: Toward an expanded theory of self-influence possesses in organizations. *Academy of Management Review, 11*, 585-600.

Manz, C. C. (1992). *Mastering self-leadership: Empowering yourself for personal excellence*. Englewood Cliffs: Prentice-Hall.

Manz, C. C. (1993a). *Becoming a self-manager: Skills for addressing difficult, unattractive, but necessary tasks*. King of Prussia: Organization Design and Development.

Manz, C. C. (1993b). *Redesigning the way you do your job: Skills for building natural motivation into your work*. King of Prussia: Organizational Design and Development.

Manz, C. C. (1993c). *The art of positive psyching: Skills for establishing constructive thinking patterns*. King of Prussia: Organizational Design and Development.

Manz, C. C., Mossholder, K. W. & Luthans, F. (1987). An integrated perspective of self-control in organizations. *Administration and Society, 19*, 3-24.

Manz, C. C. & Neck, C. P. (1991). Inner leadership: Creating productive thought patterns. *Academy of Management Executive, 5*, 87-95.

Manz, C. C. & Sims, H. P. (1980). Self-management as a substitute for leadership: A social learning perspective. *Academy of Management Review, 5*, 361-367.

Manz, C. C. & Sims, H. P. (1981). Vicarious learning: The influences of modeling on organizational behavior. *Academy of Management Review, 6*, 105-113.

Manz, C. C. & Sims, H. P. (1990). *Superleadership: Leading others to lead themselves*. New York: Berkley.

Marx, R. D. (1982). Relapse prevention for managerial training: A model for maintenance of behavior change. *Academy of Managemen Review, 7*, 433-441.

Mills, P. K. (1983). Self-management: Its control and relationship with other organizational properties. *Academy of Management Review, 8*, 445-453.

Miner, J. B. (1997). *A psychological typology of successful entrepreneurs*. Westport: Quorum.

Napier, R. W. & Gershenfeld, M. K. (1987). *Groups: Theory and experience*. Boston: Houghton Mifflin.

Neck, C. P. (1992). Thought self-leadership training: The effects of teaching cognitive strategies on employee performance. *Unpublished doctoral dissertation*. Arizona State University.

Neck, C. P. & Manz, C. C. (1994). From groupthink to teamthink: Toward the creation of constructive thought patterns in self-managing work teams. *Human Relations, 47*, 929-952.

Neck, C. P. & Manz, C. C. (1996). Thought self-leadership: The impact of mental strategies training on employee cognition, behavior, and affect. *Journal of Organizational Behavior, 17*, 445-467.

Neck. C. P., Stewart, G. L. & Manz, C. C. (1996). Self-leaders within self-leading teams: Toward an optimal equilibrium. *Advances in Interdisciplinary Studies, 3*, 43-65.

Schank, R. C. & Abelson, R. (1977). *Scripts, plans, goals, and understanding*. Hillsdale: Erlbaum.

Skinner, B. F. (1969). *Contingencies of reinforcement*. New York: Appleton-Century-Crofts.

Steiner, G. A. & Miner, J. B. (1986). *Management policy and strategy*. New York: MacMillan.

Stewart, G. L. & Barrick, M. R. (1999). Work team structure and performance: Assessing the mediating role of process and the moderating role of task type. *Unpublished manuscript*. Bringham Young University.

Stewart, G. L., Carson, K. P. & Cardy, R. L. (1996). The joint effects of conscientiousness and self-leadership training on employee self-directed behavior in a service setting. *Personnel Psychology, 49*, 143-164.

Thoresen, C. E. & Mahoney, M. J. (1974). *Behavioral self-control*. New York: Holt, Rinehart & Winston.

Weick, K. E. (1979). *The social psychology for organizing*. Reading: Addison-Wesley.

Wood, R. E., Mento, A. J. & Locke, E. A. (1987). Task complexity as a moderator of goal effects: A meta-analysis. *Journal of Applied Psychology, 72*, 416-425.

Eigenschaftsmerkmale und unternehmerisches Handeln

Günter F. Müller

1. Eigenschaftstheorie und unternehmerisches Handeln

Wenn es um die Bedeutung von Eigenschaften für unternehmerisches Handeln geht, wird man zunächst mit einer Hypothek konfrontiert, die aus Ergebnissen psychologischer Führungsforschung resultiert. Eigenschaftstheorien der Führung wurden bekanntlich schon vor vielen Jahren als gescheitert erklärt (Stogdill, 1948). Zahlreiche Untersuchungen hatten gezeigt, dass Persönlichkeitsmerkmale nur schwach mit Führung und Führungserfolg korrelieren, so dass auch der Erklärungswert entsprechender Theorien gering erschien. Nur etwa fünf bis zehn Prozent des Führungsverhaltens ließen sich auf unterschiedliche Eigenschaftsausprägungen zurückführen, zu wenig, als dass Persönlichkeitseinflüsse in der psychologischen Führungsforschung eine nennenswerte Rolle hätten spielen können (Wunderer & Grunwald, 1980; Frey & Müller, 1985). Auch wenn oberflächlich betrachtet Ähnlichkeiten zwischen Führungsverhalten und unternehmerischem Handeln existieren mögen, fällt der dispositionelle Anteil im zweiten Fall größer aus. Wie sich nachweisen lässt, ist die Persönlichkeit insbesondere bei Unternehmensgründungen von Bedeutung (vgl. Brockhaus & Horwitz, 1986; Chell, Haworth & Brearley, 1991). Zudem können bei einer ganzen Reihe von Eigenschaftsmerkmalen Unterschiede zwischen selbstständig und unselbstständig tätigen Personen gefunden werden (vgl. Wärneryd, 1988; Müller, 1999c). Weshalb Eigenschaften das unternehmerisches Handeln stärker beeinflussen als das Führungsverhalten, dürfte folgende Gründe haben:

- Führungskräfte sind Angehörige einer Organisation, eines arbeitsteiligen sozialen Systems. Als solche sind sie eher Mannschaftsspieler, während Unternehmer eher Einzelkämpfer sind oder sein müssen. Formal organisierte Zusammenarbeit nivelliert interindividuelle Unterschiede, da Personen hier primär Funktionsträgerstatus haben. Selbstorganisierte Arbeit hingegen akzentuiert individuelle Unterschiede, da mehr Freiräume für die Entfaltung persönlicher Neigungen und Tätigkeitspräferenzen vorhanden sind.

zweiter Grund ist, dass Aufgaben von Führungskräften mehr fremdbestimmte, Aufgaben unternehmerisch tätiger Personen hingegen mehr selbstbestimmte Anteile enthalten. Vorgegebene Aufgaben sprechen individuelle Talente und Fähigkeiten im Allgemeinen weniger stark an als Aufgaben, die sich Personen selbst gesucht haben.

- Hinzu kommt, dass das Umfeld von Führungskräften eher strukturiert und geordnet, das unternehmerisch tätiger Personen jedoch eher unstrukturiert und ungeordnet ist. Ein strukturiertes Arbeitsumfeld wirkt sich dispositionell eher einschränkend aus. Unstrukturierte Arbeitssituationen hingegen besitzen mehr Optionen, individuelle Stärken zeigen zu können.
- Ein vierter Grund ist, dass Führungskräfte in erster Linie Organisationsziele verfolgen müssen, während Unternehmer in stärkerem Ausmaß auch selbst definierte Berufsziele verfolgen können. Bei Unternehmensgründern ist dies oft ein entscheidendes Kriterium, den Schritt in die Selbstständigkeit zu wagen. Domeyer und Funder (1991) fanden als häufigste Motive, unabhängig arbeiten, eigene Produktideen umsetzen oder sein eigener Chef sein zu können.

Von gescheiterten Eigenschaftstheorien der Führung darf also nicht auf die Irrelevanz von Eigenschaften für unternehmerisches Handeln geschlossen werden. Organisationen dürften die Persönlichkeitspotenziale von Führungskräften nur partiell ausschöpfen, so dass geringe Eigenschaftseinflüsse erklärbar erscheinen (Ausnahme: dezentrale Organisationsstrukturen, s.u. 3.4). Natürlich sind auch unternehmerisch tätige Personen Zwängen des beruflichen Umfelds ausgesetzt, so dass eine umfassende Selbstverwirklichung bei ihnen ebenfalls nicht zu erwarten ist. Dennoch kann eigenschaftstheoretischen Ansätzen ein höherer Stellenwert zugeschrieben werden, wie auch die weiteren Ausführungen belegen werden.

2. Selbstständigkeitsrelevante Eigenschaften und Eigenschaftsausprägungen

Auf die Frage, welches wichtige Eigenschaften für unternehmerisches Handeln sind, geben empirische Untersuchungen keine eindeutige Antwort. Gleichwohl zeichnet sich ab, dass selbstständigkeitsrelevante Persönlichkeitsmerkmale motivationaler, affektiver, kognitiver und sozialer Natur sein können. Diesen Kategorien lassen sich insgesamt elf Eigenschaften zuordnen, die im Folgenden kurz beschrieben werden.

2.1 Motivationale Persönlichkeitsmerkmale

Eine für unternehmerisches Handeln zentrale Eigenschaft ist Untersuchungen von McClelland und Mitarbeitern zufolge die Stärke des *Leistungsmotivs* (McClelland & Winter, 1969; McClelland, 1987). Das Leistungsmotiv wird vor allem durch konkrete Arbeitsaufgaben angeregt. Für Personen steht dabei eine möglichst gute Aufgabenbewältigung im Vordergrund. Je stärker das Leistungsmotiv ausgeprägt ist, desto

- höher sind die Ansprüche, die Personen an die Qualität und Güte von Arbeitsergebnissen stellen,
- mehr Anstrengung verwenden Personen darauf, aufgabenrelevante Ziele zu erreichen,
- größer ist die Bereitschaft, berufliche Leistungen kontinuierlich verbessern zu wollen.

Leistungsmotivierte Personen fühlen sich von Aufgaben angezogen, die interessant, vielseitig und von mittlerer Schwierigkeit sind, so dass sie einerseits herausfordernd wirken, andererseits aber auch realistische Bewältigungschancen besitzen. Es ist die Aufgabe um ihrer selbst willen, die Personen reizt, und Leistung *per se*, die Personen nach möglichst guten Resultaten streben lässt. Leistungsmotivierte Personen ziehen ihre Befriedigung eher aus Belohnungen, die mit der Tätigkeit selbst verbunden sind, als aus Belohnungen, die andere Personen oder Organisationen für Tätigkeitserfolge in Aussicht stellen. Von erfolgreichen Unternehmensgründern ist bekannt, dass sie besessen von einer Geschäftsidee gewesen sind, dass sie selbst Schwierigkeiten und Rückschläge in Kauf genommen haben, um eigene Produktvorstellungen zu realisieren oder dass sie an vielversprechenden Projekten weitergearbeitet haben, auch wenn mit diesen zunächst kein Durchbruch auf dem Markt zu erzielen gewesen ist (vgl. Goebel, 1990).

Ein zweites wichtiges Persönlichkeitsmerkmal ist die Stärke *internaler Kontrollüberzeugungen* (Furnham, 1986; Bonnet & Furnham, 1991). Es kennzeichnet die Neigung, berufsrelevante Ereignisse auf eigenes Bestreben, Können oder Dazutun zurückführen zu wollen. Das Handeln internal kontrollierter Personen wird durch Machbarkeits- und Selbstwirksamkeitsvorstellungen geleitet. Personen mit internalen Kontrollüberzeugungen sind proaktiv ausgerichtet und legen Wert darauf, Angelegenheiten, die sie betreffen, selbst in die Hand zu nehmen. Für entsprechend disponierte Personen ist es charakteristisch, dass sie berufliche Erfolge internal stabil (eigene Fähigkeiten), Misserfolge hingegen internal variabel (unzureichenden Anstrengungen) zuschreiben. Dieser Attributionsstil stärkt im Erfolgsfall das Selbstbewusstsein und hält bei Misserfolgen die Motivation wach, weiter an hält bei Misserfolgen die Motivation wach, weiter an sich arbeiten und es beim nächsten Mal besser machen zu können. Dass sich erfolgreiche Unternehmensgründer als eigenwillig beschreiben und wenig Wert darauf legen, von anderen gelenkt zu werden (Goebel, 1990), weist auf die Bedeutung internaler Kontrollüberzeugungen hin.

Ein drittes motivationales Persönlichkeitsmerkmal ist das *Unabhängigkeitsstreben*. Als Bedürfnis nach Autonomie und Selbstverwirklichung spielt es auch in humanistischen Theorien des Arbeitsverhaltens eine große Rolle (Maslow, 1970; Alderfer, 1972). Wie sich zeigt, kann seine Stärke interindividuell variieren und Ausgestaltungsspielräume der Arbeit unterschiedlich attraktiv erscheinen lassen (Hackman & Oldham, 1976). Dass Unabhängigkeitsstreben mit zu den wichtigsten Motiven für unternehmerisches Handeln gehört, belegen die bereits zitierten Beweggründen für eine berufliche Selbstständigkeit. Dass unternehmerisch tätige Personen ein ausgeprägteres Unabhängigkeitsstreben besitzen, hat auch Kirchler (1995) festgestellt. Erfolgreiche Unternehmensgründer sind oftmals egozentrische oder unkonventionelle Personen (vgl. Goebel, 1990), was ebenfalls auf die Bedeutung dieser Eigenschaft verweist.

2.2 Affektive Persönlichkeitsmerkmale

Zu den affektiven Persönlichkeitsmerkmalen zählt in erster Linie die *Belastbarkeit* von Personen. Diese kommt vor allem in Berufssituationen zum Tragen, die hohe physische und psychische Anforderungen stellen. Belastbare Personen sind resistenter gegen körperliche und mentale Belastungsfolgen; sie werden durch berufliche Stressoren weniger stark beansprucht, sind auch unter Druck noch leistungsfähig und können eine hohe Arbeitsintensität aushalten. Es fällt ihnen leichter, Gefühlsblockaden zu überwinden und trotz vielfältiger Aufgaben den Überblick zu behalten. Weniger belastbare Personen wirken in Stresssituationen oft nervös und ängstlich; sie reagieren spontan oder unüberlegt, handeln defensiv oder versuchen, aus dem Felde zu gehen. Selbstständig tätige Personen müssen zumeist härter arbeiten als abhängig beschäftigte Personen (mehr unterschiedliche Aufgaben, längere Arbeitszeiten, stärkerer Anpassungs- und Zeitdruck u.ä.). Ihre größere Stressresistenz kann nach Goebel (1991) u.a. daran abgelesen werden, dass sie sich trotz objektiv größerer Belastung subjektiv weniger beansprucht fühlen als Personen der Normalbevölkerung und auch weniger als diese über berufsbedingte Gesundheitsprobleme klagen.

Ein zweites affektives Persönlichkeitsmerkmal ist die *emotionale Stabilität*. Während Belastbarkeit etwas über das energetische Dauerpotenzial von Personen aussagt, hat emotionale Stabilität mit affektiven Reaktionen auf aversive Ereignisse zu tun. Emotional stabile Personen kommen schneller über frustrierende Anlässe hinweg als emotional labile Personen. Sie verarbeiten Misserfolge weniger tiefgründig und reagieren bei auftauchenden Schwierigkeiten gelassener. Auch sind sie weniger durch Hindernisse und negative Erfahrungen zu entmutigen. Emotionale Stabilität kann dazu beitragen, dass selbstständig tätige Personen in kritischen Geschäftssituationen nicht den Kopf verlieren. Besonders wichtig scheint diese Eigenschaft für die Unternehmensgründung zu sein (Brandstätter, 1997). Denn anders als bei der Übernahme eines bereits eingeführten Betriebs etwa, sind in diesem Fall größere Widerstände und Barrieren zu überwinden, bis das Unternehmen zu prosperieren beginnt.

Eine dritte Eigenschaft ist die *Antriebsstärke* von Personen. Sie lässt sich mit Begriffen wie „kraftvoll", „anstrengungsbereit", „energiegeladen", „aktiv", „arbeitsfreudig" und „unternehmungslustig" umschreiben (Nitsch, 1976). Auch wenn energetische Zustände zeitlichen Schwankungen unterliegen können, sind stabile interindividuelle Unterschiede bei der allgemeinen oder durchschnittlichen Antriebsstärke zu vermuten. Eine ausgeprägte Antriebsstärke dürfte für unternehmerisches Handeln von Vorteil sein, da der Aufbau und die Leitung eines eigenen Geschäftsbetriebs sehr viel Einsatz und ein beträchtliches Stehvermögen abzuverlangen pflegen.

2.3 *Kognitive Persönlichkeitsmerkmale*

Selbstständigkeitsrelevant ist hier zum einen die *Risikobereitschaft* von Personen und die Fähigkeit, in unsicheren Entscheidungssituationen die richtige Wahl treffen zu können (vgl. Hull, Bosley & Udell, 1980). Risikobereite Personen entscheiden sich eher für solche Alternativen, die mit geringerer Wahrscheinlichkeit ein besonders gutes Ergebnis erwarten lassen, als für weniger vorteilhafte, dafür aber sicherere Alternativen. Erfolgreiches unternehmerisches Handeln setzt jedoch keine möglichst hohe, sondern eine mittlere Merkmalsausprägung voraus (Chell, Haworth & Brearley, 1991, S. 42 ff.). Dies schließt in besonderer Weise auch kognitive Leistungen ein, da eine kalkulierte oder kontrollierte Risikoeinschätzung eine elaboriertere Informationsverarbeitung abverlangt als dies bei ängstlicher Risikovermeidung oder unreflektierter Risikomaximierung der Fall wäre. Eine umgekehrt u-förmige Beziehung zwischen Risikobereitschaft einerseits und erfolgreichem unternehmerischem Handeln andererseits erscheint plausibel. Gründungsinitiativen sind in

...sicherheitsbehaftet, so dass deren Risiken genau geprüft und be-
...den müssen. Risikoscheue Personen dürften bereits davor zurück-
schr... , eine derartige Erwerbsmöglichkeit überhaupt ins Auge zu fassen.
Jedoch auch risikoverliebte Personen haben ein Handicap. Zwar mögen sie
schneller Gründungsentscheidungen treffen, ihre längerfristigen Erfolgsaus-
sichten wären jedoch eher ungünstig einzuschätzen. Hochriskante Aktionen
bergen die Gefahr, mit dem jungen Unternehmen frühzeitig in Liquidations-
engpässe zu geraten oder durch teuere Fehlentscheidungen existenzielle Kri-
sen für das Unternehmen heraufzubeschwören. Unsicherheitsbehaftete Entscheidungen letztlich so zu treffen, dass dies zu zählbaren Geschäftsvorteilen
führt, dürfte somit vor allem für den langfristigen Erfolg unternehmerischen
Handelns ausschlaggebend sein.

Weiterhin ist wichtig, welche *Problemlöseorientierung* Personen besitzen, um mit zahlreichen „Nicht-Routine"-Situationen fertig zu werden, die unternehmerisches Handeln begleiten oder hervorbringen. Problemlöseorientierung und die aus ihr resultierende Problemlösekompetenz erleichtern es, komplizierte Aufgaben zu bewältigen, große Mengen an Informationen zu verarbeiten oder die Realisierung anspruchsvoller Berufs- und Unternehmensziele zu planen. Eine entsprechende Disposition setzt Personen zudem in die Lage, Prioritäten setzen zu können und Mittel und Wege zu finden, trotz immer neuer Probleme handlungsfähig zu bleiben. Problemlöseorientierung und Problemlösekompetenz lassen sich nur bedingt mit gängigen Intelligenztests messen (Conrad, Müller, Wagner & Wilhelm, 1998). Sie werden bei angehenden Existenzgründern oder unternehmerisch tätigen Personen deshalb oft mit computerisierten Planspielen diagnostiziert (Klandt, 1998) oder mit Testfragebögen erfasst, die eine Einschätzung problemhaltiger Situationen abverlangen (King, 1985).

Auch *Kreativität* ist selbstständigkeitsrelevant. Sie befähigt Personen dazu, Neues zu erfinden, oder bereits Bekanntes in noch nicht da gewesener Weise kombinieren und verbessern zu können. Kreative Personen haben viele Ideen und neigen dazu, Dinge aus verschiedenen Perspektiven heraus zu betrachten. Schöpferisches Denken hängt zudem mit Vorlieben zusammen, offene und unstrukturierte Situationen aufzusuchen und sich den Herausforderungen solcher Situationen zu stellen. Kreative Personen können gut mit unklaren Arbeitsanforderungen umgehen. Sie besitzen eine größere „Ambiguitäts- oder Ungewissheitstoleranz" (vgl. Reis, 1997, S. 90 ff.) und fühlen sich von mehrdeutigen Situationen angezogen, während unkreative Personen solchen Situationen zumeist ablehnend gegenüber stehen. Da sich erfolgreiches unternehmerisches Handeln oftmals über neue Geschäftsideen und innovative Produktentwicklungen definiert (Lumpkin & Dess, 1996), sind kreative Personen hier im Vorteil. Erfolgreiche Unternehmer sind in der Tat geistig reger, assoziativer in ihren Vorstellungen und lebhafter in ihrer Phantasie als Personen, die der zumeist abhängig beschäftigten Normalbevölkerung angehören (Goebel, 1990).

2.4 Soziale Persönlichkeitsfaktoren

Selbstständigkeitsrelevant ist zunächst die *Durchsetzungsbereitschaft* von Personen. Diese Eigenschaft beschreibt das Bestreben, bei Meinungsverschiedenheiten die Oberhand behalten oder andere Personen nach eigenen Vorstellungen lenken zu wollen. Erfolgreiches unternehmerisches Handeln setzt allerdings, wie bei der Risikobereitschaft, keine extremen, sondern mittlere Eigenschaftsausprägungen voraus. Dieser von amerikanischen Autoren als *mildly sociopathic* apostrophierte Ausprägungsbereich (Winslow & Solomon, 1987) beinhaltet ein sozial akzeptables Ausmaß an Assertivität. Ausgeprägtes Harmoniestreben würde für unternehmerisches Handeln ebenso hinderlich sein wie aggressives Geschäftsgebaren um seiner selbst willen. Ein mittleres Durchsetzungsvermögen ermöglicht es einerseits, eigene Interessen Wettbewerbern, Banken oder Behörden gegenüber offensiv vertreten zu können. Es ist andererseits jedoch nicht so stark ausgeprägt, dass es den Unternehmer blind für berechtigte Einwände oder überlegene Machtpositionen anderer Personen macht.

Eine zweite soziale Eigenschaft ist die *Anpassungfähigkeit* oder interpersonelle Reaktivität. Sie befähigt dazu, Kontakte zu Kunden, Geschäftspartnern, Behörden, Geldgebern, Mitarbeitern und Wettbewerbern aufnehmen und erfolgreich ausgestalten zu können. Unternehmerisches Handeln findet in vielfältigen, oft wechselnden Austauschbeziehungen statt. Dies erfordert von selbstständig tätigen Personen mehr Anpassungsfähigkeit als von abhängig beschäftigten Personen, die in vergleichsweise stabilen Organisationsstrukturen eingebunden sind. Reaktive Personen haben ein Gespür dafür, welche Absichten andere Personen verfolgen und in welcher Stimmung sie sich befinden. Sie sind empfänglich für subtile Verhaltenssignale und können relativ zuverlässig einschätzen, wie sie selbst auf andere wirken. Anpassungsfähige Personen besitzen differenziertere Vorstellungen über ihre soziale Umwelt als weniger anpassungsfähige Personen. Sie finden sich kommunikativ besser zurecht und können deshalb mit unterschiedlichsten Partnern gewinnbringend zusammenarbeiten (vgl. Bierhoff & Müller, 1993). Da die soziale Domäne unternehmerischen Handelns eine große Palette potenzieller und aktueller Geschäftsbeziehungen umfasst, trägt auch die Anpassungsfähigkeit von Personen zur erfolgreichen Etablierung selbstständiger Erwerbsinitiativen bei.

3. Kerneigenschaften unternehmerischen Handelns

3.1 Methodischer Ansatz

Der größte Teil der Forschung über Zusammenhänge zwischen Persönlichkeit und unternehmerischem Handeln ist in den USA durchgeführt worden (Wärneryd, 1988; Hisrich, 1990). Im deutschsprachigen Bereich gibt es einschlägige Untersuchungen erst seit relativ kurzer Zeit (Müller, Dauenhauer & Schöne, 1997; Frese, 1998; Müller, 1999a), so dass auch den im Folgenden präsentierten Studien amerikanische Forschungsarbeiten zugrunde lagen. Ausgangspunkt war eine Studie von King (1985), in der fünf Kerneigenschaften der unternehmerischen Persönlichkeit untersucht wurden: Leistungsmotivstärke *(n-achievement)*, internale Kontrollüberzeugung *(internal locus of control)*, Risikobereitschaft *(risk taking propensity)*, Problemlöseorientierung *(problem solving orientation)* und soziale Einflussnahme *(manipulation)*. Die Studie von King war vor allem auch methodisch interessant, da in ihr ein speziell zur Messung dieser Persönlichkeitsmerkmale entwickelter Testfragebogen eingesetzt wurde, der *entrepreneurial potential questionnaire* (EPQ). Dieser Testfragebogen wurde ins Deutsche übersetzt, sprachlich angepasst, sodann teilweise modifiziert, verbessert und später auch erweitert. Seine Items haben ein *forced-choice*-Format mit drei Antwortalternativen: eine Antwortalternative, die merkmalskritisch formuliert ist, und zwei Antwortalternativen, die eine merkmalsneutrale Formulierung besitzen. Die Originalversion des EPQ besteht aus 35 Items, d.h. sieben Items pro Persönlichkeitsmerkmal. Abbildung 1 zeigt ein Item der Originalversion und dessen Pendent in der deutschen Fragebogenversion. Hierzu ist anzumerken, dass sich manche Antwortalternativen der zunächst sehr bedeutungsnah übersetzten Originalversion als nicht brauchbar erwiesen haben. Sie wurden von deutschen Testpersonen nicht oder nur selten gewählt, so dass zum Teil auch anderslautende Items und Antwortalternativen gefunden und formuliert werden mussten (dies traf insbesondere für Items zur Messung der „sozialen Einflussnahme" zu, die deshalb praktisch neu konstruiert und mit kritischen Antwortalternativen für „Durchsetzungsbereitschaft" versehen wurden). Es gibt eine Kurz- und Langform des deutschen EPQ, die fünf bzw. zehn Items pro Persönlichkeitsmerkmal enthält. Reliabilitäts- und Validitätsuntersuchungen zeigen, dass der Testfragebogen zufriedenstellende Messeigenschaften besitzt (Müller, 1999b). Alle im Weiteren präsentierten Untersuchungsbefunde basieren aus Gründen der Vergleichbarkeit auf der Kurzform des Testfragebogens.

I am happiest when I am	Am wohlsten fühle ich mich, wenn ich
a) making others happy	a) anderen Menschen helfen kann
b) *successful in my work*	b) *Erfolg bei der eigenen Arbeit habe*
c) the center of other's attention	c) im Team mit anderen zusammenarbeite

Abbildung 1: Item-Beispiel Leistungsmotivstärke (kritische Alternative kursiv)

Da sich die Testwerte aus der Anzahl merkmalskritisch beantworteter Items zusammensetzen, können individuelle Eigenschaftsausprägungen zwischen 0 = „geringster Ausprägungsgrad" und 5 = „höchster Ausprägungsgrad" variieren.

3.2 Replikationsstudie

Mit der deutschen Version des EPQ wurde zunächst untersucht, ob sich die von King (1985) berichteten Eigenschaftsunterschiede replizieren lassen. Dazu wurde der Testfragebogen 50 selbstständig und 50 unselbstständig tätigen Personen vorgegeben, die demografisch vergleichbaren Kollektiven entstammten. Tabelle 1 zeigt die erhaltenen Befunde.

Tabelle 1: Eigenschaftsausprägungen von selbstständig und unselbstständig tätigen Personen

Persönlichkeitsmerkmal	selbstständig Tätige	unselbstständig Tätige
Leistungsmotivstärke	3.9	2.8
Internale Kontrollüberzeugung	3.7	2.7
Risikobereitschaft	3.5	2.8
Problemlöseorientierung	3.5	3.0
Durchsetzungsbereitschaft	1.8	1.3

Wie erkennbar, sind alle gemessenen Eigenschaftsmerkmale bei unselbstständig tätigen Personen schwächer ausgeprägt als bei selbstständig tätigen Personen. Die deutlichsten Unterschiede lassen sich für Leistungsmotivstärke und internale Kontrollüberzeugung registrieren (jeweils $p < 0.001$). Aber auch Ausprägungsunterschiede der drei anderen Persönlichkeitsmerkmale sind signifikant (jeweils $p < 0.05$). Der Testfragebogen differenziert also auch im deutschsprachigen Bereich zufriedenstellend. Wird der Zusammenhang zwischen Eigenschaftsausprägungen und dem Berufsstatus der Testpersonen berechnet, resultiert eine multiple Korrelation von $R = 0.43$ ($p < 0.001$). Aus dem Quadrat dieser Korrelation ergibt sich der für den Berufsstatus relevante Persönlichkeitseinfluss. Er beträgt rund 20%, ist also etwa doppelt so hoch wie der Eigenschaftseinfluss, der im Führungsbereich festgestellt worden ist.

3.3 Studie zu determinierenden Einflüssen von Persönlichkeitsmerkmalen

In der Selbstständigkeitsforschung ist kontrovers diskutiert worden, wie feststellbare Zusammenhänge zwischen Persönlichkeit und unternehmerischem Handeln zu interpretieren seien (Low & MacMillan, 1988; MacMillan & Katz, 1992). Dabei stehen sich u.a. zwei Hypothesen gegenüber: die Selektionshypothese, die besagt, dass Eigenschaftsausprägungen Ursachen für berufliche Selbstständigkeit sind, und die Sozialisiationshypothese, die besagt, dass sich Eigenschaftsausprägungen durch Auseinandersetzung mit unternehmerischen Aufgaben herausbilden, also Wirkung beruflicher Selbstständigkeit sind. Da beide Hypothesen bislang allenfalls ansatzweise analysiert worden sind (Brandstätter, 1997), wurde versucht, sie erneut zu testen. Dazu wurden die Eigenschaftsausprägungen selbstständigkeitsambitionierter Personen mit denen abhängig beschäftigter Personen verglichen. Als selbstständigkeitsambitioniert können Personen gelten, wenn sie beabsichtigen, sich beruflich selbstständig zu machen oder bereits erste Schritte in dieser Richtung unternommen haben. Testpersonen waren 70 Teilnehmer/innen eines Existenzgründerseminars, das aus wöchentlichen Seminarbausteinen von zwei bis drei Stunden bestand und insgesamt vier Monate dauerte. Die Seminarteilnehmer waren abhängig Beschäftigte, die arbeitslos geworden waren, Universitätsabsolventen ohne feste Anstellung sowie Fachhochschul- und Universitätsstudierende kurz vor dem Abschluss ihres Studiums. Alle Testpersonen besaßen keinerlei unternehmerische Erfahrung. Eigenschaftsausprägungen konnten sich bei ihnen also nicht durch tätigkeitsspezifische Anpassungsprozesse herausgebildet haben. Dispositionelle Ähnlichkeiten mit unselbstständig tätigen Personen würden deshalb eher für die Sozialisationshypothese, Unterschiede eher für die

Selektionshypothese sprechen. Die Testwerte unselbstständig tätiger Personen wurden der Replikationsstudie (s. 3.2) entnommen. Tabelle 2 zeigt die erhaltenen Befunde.

Tabelle 2: Eigenschaftsausprägungen von selbstständigkeitsambitionierten und unselbstständig tätigen Personen

Persönlichkeitsmerkmal	selbstständigkeits-amb. Personen	unselbstständig Tätige
Leistungsmotivstärke	3.9	2.9
Internale Kontrollüberzeugung	3.2	2.3
Risikobereitschaft	3.5	2.8
Problemlöseorientierung	3.4	3.0
Durchsetzungsbereitschaft	2.0	1.4

Die Ergebnisse sprechen gegen die Sozialisationshypothese. Wie ersichtlich, unterscheiden sich selbstständigkeitsambitionierte Personen dispositionell deutlich von abhängig beschäftigten Personen und lassen daher Eigenschaftsausprägungen erkennen, die eher denen selbstständig tätiger Personen ähnlich sind. Da die Befunde die Selektionshypothese stützen, ist es möglich, Testwerte auch für Prognosezwecke zu benutzen (s.u. 4.)

3.4 Studie zu unternehmerischem Handeln in Organisationen

Psychologische Führungsstudien haben sich bisher auf Verhaltensweisen konzentriert, die für Führungsanforderungen bei klar strukturierter Über- und Unterordnungsverhältnissen typisch sind. Seit Beginn der 90er Jahre setzen sich jedoch zunehmend dezentrale oder netzwerkartige Organisationsformen durch, die auch ein anderes Führungsverhalten abverlangen (Müller, 1995). Die Leitung von *profit-centers*, Ausgründungen oder rechtlich selbstständigen Betriebseinheiten der Organisation bringt eine Art von Führung mit sich, die im englischsprachigen Bereich unter dem Begriff *intrapreneurship* diskutiert wird (Pinchot, 1985). Da über dispositionelle Besonderheiten dieser Art von Führung kaum etwas bekannt ist (vgl. Hisrich, 1990), sollte durch Eigenschaftsmessungen an Führungskräften eines großen Konzerns analysiert werden, ob und wenn ja welche Persönlichkeitsunterschiede festgestellt werden können. Untersuchungsteilnehmer waren 23 Führungskräfte mit unternehmerischer

Verantwortung (Betriebsleiter mit Umsatz- und/oder Budgetverantwortung bis zu DM 10 Millionen) und 29 Mitarbeiter, deren Potenzialbeurteilung Zielpositionen der 2. oder 3. Leitungsebene vorsahen. Die Eigenschaftsprofile beider Untersuchungsgruppen sind in Tabelle 3 wiedergegeben.

Tabelle 3: Eigenschaftsausprägungen von Führungskräften mit unternehmerischer Verantwortung und Mitarbeiter mit normalem Führungspotenzial

Persönlichkeitsmerkmal	Führungskräfte mit untern. Verantwortung	Mitarbeiter mit normalem Führungspotenzial
Leistungsmotivstärke	4.2	3.2
Internale Kontrollüberzeugung	3.5	3.0
Risikobereitschaft	3.2	3.6
Problemlöseorientierung	2.6	2.3
Durchsetzungsbereitschaft	2.4	1.4

Wie erkennbar, lassen sich sowohl Eigenschaften mit unterschiedlicher als auch ähnlicher Ausprägung registrieren. Deutliche Unterschiede werden bei der Leistungsmotivstärke, internalen Kontrollüberzeugung und Durchsetzungsbereitschaft gefunden (jeweils $p < 0.01$). Keine Unterschiede geben die Risikobereitschaft und Problemlöseorientierung zu erkennen. Führungskräfte mit unternehmerischer Verantwortung haben damit eine größere Leistungsmotivstärke und ausgeprägtere internale Kontrollüberzeugungen als Mitarbeiter mit normalem Führungspotenzial und besitzen bei diesen Merkmalen auch ähnliche Ausprägungen wie selbstständig tätige Personen. Auffällig ist die große Durchsetzungsbereitschaft, die sogar über der freier Unternehmer liegt. In diesem Wert könnte zum Ausdruck kommen, dass leitende Führungskräfte in Organisationen auch über ein gut entwickeltes Machtmotiv verfügen müssen (McClelland & Boyatzis, 1982).

4. Zusammenfassung und Anwendungsperspektiven

Die gewonnenen Untersuchungsbefunde zeigen, dass die deutsche Version des *entrepreneurial potential questionnaire* ebenfalls zwischen selbstständig und unselbstständig tätigen Personen zu differenzieren vermag. Überdies wird deutlich, dass selbstständigkeitsambitionierte Personen dispositionell eher

selbstständig als unselbstständig tätigen Personen ähnlich sir
kräfte mit unternehmerischer Verantwortung ebenfalls selbststä..
vante Merkmalsausprägungen besitzen. Welche Schlussfolgerungen
sich aus diesen Ergebnissen ziehen?

Da man Persönlichkeitsmerkmale zu den Ursachenfaktoren unternehmerischen Handelns zählen kann, sind sie für Prognosezwecke verwendbar. Selbstständigkeitsrelevante Eigenschaftspotenziale dürften bereits im Jugendalter voll entwickelt sein, so dass mit einer Früherkennung schon im Gymnasium oder zu Beginn des Hochschulstudiums begonnen werden könnte. Hierauf ließe sich sodann eine gezieltere Förderung geeigneter Schüler und Studierender aufbauen (vgl. Müller, 1999b).

Weitere Anwendungsmöglichkeiten eröffnen Existenzgründerseminare. Bildungs- und Beratungsangebote für angehende Unternehmer konzentrieren sich immer noch sehr stark auf die Vermittlung rechtlicher, steuerlicher, betriebswirtschaftlicher oder branchenspezifischer Kenntnisse und Wissensinhalte. Obwohl die Bedeutung individuell angepasster Ausbildungskonzepte betont wird (vgl. Klandt, 1994), lässt die Realisierung entsprechender Konzepte bislang zu wünschen übrig. Eine Diagnose und Rückmeldung dispositioneller Stärken und Schwächen dürfte die Erfolgschancen von Existenzgründungen verbessern. Auch für Teamgründungen wären dies nützlich, da Partner mit sich ergänzenden Eigenschaftsausprägungen zusammenfinden könnten.

Die erhaltenen Ergebnisse sind nicht zuletzt auch für die Personalauswahl in Organisationen von Bedeutung. Wenn einige Führungskräfte in der Lage sein sollen, als *profit-center*-Leiter, Leiter von Tochtergesellschaften oder selbstständigen Betriebseinheiten zu reüssieren, wäre bei ihnen mehr als bei anderen Führungskräften auf Leistungsmotivstärke, internale Kontrollüberzeugung und Durchsetzungsbereitschaft zu achten.

Für Trainings- und Weiterbildungszwecke läge eine Stärkung von Selbstführungskompetenzen nahe (vgl. den Beitrag von Greg Stewart in diesem Band; Neck, Neck & Manz, 1997). Während Eigenschaften zu den eher zeitstabilen Merkmalen der menschlichen Persönlichkeit gehören, handelt es sich bei Selbstführungskompetenzen um trainierbare Fertigkeiten der Person. Mögliche Beziehungen zwischen beiden Einflussfaktoren skizziert Abbildung 2.

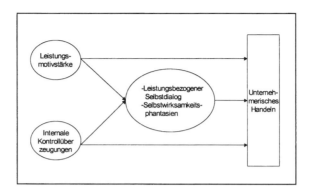

Abbildung 2: Ein einfaches Modell dispositoneller Einflüsse auf unternehmerisches Handeln

In weiteren Untersuchungen wäre zu prüfen, welche gemeinsamen Wirkungen Eigenschaften und Selbstführungskompetenzen entfalten. Vorliegende Forschungsbefunde (Stewart, Carson & Cardy, 1996) lassen vermuten, dass eher kompensierende- als kumulierende Wirkungen nachweisbar sein dürften.

Literatur

Alderfer, C. P. (1972). Organization development. *Annual Review of Psychology, 28*, 197-223.

Bierhoff, H. W. & Müller, G. F. (1993). Kooperation in Organisationen. *Zeitschrift für Arbeits- und Organisationspsychologie, 37*, 42-51.

Bonnet, C. & Furnham, A. (1991). Who wants to be an entrepreneur? A study of adolescents interested in a young enterprise scheme. *Journal of Economic Psychology, 12*, 465-478.

Brandstätter, H. (1997). Becoming an entrepreneur - a question of personality structure? *Journal of Economic Psychology, 18*, 157-177.

Brockhaus, R. H. & Horwitz, P. S. (1986). The psychology of entrepreneur. In D. L. Sexton & R. W. Smilor (Eds.), *The Art and Science of Entrepreneurship* (pp. 25-48). Cambridge: Ballinger.

Chell, E., Haworth, J. & Brearley, S. (1991). *The entrepreneurial personality*. London: Routledge.

Chell, E., Haworth, J. & Brearley, S. (1991). The search for entrepreneurial traits. In E. Chell, J. Haworth & S. Brearley (Eds.), *The entrepreneurial personality* (pp. 29-53). London: Routledge.

Conrad, W., Müller, G. F., Wagener, D. & Wilhelm, O. (1998). Psychologische Beiträge zur Bestimmung unternehmerischer Potenziale bei Existenzgründern (*unveröffentl. Forschungsbericht*). Universität Mannheim: Institut für Mittelstandsforschung.

Domeyer, V. & Funder, M. (1991). *Kooperation als Strategie - Eine empirische Studie zu Gründungsprozessen, Organisationsformen und Bestandsbedingungen von Kleinbetrieben*. Opladen: Westdeutscher Verlag.

Frese, M. (1998). *Erfolgreiche Unternehmensgründer*. Göttingen: Hogrefe.

Frey, D. & Müller, G. F. (1985). Führungstheorien. In D. Frey & M. Irle (Hrsg.), *Theorien der Sozialpsychologie* (S. 159-182). Bern: Huber.

Furnham, A. (1986). Economic locus of control. *Human Relations, 39*, 29-43.

Goebel, P. (1990). *Erfolgreiche Jungunternehmer*. München: Moderne Verlagsgesellschaft.

Goebel, P. (1991). Kreativität und kreative Persönlichkeiten - eine Untersuchung über erfolgreiche Unternehmensgründer. *Zeitschrift für Psychosomatische Medizin, 37*, 146-156.

Göbel, S. (1998). Persönlichkeit, Handlungsstrategien und Erfolg. In M. Frese (Hrsg.), *Erfolgreiche Unternehmensgründer* (S. 99-122). Göttingen: Verlag für Angewandte Psychologie.

Hackman, J. R. & Oldham, G. R. (1976). Motivation through the design of work: Test of a theory. *Organizational Behavior and Human Performance, 16*, 250-279.

Hisrich, R. D. (1990). Entrepreneurship/Intrapreneurship. *American Psychologist, 45*, 209-222.

Hull, D. L., Bosley, J. J. & Udell, G. G. (1980). Renewing the hunt for the heffalump: Identifying potential entrepreneurs by personality characterstics. *Journal of Small Business, 20*, 11-18.

King, A. S. (1985). Self-analysis and assessment of entrepreneurial potential. *Simulation & Games, 16*, 399-416.

Kirchler, E. (1995). *Wirtschaftspsychologie*. Göttingen: Hogrefe.

Klandt, H. (1994). Erkenntnis- und gestaltungsorientierte Überlegungen zur Unternehmerperson und ihrem mikrosozialen Umfeld als Erfolgsfaktoren der Unternehmung. In J. Schmude (Hrsg.), *Unternehmensgründung – Beiträge zur interdisziplinären Gründungsforschung* (S. 1-27). Heidelberg: Physica.

Klandt, H. (1998). Entrepreneurship spielend lernen: Erfahrungen beim Einsatz eines Computerplanspiels zur Vermittlung der mittelständischen Unternehmerrolle. In G. Faltin, S. Ripsas & J. Zimmer (Hrsg.), *Entrepreneurship* (S. 197-215). München: Beck.

Low, M. B. & MacMillan, I. C. (1988). Entrepreneurship: Past research and future challenges. *Journal of Management, 14*, 139-161.

Lumpkin, G. T. & Dess, G. G. (1996). Clarifying the entrepreneurial orientation construct and linking it to performance. *Academy of Management Review, 21*, 135-172.

MacMillan, I. C. & Katz, J. A. (1992). Idiosyncratic milieus of entrepreneurial research: the need for comprehensive theories. *Journal of Business Venturing, 7*, 1-7.

Maslow, A. H. (1970). *Motivation and personality.* New York: Harper.

McClelland, D. C. (1987). Characteristics of successful entrepreneurs. *Journal of Creative Behavior, 3*, 219-233.

McClelland, D. C. & Boyatzis, R. E. (1982). The leadership motive pattern and long term success in management. *Journal of Applied Psychology, 67*, 737-743.

McClelland, D. C. & Winter, D. G. (1969). *Motivation economic achievement.* New York: Free Press.

Müller, G. F. (1995). Führung und Personalmanagement im Zeichen schlanker Organisation. *Gruppendynamik, 26*, 319-329.

Müller, G. F. (1999a). Dispositionelle und familienbiografische Faktoren unselbstständiger, teilselbstständiger und vollselbstständiger Erwerbsarbeit. In L. v. Rosenstiel & Th. Longvon Wins (Hrsg.), *Existenzgründung und Unternehmertum* (S. 157-180). Stuttgart: Schöffer-Poeschel.

Müller, G.F. (1999b). Indikatoren unternehmerischen Verhaltens bei Psychologiestudierenden. *Report Psychologie, 24(7)*, 462-473.

Müller, G.F. (1999c). Persönlichkeit und selbstständige Erwerbstätigkeit – Messung von Potenzialfaktoren und Analyse ihres Einflusses. *Wirtschaftspsychologie, 6*, 2-12.

Müller, G. F., Dauenhauer, E. & Schöne, K. (1997). Selbständigkeit im Berufsleben. *ABOaktuell, 4*, 2-7.

Neck, Chr. P., Neck, H. & Manz, Ch. C. (1997). Thought self-leadership: Mind management for entrepreneurs. *Journal of Developmental Entrepreneurship, 2*, 25-36.

Nitsch, J. R. (1976). Die Eigenzustandsskala (EZ-Skala) - Ein Verfahren zur hierarchischmehrdimensionalen Befindlichkeitsskalierung. In J. R. Nitsch & I. Udris (Hrsg.), *Beanspruchung im Sport* (S. 81-102). Bad Homburg: Limpert.

Pinchot, G. (1985). *Intrapreneurship.* New York: Harper & Row.

Reis, J. (1997). *Ambiguitätstoleranz.* Heidelberg: Asanger.

Stewart, G. L., Carson, K. P. & Cardy, R. L. (1996). The joint effects of conscientiousness and self-leadership training on employee self-directed behavior in a service setting. *Personnel Psycholoy, 49*, 143-163.

Stogdill, R. M. (1948). Personal factors associated with leadership: A survey of the literature. *Journal of Applied Psychology, 25*, 35-71.

Wärneryd, K.-E. (1988). The psychology of innovative entrepreneurship. In W. F. van Raaij, G. M. van Veldhoven & K.-E. Wärneryd (Eds.), *Handbook of economic psychology* (pp. 404-447). Dordrecht: Kluwer.

Winslow, E. K. & Solomon, J. F. (1987). Entrepreneurs are more than non-conformists: They are mildly sociopathic. *Journal of Creative Behavior, 21*, 203-205.

Wunderer, R. & Grunwald, W. (1980). *Führungslehre, Bd 1.* Berlin: de Gruyter.

Psychologische Determinanten des Unternehmenserfolges

George McKenzie

1. Positionierung und Problemstellung

1.1 Begriffsbestimmung des Unternehmers

Unternehmensgründung ist ein Prozess, keinesfalls ein statisches Phänomen (Frank & Korunka, 1996), der sich bis in die ersten fünf Jahre nach der juristischen Gründung hinzieht (Gartner, 1988). Obwohl gerade in letzter Zeit verstärkt über Existenzgründung und die Person des Unternehmers diskutiert wird, ist dieses Thema selbst schon sehr viel älter. Über den Unternehmer hat man sich bereits im 15. Jahrhundert Gedanken gemacht (vgl. Palmer, 1971). Eine frühe Definition von dem, was man unter einem Unternehmer zu verstehen hat, findet sich bei Cantillon (um 1700; vgl. Palmer, 1971), der den Unternehmer als ein Individuum beschreibt, das rational Entscheidungen trifft, Risiken einschätzt und die Firmenleitung übernimmt.

Ein anderer Franzose, J. B. Say, hat Cantillons Ideen erweitert und den Unternehmer als jemanden bezeichnet, der einen Geschäftsbetrieb im Hinblick auf das Kerngeschäft organisiert: Herstellen und Verteilen einer Ware (vgl. Palmer, 1971). Mill (1848), sein Leben war vom beginnenden Industriezeitalter geprägt, ging in ähnlicher Weise vom Risikobegriff aus: für ihn ist ein Unternehmer ein anderer als ein Manager, weil jener bereit ist, Risiken zu tragen. Adam Smith hingegen sah den Unternehmer in einer weniger aktiven Rolle: er stelle zwar Kapital zur Verfügung, spiele aber keine leitende oder führende Rolle (vgl. Schumpeter, 1948).

Im frühen zwanzigsten Jahrhundert sahen Autoren im Unternehmer einen Promotor, dem es gelingt, Ideen in gewinnträchtige Geschäfte zu verwandeln. Dewing (1919) erwähnt Eigenschaften wie Kreativität, Entschlossenheit, Urteilsvermögen und Beharrlichkeit (*imagination, initiative, judgement, restraint*). Kein Unternehmen hat sich selbst gegründet (*no business started it-*

self). Die wichtige Rolle und die komplexen Aufgaben während der ersten Jahre einer Geschäftsgründung wurden auch schon 1915 von Meade und Heilman erwähnt (Palmer, 1971). Schumpeter (1934; 1993[8]) schloss vom Begriff Unternehmer all jene aus, die in etablierten Unternehmen arbeiten. Echte Unternehmer sollten zum Beispiel eine neue Ware oder Produktionsmethode einführen, sich neue Märkte und neue Quellen an Rohstoffen erschließen oder neue Organisationsformen entwickeln.

Nach dem zweiten Weltkrieg teilte Danhof (1949) die Aufgaben des Unternehmers in drei Hauptbereiche auf: Erlangen wichtiger Informationen, Auswerten dieser Informationen in Hinblick auf Gewinn und Ergreifen entsprechender Maßnahmen und Handlungen *(setting the operation in motion)*. Als elementar für den Unternehmer stehen bei Danhof (1949) das Entscheiden und Abwägen verschiedener Handlungsalternativen; Finden und Auswerten von Informationen können delegiert werden.

Evans (1957) unterteilt die Handlungen in unternehmerische *(entrepreneurial)* und verwaltende *(managerial)*. Er unterstellt, dass sich Verwaltungstätigkeiten delegieren lassen, die unternehmerischen jedoch nicht. Das Ausmaß der Entscheidungen bestimmt sich aus der Qualität der zugrunde liegenden Geschäftstätigkeit. Damit verbunden ist die Art der hergestellten oder verteilten Güter, die Dienstleistung, die Kunden. Dies wird *ein*mal bestimmt; Entscheidungen im Anschluss haben Verwaltungscharakter. Danach soll und muss sich der Unternehmer neuen und anderen Entscheidungen zuwenden, und sich auf die sich verändernden Marktbedingungen und die sich neu öffnenden Märkte einstellen.

Lamb (1952) sieht in den Entscheidungen, die ein Unternehmer trifft, eine starke soziale und philosophische Komponente. Über die primäre Funktion hinaus, einen Betrieb zu gründen und Arbeitsplätze zu schaffen, verändert der Unternehmer bestehende soziale und wirtschaftliche Gegebenheiten: er handelt global und schafft nicht nur lokale sondern nationale und internationale Körperschaften und Gemeinwesen. Durch das Schlagwort „Globalisierung" gewinnt diese Interpretation wieder an Aktualität.

Palmer weist (1971) noch einmal darauf hin, dass auch die nicht-ökonomischen Komponenten und Funktionen einer Unternehmensgründung berücksichtigt werden sollten. Alle Aspekte der Handlungsschemata eines Gründers (soziale, politische, wirtschaftliche und psychologische) müssen betrachtet werden, um sich über deren Bedeutung bewusst zu werden.

Wenn wir selbst gefragt werden, was wir unter einem Unternehmer verstehen, dann lässt sich diese Frage nicht einfach beantworten. Vesper (1980) hat angemerkt, dass es nicht nur einen Typus des Unternehmers geben kann, sondern durchaus mehrere. Es sollte also eher der Frage nachgegangen werden, welche verschiedenen Eigenschaften in welcher Ausprägung auftreten (Carland, Hoy, Boulton & Carland, 1984).

Daniel Goeudevert (ein deutscher Industriemanager französischer Herkunft) hat einmal gesagt: „Ein Manager von heute sollte Autorität durch Leistung und nicht durch Hierarchie anstreben. Er muss weniger durch Befehl als vielmehr durch Überzeugung führen und kooperativ handeln. Wenn ich etwas gelernt habe, dann, dass Erfolg alleine keinen glücklich macht. Aber nur glückliche Menschen sind fähig zu Erfolg und Leistung". Ein glücklicher Charakter, der nachvollziehbare Entscheidungen trifft, wäre kurz gesagt ein erfolgreicher Unternehmer. Max Frisch, der Schweizer Schriftsteller, meinte: „Erfolg verändert den Menschen nicht, er entlarvt ihn". Wir verstehen vor diesem Hintergrund unter einem Unternehmer jemanden, der mit einer integrierten Persönlichkeitsstruktur an soziale Normen angepaßt ist. Dazu hat er die Fähigkeit, riskante Entscheidungen unter wirtschaftlichen Gesichtspunkten zu treffen. Ob er Erfolg hat oder nicht, ist in diesem Zusammenhang nicht ausschlaggebend.

1.2 Begriffsbestimmung des Erfolges

Ebenso soll der Begriff Gründungserfolg inhaltlich bestimmt werden. In der einschlägigen Literatur der vergangenen Dekade finden sich zwar wohlbegründete Definitionen, die sich allerdings auch widersprechen. So möchten Hornaday und Aboud (1971) gerade solche Unternehmer untersuchen, die mindestens fünf Jahre am Markt existieren.

Brockhaus (1982) hat einen interessanten geschichtlichen Überblick über die sich verändernden Definitionen des Begriffes „Unternehmer" zusammengestellt. In unserem Fall haben wir uns für die gängige Meinung von Klandt (1984) oder von Frank und Korunka (1996) entschieden. Wir sprechen daher kurzgefasst von einer *erfolgreichen Gründung*, wenn die Vorbereitung zu einer tatsächlichen Gründung führt und das gegründete Unternehmen bestimmte ökonomische Kriterien erfüllt.

Nach Klandt (1984) eignen sich als Indikatoren am besten die *Umsatzentwicklung* und die *Beschäftigtenzahlen*. Es soll jedoch nicht verschwiegen werden, dass es auch hier stellenweise kontroverse Auffassungen darüber gibt, was genau als Erfolgskriterium heranzuziehen sei.

Rudolf (1996) bedauert, dass die meisten Studien nur ökonomische Faktoren als Ursachen für den Erfolg von Organisationen und Unternehmen nennen.

Er wünscht sich, einen kritischeren Umgang mit dem Erfolgsbegriff. Seiner Meinung nach ist das Ausmaß des Spektrums verfügbarer Erfolgsindikatoren nicht bekannt; meist werden nur Teile daraus in Betracht gezogen. Er führt an, dass allein durch eine bestimmte Perspektive der Erfolg eines Unternehmers widersprüchlich bewertet werden kann. Ein Umweltschützer wird steigende Umsatzzahlen und eine erhöhte Produktivität eines lokalen Chemiewerkes anders bewerten als der zuständige Lokalpolitiker vor dem Hintergrund einer hohen Arbeitslosenquote. Rudolf fordert daher eine weniger oberflächliche Betrachtung des Erfolgsbegriffes.

Wir haben uns für Personen entschieden, die ihr Unternehmen maximal fünf Jahre geleitet haben, weil nach fünf Jahren von einer Etablierung gesprochen werden kann. Ab diesem Zeitpunkt werden nicht mehr Tätigkeiten ausgeübt, die die Gründungsphase auszeichnen (Albach et al., 1985). Diese Entwicklungsphase ist auch deswegen so diffizil, weil sich hier entscheidet, ob eine langfristige Etablierung möglich ist oder nicht (Plaschka, 1986).

Uns erscheint es wichtig, darauf hinzuweisen, dass ein Unternehmer in erster Linie Spaß an seiner Tätigkeit haben soll. Für viele der in unserer Studie Befragten war es nicht in erster Linie ausschlaggebend, dass ihre Firma steigende Umsatzzahlen oder einen wachsenden Personalstand vorweisen konnte. *Ex post* betrachtet scheint es eher so zu sein, dass mit der Freude am Beruf, der Selbstverwirklichung in der Arbeit der unternehmerische Erfolg einhergeht. Um unternehmerischen Erfolg umfassend definieren zu können, erscheint es notwendig, in Einzelfallstudien die Abhängigkeit von „Glücklichsein" und „gesicherte Existenz" zu definieren.

1.3 *Forschungsansatz*

Auf dem Feld der Gründungsforschung lassen sich bestimmte Ansätze unterscheiden, je nachdem welcher Bereich untersucht wird: die Person des Gründers, das Unternehmen selbst oder die Bevölkerung an sich (Frank & Korunka, 1996). Man unterscheidet somit den *Trait*-Ansatz, den Gründungsmanagement-Ansatz, den Organisationsökologie-Ansatz, sowie den psychodynamischen Ansatz (Chell, 1981). Die vorliegende Arbeit ist in den Rahmen des *Trait*-Ansatzes einzuordnen, deshalb soll hier auch der Person des Gründers eine besondere Aufmerksamkeit zukommen.

Ausgehend von Faktorenanalysen verschiedener Persönlichkeitsfragebögen entwickelte Becker (1990) ein Circumplexmodell der Persönlichkeit mit den beiden Hauptfaktoren „Verhaltenskontrolle" und „seelische Gesundheit". Eine Verknüpfung dieser Faktoren mit unternehmerischem Verhalten wurde von

Frank und Korunka (1996) vorgenommen. Dabei wurde ein signifikanter Zusammenhang zwischen unternehmerischem Erfolg und dem Ausmaß „seelischer Gesundheit" deutlich. Mit dem Konstrukt „Verhaltenskontrolle" ergab sich kein statistisch nachweisbarer Zusammenhang. Diese Ergebnisse konnten von uns (McKenzie, 1998) repliziert werden. In der hier vorliegenden Studie werden auch andere Indikatoren seelischer Gesundheit mit unternehmerischem Erfolg verglichen.

In einer Studie von Goebel (1991, 118ff.) „lassen sich die Gründer aus neurosen-psychologischer Sicht als unauffällig bezeichnen. (...) Ihre Kreativität ist Ausdruck der in ihnen steckenden Kräfte, nicht als ein Produkt der Verdrängung und Sublimierung zu betrachten". Goebel findet heraus, dass die Gründer eigensinniger sind, weniger gelenkt werden möchten und stärker interessiert sind, andere zu übertreffen. Sie sind gute Schauspieler, weniger ängstlich und besitzen mehr Phantasie. Wenn bei Goebel die Mehrheit keine psychischen Defizite kompensiert, ist anzunehmen, dass sie über das verfügen, was als seelische Gesundheit bezeichnet wird. Becker (1995, S. 188) bezeichnet sie als „die Fähigkeit zur Bewältigung externer und interner (psychischer) Anforderungen". Erfolgreiche Unternehmensgründer wären also solche Menschen, die nicht nur seelisch gesund, sondern auch äußerst kontrolliert auftreten, aber nicht übersozialisiert erscheinen. Dass dies im Widerspruch zu einer wichtigen Eigenschaft steht, nämlich auf andere zugehen zu können, liegt auf der Hand. Wer zu weit von seinen Kunden steht, ihre Wünsche und Gedanken nicht kennt, wird kaum Erfolg haben. Ideale Gründer müssen also hohe Werte auf diesem Bereich aufweisen, vernunftorientiert und pflichtbewußt auftreten ohne als musterhafter Streber zu wirken, und unter Umständen auch (wie Goebel formuliert) gute Schauspieler sein.

Korunka, Frank und Becker (1993) weisen darauf hin, dass nicht eines, sondern *mehrere Persönlichkeitsmerkmale* entscheidend sind, wie ein Unternehmer am Markt besteht. Sie nennen unter anderem den internen *locus of control* (Machbarkeitsüberzeugung) als eine Dimension für die Differenzierung zwischen erfolgreichen und gescheiterten Unternehmensgründern und erwähnen außerdem, dass sich die *Trait*-Forschung meist auf die folgenden zentralen psychologischen Konstrukte bezieht: Leistungsmotivation, Risikoneigung, Innovationsstreben, Problemlöseverhalten und Werthaltungen. Auf Grund der Tatsache, dass die Befunde zu diesen Komponenten sehr heterogen sind oder nicht ausreichend Erfolg erklären, kommen Korunka, Frank und Becker (1993) zu dem Schluss, dass *traits* auch nicht ausreichen, den Entschluss zu einer Unternehmerlaufbahn zu erklären. Deshalb der Rekurs auf die Konzeption der seelischen Gesundheit und Verhaltenskontrolle. Im Konzept der seelischen Gesundheit werden drei Grundideen über *Regulationskompetenz, Selbstaktualisierung* und *Sinnfindung* integriert. Verhaltenskontrolle ist das Ausmaß, in dem eine Person *bei Entscheidungen ihr internes Kontrollsystem - verstanden als System erworbener Werte - einbezieht* (Korunka, Frank & Becker 1993). Es liegt der Schluss nahe, diese Fähigkeit in Beziehung zum Gründungserfolg zu setzen, da etwa auch Dörner (1997) einen signifikanten Zusammenhang zwischen der Fähigkeit komplexe Probleme zu lösen und dem Maß an seelischer Gesundheit finden konnte. Die Autoren gehen übereinstimmend davon aus, dass zwischen Leistungsfähigkeit und seelischer Gesundheit ein Zusammenhang im Hinblick auf den zu erwartenden Gründungserfolg besteht.

Becker (1995) bezeichnet einen Menschen mit der Eigenschaftszusammenstellung „geringer Verhaltenskontrolle und hoher seelischer Gesundheit" als weniger an Sicherheit als an der Erkundung des Neuen und Unbekannten sowie an der Entfaltung seiner Fähigkeiten und Anlagen interessiert. Er geht davon aus, dass solche Menschen sich dominant verhalten und gerne Führungspositionen in Gruppen einnehmen. „Sie suchen Gesellschaft und fühlen sich im Kontakt mit anderen Personen wohl. Sie sind unternehmensfreudig, können sich gut auf neuartige Situationen einstellen bzw. rasch von einer Situation auf eine andere umschalten. Mit Belastungssituationen werden sie gut fertig. Sie haben ein Talent zum Improvisieren" (Becker, 1995, S. 220 f.).

Anders ausgedrückt, seelisch Gesunde sind kompetent in ihrer Tätigkeit, können gut mit anderen umgehen, sind liebesfähig und in der Lage, ihre Bedürfnisse zu befriedigen. Nicht zuletzt verfügen sie über langfristige Ziele, die ihrem Leben Sinn und Orientierung verleihen, und sie sind flexibel beim Verfolgen dieser Ziele (Becker 1995). In diese Richtung weisen auch die Ergebnisse von Göbel (1998), die sich auf den Zusammenhang von Personeneigenschaften, den gewählten Strategien und den Erfolg bei Kleinunternehmern beziehen.

Aus den Ergebnissen der Literaturrecherche lassen sich folgende Fragen ableiten: Sind erfolgreiche Jungunternehmer eher zukunftsorientiert? Sind sie fleißiger als nicht erfolgreiche Jungunternehmer? Sind sie besser organisiert und arbeiten zuverlässiger? Sind Jungunternehmer, die Erfolg haben eher fähig, Misserfolge wegzustecken? Möchten sie mehr Freude am Leben haben?

2. Methode

Zum Beantworten der aufgeworfenen Fragen wurde von der TU Dresden eine Pilotstudie initiiert. Im Rahmen eines Gesamtprojektes zur Untersuchung personeller und organisationaler Faktoren für den Unternehmenserfolg im Bereich kleiner und mittlerer Unternehmen stand als erster Baustein die Messung von Persönlichkeitsmerkmalen erfolgreicher Unternehmensgründer an. Die entsprechende Befragung wurde 1997 und 1998 durchgeführt.

Mit geeigneten Messinstrumenten sollte eine Gruppe Jungunternehmer befragt werden. Die einen sollten deutlich erfolgreich, die anderen mit ihrem Vorhaben gescheitert sein. Für unsere Studie bildete die Datenbasis eine Stichprobe von insgesamt 22 Unternehmensgründungen der Jahre 1993-1997 aus den Großräumen Wien und Stuttgart. Es handelt sich um Unternehmen des verarbeitenden Gewerbes und des Dienstleistungssektors. Im soziodemographischen Teil der Fragebogenbatterie wurden Angaben zur Umsatz- und Personalentwicklung verlangt, daraus leitete sich die Klassifizierung „erfolgreich" und „nicht erfolgreich" ab. Bei einigen Fragen zu Gründungsproblemen und der Motivation zur Gründung an sich orientierten wir uns an einer soziologischen Studie zu Existenzgründungen in Sachsen-Anhalt (Claus et al., 1996). Für die Ausprägungen auf psychologischen Skalen (Trierer Inventar zur Verhaltenskontrolle, vgl. Becker, 1995) haben wir entsprechende Zuordnungsmuster gewählt.

Dem Verlauf der Umsatzzahlen und des Personalstandes folgend wurden für diese beiden Erfolgskriterien zwei Gruppen gebildet: erfolgreiche und erfolglose Unternehmer. Die Zuordnung orientierte sich an den Schemata von Kulicke (1993), die zwei Grundtypen von Unternehmen in vier Wachstumsmuster einteilt. Einerseits schnell und langsam wachsende Unternehmen mit hohem Wachstumspotenzial und andererseits solche mit geringem Wachstumspotenzial. Letztere scheitern innerhalb einer frühen Entwicklungsphase bzw. im Übergangsprozess zu nachfolgenden Phasen.

Um davon auszugehen, dass keine Scheingründungen vorlagen, wurden in den entsprechenden Regionen alle Jungunternehmer befragt, die an einem regionalen Technologie- bzw. Gründerzentrum ansässig (gewesen) waren. Unter der Voraussetzung, dass die Betriebe mindestens zwei Jahre vor Ort bestanden, wählten wir die Teilnehmer aus.

Von den 22 untersuchten Jungunternehmern waren 15 männlichen und fünf weiblichen Geschlechts (in zwei Fällen fehlende Angaben). Der Altersdurchschnitt der gesamten Stichprobe lag bei 40.4 Jahren mit einer Standardabweichung von 8.3 Jahren. Der jüngste Unternehmer war 25 Jahre alt, der älteste 55. Hinsichtlich des Alters sind zwischen Erfolgreichen und nicht Erfolgreichen keine Unterschiede feststellbar.

3. Ergebnisse

In Abbildung 1 werden die Mittelwerte aller TIV-Skalen für die Gesamtheit der vorliegenden Jungunternehmer dargestellt. Dabei zeigt sich, dass bei den Skalen Verhaltenskontrolle, Normorientierung, Zuverlässigkeit und Ordnungsstreben im Vergleich zur Normpopulation geringere Ausprägungen vorhanden sind. Die Skala Ordnungsstreben ist auf dem 5 %-Niveau, die anderen drei Skalen sind auf dem 1 %-Niveau signifikant.

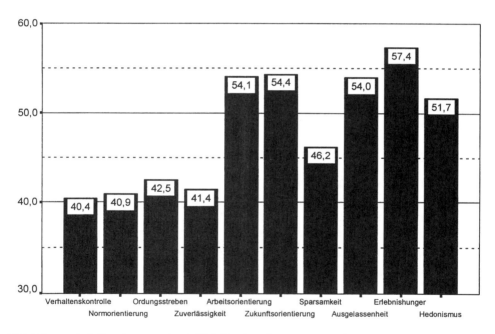

Abbildung 1: Mittelwerte der TIV Skalen (T - Werte) bei Jungunternehmern

Der Mittelwert der Skala „seelische Gesundheit" beträgt 48.2 Punkte bei einer Standardabweichung von 10.0. Die seelische Gesundheit entspricht somit dem Durchschnitt der Normstichprobe.

Überdurchschnittliche hohe Werte im Vergleich zur Normpopulation erzielen die Jungunternehmer auf den Skalen „Zukunftsorientierung" und „Erlebnishunger". Beide Skalen sind auf dem 5 %-Niveau signifikant. Bei den Skalen „Arbeitsorientierung", „Sparsamkeit", „Ausgelassenheit" und „Hedonismus" lassen sich statistisch keine signifikanten Unterschiede gegenüber den Ausprägungen der Normpopulation belegen.

Zusammenfassend kann man festhalten, dass die in dieser Stichprobe vorliegenden Jungunternehmer im Vergleich zur Normpopulation durch eine niedrige „Verhaltenskontrolle" und durchschnittliche „seelische Gesundheit" charakterisiert sind. Für die Jungunternehmer gilt hinsichtlich „Verhaltenskontrolle": sie neigen zu einem spontanen und impulsiven Verhalten, sind geprägt von einem eher risikofreudigeren Handeln, aber auch von einer gewissen Tendenz zur Oberflächlichkeit.

Beckers Systemmodell der Persönlichkeit lokalisiert die untersuchten Jungunternehmer im Quadranten „Selbstaktualisierung". Er erläutert, dass eine solche Person „aufgrund realistischer Selbst- und Umweltmodelle ... gute Voraussetzungen zur Bewältigung externer und interner Anforderungen mitbringt. (...) Sie orientiert sich relativ wenig (d. h. weniger als Personen mit hoher Verhaltenskontrolle) an langfristigen Zielen, sozialen Werten, Normen und Konventionen und statt dessen stärker am Hier-und-Jetzt, wobei sie vor allem Annäherungsziele zu erreichen sucht. Sie ist weniger an Sicherheit als an der Erkundung des Neuen und Unbekannten sowie an der Entfaltung ihrer Fähigkeiten und Anlagen interessiert" (vgl. Becker, 1995: Seite 220).

Die Unternehmer dieser Stichprobe zeigen weiterhin ein geringes Ausmaß an Normorientierung. Sie lehnen (nach Becker, 1995) traditionelle Normvorstellungen in einem höheren Maße ab als die Vergleichspopulation. Sie zeigen gleichzeitig auch ein geringeres Streben nach Ordnung und Prinzipientreue, dadurch wird es ihnen ermöglicht, sich leichter über Grundsätze hinwegzusetzen und eine geringere Selbstdisziplin zu zeigen. Weiterhin zeigen Jungunternehmer ein signifikant geringeres Ergebnis in der Skala Zuverlässigkeit. Sie neigen also dazu, sich über terminliche Abmachungen leicht hinwegzusetzen und einfach nicht einzuhalten.

Zeigen die Jungunternehmer hinsichtlich traditioneller, an Normen und Verhaltensvorschriften orientierten Wertvorstellungen eine unterdurchschnittliche Ausprägung, so zeigt sich bei der Skala „Zukunft" und „Vernunftorientierung", dass sie dennoch mehr als der Durchschnitt die Zukunft voraus planen und zukünftige Handlungen sorgfältig überlegen. Auch sind Jungunternehmer charakterisiert durch eine überdurchschnittliche Ausprägung der Skala „Erlebnishunger". Sie suchen vermehrt nach Abenteuern und Abwechslung. Zusätzlich werden sie durch die hohen Werte in dieser Skala auch dahingehend charakterisiert, über ihren Verhältnissen zu leben.

Nach Auswertung unserer Daten, unterscheiden sich erfolgreiche Jungunternehmer von erfolglosen in den restlichen TIV-Skalen lediglich in der Dimension „Arbeitsorientierung". Arbeitsorientierung *sensu* Becker bedeutet, sich an Fernzielen orientieren und akute Bedürfnisse kurzfristig zurückzustellen. Als persönliche Wertvorstellung gilt der Grundsatz „fleißig und ehrgeizig sein" (Becker, 1995, S. 178). Es zeigt sich, dass die Gruppe der erfolgreichen Unternehmer mit einem Mittelwert von 58.4 (SD = 11.6) eine klar höhere Ausprägung in dieser Skala aufweist als die Gruppe der erfolglosen, bei denen der Mittelwert nur bei 46.1 (SD = 4.2) liegt. Erfolgreiche Unternehmer sind nicht nur wesentlich mehr arbeitsorientiert als erfolglose. Sie weisen auch einen eindeutig über den Durchschnitt der Normpopulation liegenden Wert auf.

4. Diskussion

Trotz der Tatsache, dass es sich nur um eine kleine Stichprobe handelt, decken sich die Resultate mit denen vergleichbarer Studien. Es ging hier auch nicht um eine umfassende Analyse, sondern darum, Hinweise und Anregungen für weitergehende Forschungen zu liefern. Es erscheint uns wichtig, darauf hinzuweisen, dass die in der Forschung bisher vorliegenden Ergebnisse auf Querschnittsuntersuchungen beruhen. Eine Längsschnittstudie zur kausalen Interpretation der Zusammenhänge zwischen einzelnen psychologischen Variablen und unternehmerischem Erfolg in der frühen Gründungsphase scheint notwendig.

Mittel- bis langfristig sind die erkennbaren Probleme der Anpassung der Produktionsstruktur und der Auftragsabwicklung an die wechselhafte Marktsituationen nur durch den Abbau von Defiziten im Bereich der Betriebs- und Lebensorganisation und dem zielgerichteten Einsatz aller Ressourcen einschließlich des vorhandenen bzw. kurzfristig realisierbaren Humanpotenzials zu bewältigen. Ein dazu erforderlicher persönlicher Umstrukturierungs- und Änderungsbedarf wird selten erkannt. Von öffentlicher Seite wird dies noch nicht in erforderlichem Maße vermittelt und auch von angehenden Jungunternehmer nur in den allerwenigsten Fällen selbstständig, aktiv und eigenverantwortlich angegangen.

Bisher wird nach der Gründung von den Gründern immer noch nach alten Verhaltensmustern agiert. Diese müssen jedoch aufgrund der Veränderung des wirtschaftlichen Umfeldes und den sich daraus ergebenden Anforderungen an das Unternehmen und die eigene Person in Frage gestellt und neue Ideen ohne Vorbehalte erprobt und umgesetzt werden. Das erfordert Veränderungen sowohl im Hinblick auf betriebsorganisatorische Gegebenheiten als auch unter sozialen und personellen Aspekten. Dazu sind neue Organisations- und Verhaltensmuster erforderlich. Sie beinhalten Merkmale wie z. B. Flexibilität, Innovation, Initiative, Kreativität, Motivation, interne und externe Dynamik, Veränderungs-, Entscheidungs- und Verantwortungsbereitschaft; später auch Gruppenarbeit und Teamgeist.

Gegen mehr Unternehmen oder niedrige Arbeitslosenzahlen mit einer verbesserten Beschäftigungsquote ist *per se* nichts einzuwenden. Auf die Zweischneidigkeit dieses Phänomens weisen allerdings einige Berichte hin, die verlangen, dass die von allen Seiten geäußerten Rufe nach mehr Unternehmern auch auf kritische Ohren stoßen sollten. Viele Autoren sehen in der Gründung eines Unternehmens nur eine Verschiebung des Problems, obwohl durchaus Arbeitsplätze geschaffen werden (Aucouturier, 1994; Mouriaux, 1994); um einen sinnvollen Beitrag zur arbeitsmarktpolitischen Situation leisten zu können, müssen diese Plätze jedoch dauerhaft sein. Wenn ein Unternehmen nach ein paar Jahren zusammenbricht, können die daraus resultierenden Folgen durchaus schlimmer sein, als wenn es überhaupt nicht gegründet worden wäre.

Solomon und Carhart (1982) haben darauf hingewiesen, wie wichtig eine effiziente und fachkompetente Betreuung von Jungunternehmern bzw. Inhabern von Klein- und Mittelbetrieben ist. Sie verweisen ausdrücklich auf ein Gesetz über Kleinbetriebe von 1953, in dem ein Ziel der US-Regierung festgeschrieben wurde, die Interessen von Kleinbetrieben zu wahren und den freien Wettbewerb zu schützen. Der US-Kongress hat eine Reihe von Richtlinien aufgestellt, wonach dem Management von Kleinbetrieben mit Beratung im Hinblick auf Gesetze, Richtlinien und Geschäftsführung helfend beigestanden werden soll. Die Autoren betonen den Bedarf und den Nutzen eines einschlägigen Mangament-Trainingprogrammes.

Die meisten Gründer werden mit ihren Problemen (die vielleicht schon selbst zur Gründung geführt haben) allein gelassen. Deshalb wünschen sich Messerer (1996), Wilhelm (1997) und Julateg (1995) mehr Aufklärungsarbeit im Vorfeld und sogar Therapiemaßnahmen nach einer gescheiterten Existenzgründung. Lippert (1997) unterstreicht die Notwendigkeit eines individuellen Coachings durch Experten. Fischer (1997) verlangt außerdem eine Vorbereitung auf eine ganz andere Art der Unternehmensführung: im virtuellen Unternehmen gelten andere Regeln, hier sind hohe Kompetenzen in Bezug auf das Verständnis gruppendynamischer Prozesse gefragt.

Zielsetzung von Coaching-Projekten sollte es in jedem Falle sein, den Existenzgründern einprägsam verständlich zu machen, dass sie selbst aktiv Handlungsstrategien erlernen und anwenden müssen. Die Veränderungen des persönlichen Umfeldes durch die Existenzgründung muss als Herausforderung verstanden werden. Durch ein Qualifizierungskonzept - und durch die nachfolgend von den Gründern selbst mit zu entwickelnde Form der Arbeitsorganisation - sollen Ideen und Kräfte freigesetzt und in einen kontinuierlichen Verbesserungsprozess eingebracht werden. Die Gründer (später auch die Mitarbeiter), ihr Wissen, ihre Erfahrungen, ihre Kreativität und ihre Arbeitskraft werden als Schlüssel zur Stärkung der Wettbewerbsfähigkeit (und somit zur Steigerung der Überlebenswahrscheinlichkeit) betrachtet.

Literatur

Albach, H.; Bocj, K. & Warnke, T. (1985). *Kritische Wachstumsschwellen in der Unternehmensentwicklung.* Stuttgart: Poeschel.

Aucouturier, A. L.(1994). Du chômage à la création d'entreprise.*Travail et Emploi, 58,* 9-24.

Battistelli, A. & Odoardi, C. *(1995). Imprenditorialità.* Milano: Franco Angeli.

Becker, P. (1990). *Das Trierer Inventar zur Verhaltenskontrolle (TIV).* Universität Trier: Trierer Psychologische Berichte, Nr. 17.

Becker, P. (1995). *Seelische Gesundheit und Verhaltenskontrolle.* Göttingen: Hogrefe.

Brockhaus, R. (1982). The psychology of the entrepreneur. In C. A. Kent; D. L. Sexton & K. H. Vesper (Eds.), *Encyclopædia of Entrepreneurship* (pp. 39-71). Englewood Cliffs: Prentice Hall.

Carland, J.; Hoy, F.; Boulton, W. & Carland, J. (1984). Differentiating entrepreneurs from small business owners: a conceptualization. *Academy of Management Review 9,* 354-359.

Chell E. (1981). The entrepreneurial personality - a few ghosts laid to rest? *International Small Business Journal, 1,* 43-54.

Claus, T.; Heuberger, F. & Hörtz, O. (1996). Existenzgründungen in Sachsen-Anhalt. *Forschungsbeiträge zum Arbeitsmarkt in Sachsen-Anhalt, Band 9.* Magdeburg: Ministerium für Arbeit, Soziales und Gesundheit.

Danhof, C. (1949). *Observations of Entrepreneurship in Agriculture.* Cambridge: Harvard University Press.

Dewing, A. S. (1919). *The Financial Policy of Corporations.* New York: Ronald Press.

Dörner, D. (1997). *Die Logik des Mißlingens.* Hamburg: Rowohlt.

Evans, H. (1957). A century of entrepreneurship in the United Stated with emphasis upon large manufacturing concerns, 1850-1957, *Paper presented at the annual conference of the Economic History Society at Cambridge/UK.* Cambridge: Harvard University Research Center in Entrepreneurial History.

Fischer, P. (1997). Virtuelle Unternehmen brauchen einen Fixpunkt. *Gablers Magazin, 3,* 16-19.

Frank, H. & Korunka, C. (1996). Zum Informations- und Entscheidungsverhalten von Unternehmensgründern. *Zeitschrift für Betriebswirtschaft, 66,* 947-963.

Gartner, W. (1988). Who is an entrepreneur is the wrong question. *American Journal of Small Business, 12,* 11-32.

Goebel, P. (1991). Kreativität und Kreative Persönlichkeit. *Zeitschrift für psychosomatische Medizin, 37,* 146-156.

Göbel, S. (1998). Persönlichkeit, Handlungsstrategien und Erfolg. In M. Frese (Hrsg.), *Erfolgreiche Unternehmensgründer* (S. 99-122). Göttingen: Verlag für Angewandte Psychologie.

Hornaday, J. & Aboud, J. (1971). Characteristics of successful entrepreneurs. *Personnel Psychology, 24,* 141-153.

Julateg (1995). *Wirtschaftssozialarbeit mit Überschuldeten. Beratung für gescheiterte Existenzgründer.* Berlin: Bericht der Beratungsstelle Storkower Straße 158.

Klandt, H.(1984). *Aktivität und Erfolg des Unternehmensgründers.* Bergisch Gladbach: Eul.

Korunka, C.; Frank, H. & Becker, P. (1993). Persönlichkeitseigenschaften von Unternehmensgründern. *Internationales Gewerbearchiv, 12,* 169-188.

Kulicke, M. (1993). *Chancen und Risiken junger Technologieunternehmen.* Heidelberg: Physica.

Lamb, R. (1952). The entrepreneur and the community. In W. Miller (Ed.), *Men in Business,* (pp 18-72). Cambridge: Harvard University Press.

Lippert, S. (1997). Die Qualifizierung in den neuen Bundesländern - Frauen auf dem Weg in die Selbständigkeit, In: U. Hanel; A. Hegewisch & W. Mayrhofer (Hrsg.). *Personalarbeit im Wandel - Entwicklungen in den neuen Bundesländern und Europa,* (S. 61-78), Mering: Hampp.

McKenzie, G. (1998). Zur Persönlichkeitsstruktur erfolgreicher Jungunternehmer. *Unveröffentl. Diplomarbeit,* Dresden: Technische Universität, Fakultät Mathematik und Naturwissenschaften.

Messerer, J. (1996). Ein hartes Brot - Selbständige in Deutschland. *Psychologie heute, Mai,* 60-61

Mill, J. (1848). *Principles of Political Economomy With Some of Their Applications to Social Philosophy.* London: John Parker.

Mouriaux, M.F. (1994). Nouvelles entreprises: des emplois créés, déplacés ou sauvegardés? *Travail et Emploi, 58,* 25-37.

Palmer, M. (1971). The application of psychological testing to entrepreneurship potential. *California Management Review, 13*, 32-38.

Plaschka, G. (1986). *Unternehmenserfolg: Eine vergleichende empirische Untersuchung von erfolgreichen und nicht erfolgreichen Unternehmensgründern.* Wien: Service Fachverlag an der Wirtschaftsuniversität.

Rudolf, H. (1996). Erfolg in Unternehmen. Plädoyer für einen kritischen Umgang mit dem Erfolgsbegriff. *Beilage zur Wochenzeitung Das Parlament, B23*, 32-39.

Schumpeter, J. (1934). The Theory of Economic Development. In E. Okun (Ed.), *Studies in Economic Development (*pp 91-94*)* Cambridge: Harvard University Press.

Schumpeter, J. (1993[8]). Theorie der wirtschafltichen Entwicklung. Berlin: Duncker & Humblot.

Schumpeter, J. (1948). Economic theory and entrepreneurial history. Cambridge: Harvard Universtity Press.

Solomon, G. & Carhart, D. (1982). Management Training in small business. *American Journal of Small Business, VII*, 50-59.

Vesper, K. (1980). *New Venture Strategies.* Englewood Cliffs: Prentice Hall.

Wilhelm, K. (1997). Verhaltenstherapie mit Langzeitarbeitslosen. *Psychologie Heute, November*, 12-13.

Selbstständigkeit als Belastung und Herausforderung

Klaus Moser, Jeannette Zempel, Nathalie Galais und Bernad Batinic

1. Einleitung

Selbstständig tätig zu werden, bedeutet oft, sich für eine Arbeits- und Lebensform zu entscheiden, die durch eine ganze Reihe von Belastungsfaktoren charakterisiert werden kann. Die Arbeits- und Organisationspsychologie hat sich mit der spezifischen Arbeitssituation Selbstständiger im Grunde bisher nur selten befasst. Vielmehr ist insbesondere die Belastungs-Beanspruchungs-Forschung eine Forschung über abhängig Beschäftigte (vgl. z.B. Karasek, 1990; Bamberg, 1992; Terry & Jimmieson, 1999). Arbeitspsychologisch ist es aber auch deshalb interessant, sich mit selbstständig tätigen Personen auseinanderzusetzen, weil diese ganz spezifische Möglichkeiten haben, mit Belastungen umzugehen. Im folgenden Beitrag wollen wir zunächst versuchen, dies theoretisch zu erläutern, wobei wir exemplarisch auf Vorstellungen und Befunde zu den Wirkungen von Stressoren sowie zum Motivationspotenzial der Arbeit eingehen wollen. Im Anschluss greifen wir exemplarisch drei potenzielle Belastungsfaktoren heraus: die Arbeitszeiten, die finanzielle Situation sowie Autonomie und Verantwortung von Selbstständigen. Für diese drei Variablenkomplexe wollen wir auf der Grundlage theoretischer Überlegungen sowie beispielhafter Befunde erörtern, welche spezifischen Belastungssituationen sich ergeben, unter welchen Bedingungen Belastungen zu Beanspruchungen werden, und wann sie sich, etwa im Falle des Vorliegens von Ressourcen, zu positiven Herausforderungen wandeln.

2. Belastungen, Ressourcen und das Motivationspotenzial der Tätigkeit von Selbstständigen

Belastungen in der Arbeit können auf unterschiedlichen Ebenen wirken. Vom gesellschaftlichen Ansehen einer Tätigkeit über Konflikte mit Mitarbeitern bis hin zu alltäglichen Regulationshindernissen (z.B. Unterbrechungen in der Arbeitstätigkeit) kommen zahlreiche Faktoren in Frage. Ob Selbstständige solchen Faktoren stärker ausgesetzt sind als andere Berufsgruppen, ist bisher in der Forschung selten untersucht worden. Harris, Saltstone und Fraboni (1999) fanden beispielsweise, dass Unternehmer höhere Werte im Bereich der Arbeitsbelastung aufwiesen als abhängig Beschäftigte verschiedener Hierarchieebenen, gleichzeitig aber auch eine geringere Rollenambiguität angaben. Insgesamt dürfte es aber schwierig sein, einen angemessenen Vergleich vorzunehmen, zu unterschiedlich dürften die Arbeitssituationen von Selbstständigen und abhängig Beschäftigten in weiten Bereichen sein. Dennoch wollen wir hier einen solchen Vergleich bzw. entsprechende Überlegungen wagen, wobei wir uns nicht nur mit der oft berichteten deutlich längeren Arbeitszeit von Selbstständigen befassen werden (vgl. Abschnitt 3). Zentraler scheint uns die Frage zu sein, ob etwaige Belastungen auch zu Beanspruchungsreaktionen führen. Zur Beantwortung dieser Frage beziehen wir uns vor allem auf das Ressourcenkonzept der arbeitspsychologischen Stressforschung (z.B. Semmer, 1988; Greif, 1989). Von Stress wird dann gesprochen, wenn ein Ungleichgewicht zwischen Arbeitsanforderungen und verfügbaren Ressourcen besteht bzw. wahrgenommen wird. Beispielsweise konnte Karasek (1979, 1990) für abhängig Beschäftigte zeigen, dass bei Vorliegen der Ressource „Entscheidungs-, Handlungs- und Kontrollspielraum" auch hohe Arbeitsanforderungen zu geringen Beanspruchungs- bzw. Stressreaktionen führten.

Über welche Ressourcen verfügen Selbstständige nun charakteristischerweise? Die folgenden Überlegungen geben Anlass zur Annahme, dass sich ihre Situation eigentlich günstig darstellt:

Qualifikation. Insofern sie sich ihre Branche wählen können, sollten Selbstständige über eine angemessene Qualifikation verfügen (vgl. auch Zempel, 1999). Von einigen Autoren wird dieses Merkmal als eine zentrale „Humankapitalvariable", die unternehmerischen Erfolg erkläre, herausgearbeitet (Brüderl, Preisendörfer & Ziegler, 1992). Beispielsweise gaben 75% einer Stichprobe von 200 Selbstständigen in West- und Ostdeutschland[2] (Utsch & Frese, 1998, Frese, Utsch, Rauch & Galais, 1999b) an, sich in der Branche selbstständig gemacht zu haben, in der sie vorher gearbeitet hatten, wobei das Verhältnis von Branchenfremden und Branchenkennern in Ost- und Westdeutschland gleich war (Utsch & Frese, 1998). Die Branchenkenntnis alleine wies jedoch weder in West- noch in Ostdeutschland signifikante Zusammenhänge zu wirtschaftlichen Erfolgsfaktoren oder zur Arbeitszufriedenheit auf. Nur für Westdeutschland galt, dass die eingeschätzte Nützlichkeit der Branchenerfah-

---

[2] Die Daten entstammen der ersten Erhebungswelle des Projektes EKU (Erfolgsfaktoren bei Kleinunternehmern, Leiter: Prof. Dr. Michael Frese, Universität Gießen; vgl. Frese, Utsch, Rauch & Galais, 1999b).

rung mit einem höheren persönlichem Einkommen einherging (Frese at al., 1999b). Die Nützlichkeit der Branchenerfahrung wurde von den westdeutschen Unternehmern vor allem darin gesehen, Kundenkontakte aus ihrer abhängigen Beschäftigung nutzen zu können oder gar einzelne Kunden in die Selbstständigkeit „mitgenommen" zu haben. Auf diese Ressource konnten Unternehmer in Ostdeutschland, die sich nach der Wiedervereinigung selbstständig gemacht hatten, eher selten zurückgreifen, da die Privatisierung früherer Kundenunternehmen noch wenig fortgeschritten war oder teilweise mit deren Liquidierung endete.

Handlungsspielraum. Selbstständige können in der Regel die Form, in der sie ihr Unternehmen organisieren, stark beeinflussen. Zudem haben sie per Definition keine Vorgesetzten und verfügen daher über überdurchschnittlich viel Handlungsspielraum. Im Rahmen einer Längsschnittuntersuchung[3] schätzten Selbstständige ihren Handlungs- und Entscheidungsspielraum nach der Existenzgründung deutlich höher ein als abhängig Beschäftigte (Frese, Fay & Zempel, 1999).

Partizipation. Selbstständige partizipieren stets an wichtigen Entscheidungen. Und wenn wir annehmen, dass die psychologisch interessante Komponente von Partizipation das Kontrollerleben darstellt, dann sollte dieses bei Selbstständigen deutlich stärker ausgeprägt sein als bei abhängig Beschäftigten. Tatsächlich war in der bereits erwähnten Studie (Frese et al., 1999a) festzustellen, dass Selbstständige infolge ihrer Selbstständigkeit im Vergleich zu abhängig Beschäftigten eine signifikante Zunahme der individuellen Kontrollkognitionen angaben. Neben der stärkeren Ausprägung des Kontrollerlebens bei Unternehmern, fordert die selbstständige Tätigkeit auch die Übernahme von Kontrolle und Verantwortung ein. Der Passung zwischen gewährter Kontrolle und den persönlichen Handlungspräferenzen kommt daher eine zentrale Rolle zu. So hatten Unternehmer, die in der Studie von Frese et al. (1999b) weniger bereit waren, Kontrolle zu übernehmen, einen geringeren wirtschaftlichen Erfolg sowohl was persönliches Einkommen als auch die Größe des Unternehmens anging. Außerdem waren sie unabhängig vom wirtschaftlichen Erfolg insgesamt weniger zufrieden mit ihrer Arbeit als jene, die sich Entscheidungen ungern abnehmen lassen.

---

[3] Die Daten wurden im Rahmen eines von der DFG geförderten Projekts AHUS (Aktives Handeln in Umbruchsituationen, Leiter: Prof. Dr. Michael Frese, Universität Gießen; vgl. Frese, Fay & Zempel, 1999a) erhoben.

Soziale Unterstützung. Einschränkungen sind bei Selbstständigen allerdings hinsichtlich des Faktors „soziale Unterstützung" am Arbeitsplatz zu machen, der ebenfalls oft in seiner Pufferfunktion untersucht wurde (vgl. Frese & Semmer, 1991; Parkes et al., 1994; Terry & Jimmieson, 1999). Im Gegensatz zu abhängig Beschäftigten verfügen Selbstständige weder über Kollegen (im klassischen Sinne) noch über Vorgesetzte. Während letzteres von Selbstständigen wohl als Vorzug der Selbstständigkeit angesehen wird (vgl. Galais, 1998), kann das Fehlen gleichgestellter Kollegen als Mangel empfunden werden. Auch wenn Selbstständige über unterstellte Mitarbeiter verfügen, dürfte das hierarchische Ungleichgewicht die Unterstützung erschweren. Außerdem können sich Selbstständige während der Anfangszeit zumeist keine Mitarbeiter leisten und sind daher oft auf sich allein gestellt. Gerade weil sich der innerbetriebliche Kontakt häufig auf die Mitarbeiter beschränkt, kann die Beziehung zu ihnen große Bedeutung haben. Beispielsweise dachten Unternehmer (Frese et al., 1999b), die die Beziehung zu ihren Kollegen mit wechselseitigem Respekt und Vertrauen beschrieben, seltener daran, ihr Unternehmen aufzugeben. In der Stichprobe hatten sich zudem einige Unternehmer gemeinsam mit anderen selbstständig gemacht (vgl. Utsch & Frese, 1998) und jene unter ihnen, die über eine gute Zusammenarbeit mit ihren Geschäftspartnern berichteten, waren unabhängig vom wirtschaftlichen Erfolg insgesamt auch zufriedener mit ihrer Arbeit. Hier scheinen sich spezifische Möglichkeiten der sozialen Unterstützung für Unternehmer zu ergeben, die möglicherweise stärker als in abhängigen Arbeitsverhältnissen durch den Geist der „gemeinsamen Sache" geprägt sind. Die soziale Unterstützung im Arbeitsumfeld der Unternehmer ist deshalb von besonderer Bedeutung, da sie im privaten Bereich durch die zeitliche Beanspruchung gefährdet sein kann (siehe Abschnitt 3. Umso mehr kann davon ausgegangen werden, dass der sozialen Unterstützung im Privatleben eine hohe Bedeutung für das Befinden und die Einstellung der Unternehmer zukommt (vgl. auch Sargent & Terry, 1998). Beispielsweise berichteten in der Studie von Frese et al. (1999b) Unternehmer, die den Eindruck hatten, seit der Unternehmensgründung Freunde verloren zu haben, vermehrt von psychosomatischen Beschwerden, geringerer Arbeitszufriedenheit und verstärkten Überlegungen, die Selbstständigkeit aufzugeben. Neben den sozialen Ressourcen am Arbeitsplatz scheint sich somit auch das private Umfeld als wichtige Quelle sozialer Unterstützung zu erweisen.

Intrinsische Arbeitsmotivation. Ausgehend von Überlegungen zur Entstehung der intrinsischen Arbeitsmotivation lassen sich weitere Ressourcen im Kontext der Selbstständigkeit identifizieren. Bekanntlich gehen Hackman und Oldham (1980) davon aus, dass folgende fünf Faktoren zu hoher intrinsischer Arbeitsmotivation führen: Variabilität, Ganzheitlichkeit, Bedeutsamkeit, Autonomie und Feedback. Zwar dürfte es zunächst auch darauf ankommen, an welche Gruppe von Selbstständigen man denkt, wenn die Frage gestellt wird, ob das Motivationspotenzial der Arbeit Selbstständiger ganz besonders stark ausgeprägt ist - man denke etwa an den Unterschied zwischen einem freischaffenden Künstler und einem Transportunternehmer. Berücksichtigt man die oben angeführten Befunde zum Handlungs- und Entscheidungsspielraum Selbstständiger können wir aber festhalten, dass insbesondere die Autonomie in der Tätigkeit durchschnittlich höher ausgeprägt ist als bei abhängig Erwerbstätigen.

Zusätzlich lässt sich argumentieren, dass eine hohe Ausprägung dieser Faktoren („Kernmerkmale") besonders intensiv wirkt. Denn bekanntlich ist das Wachstumsbedürfnis der betreffenden Personen Moderator der Wirkung der Kernmerkmale (vgl. Warr, Cook & Wall, 1979). Dass das Wachstumsbedürfnis bei Selbstständigen überdurchschnittlich stark ausgeprägt ist, konnte in verschiedenen Untersuchungen gezeigt werden. So fand sich in der Längsschnittstudie von Frese et al. (1999a), dass zukünftig Selbstständige sogar schon im Vorfeld der Selbstständigkeit ein signifikant höheres Wachstumsbedürfnis angaben als im weiteren abhängig Erwerbstätige (vgl. auch Zempel, 1999). Kopelmann et al. (1990) fanden für den US-amerikanischen Raum beispielsweise, dass das Involvement von Selbstständigen in ihre Arbeitstätigkeit deutlich stärker ausgeprägt war als dasjenige von abhängig Beschäftigten. Ähnliches ergab für den deutschsprachigen Raum ein Vergleich des Involvements von abhängig Beschäftigten (Moser & Schuler, 1993) und Selbstständigen (Moser & Schuler, 1999).

Bevor wir nun im weiteren genauer auf einzelne Belastungsfaktoren Selbstständiger eingehen, können wir zunächst als Zwischenfazit festhalten, dass zwar der ein oder andere Belastungsfaktor möglicherweise bei Selbstständigen stärker ausgeprägt sein dürfte, sich aber aufgrund

- ihrer spezifischen Ressourcen,
- des - zumindest hinsichtlich des Kernmerkmals „Autonomie" - hohen Motivationspotenzials ihrer Tätigkeit und
- ihres hohen Wachstumsbedürfnisses

die Beanspruchungsintensität in Grenzen halten sollte.

3. Arbeitszeiten

Betrachtet man selbstständige Unternehmer, so stellt man fest, dass deren wöchentliche Arbeitszeit meist 50 Stunden deutlich überschreitet. Die Ergebnisse der Untersuchung von Frese et al. (1999a) mögen dies illustrieren, denn dort zeigte sich, dass der Umfang der Freizeit pro Tag bei Selbstständigen deutlich geringer ausfällt als bei abhängig Erwerbstätigen. Hier drängen sich gleich mehrere Fragen auf. Gehen Selbstständige beim Aufbau ihrer Unternehmung an die Grenzen der eigenen Belastungsfähigkeit? Leidet ihre Lebensqualität unter der Länge ihrer Arbeitszeit? Handeln diese Unternehmer womöglich aus der Not heraus, weil sie sich beispielsweise keine entsprechende Anzahl von qualifizierten Mitarbeitern leisten können, die ihre eigene Arbeitszeit verringern könnten?

Langes Arbeiten ist ein klassischer Stressor, der sowohl zu einer starken psychophysischen Beanspruchung als auch zu psychosozialen Konflikten beitragen kann. Insbesondere ist an die potenzielle Vernachlässigung von Partner, Familie und Freizeit bzw. Erholungsphasen zu denken (vgl. Büssing, Natour & Glaser, 1995). Wirken sich diese überdurchschnittlich hohen Arbeitszeiten nun tatsächlich belastend aus?

In der Untersuchung von Frese et al. (1999a) schien sich die geringe Freizeit bei den Selbstständigen nicht als Beanspruchung auszuwirken. Ein niedriger Umfang an Freizeit stand nicht im Zusammenhang mit Belastungssymptomen. Statt dessen konnte sogar festgestellt werden, dass bei Selbstständigen ein hoher Anteil an Freizeit mit negativem emotionalem Befinden (negative Affektivität, vgl. Watson, Clark & Tellegan, 1988) korreliert. Da ein hoher Anteil an Freizeit auf eine schlechte Auftragslage zurückzuführen sein könnte, wurde der Einfluss der wirtschaftlichen Lage des Unternehmens kontrolliert. Der Zusammenhang zwischen Freizeit und negativem emotionalem Befinden fiel in diesem Fall zwar geringer aus, blieb aber tendenziell erhalten. Demgegenüber fand sich bei abhängig Erwerbstätigen kein Zusammenhang zwischen dem Umfang der Freizeit und dem emotionalen Befinden, sondern ein relativ geringer aber signifikanter Zusammenhang zu Belastungssymptomen wie Gereiztheit und Belastetheit.

Die Untersuchung des Zusammenhangs zwischen der Arbeitszeit und psychosomatischen Beschwerden in der ost- und westdeutschen Stichprobe von Selbstständigen (Frese et al., 1999b) ergab ebenfalls keinen signifikanten Zusammenhang zwischen der Wochenarbeitszeit und psychosomatischen Beschwerden. Dieser Zusammenhang wird allerdings durch die sozialen Beziehungen zu Familie und Freunden moderiert. D.h. Selbstständige, die angaben, wenig soziale Unterstützung durch Familie und Freunde zu erfahren, litten bei langen Arbeitszeiten sehr wohl unter psychosomatischen Beschwerden.

Relevant erscheint in diesem Kontext noch die Bedeutung des Zeitmanagements der Selbstständigen, also die Frage, wie mit der knappen Zeit umgegangen wird. Selbstständige, die ein gutes Zeitmanagement betreiben (d.h. Aussagen der folgenden Art zustimmen: „Ich werde selten von unerwünschten Unterbrechungen gestört"; „Ich strukturiere meinen Tag zeitlich vor"; „Ich kann ´nein´ sagen, wenn ich etwas Wichtigeres zu tun habe"), gaben weniger psychosomatische Beschwerden an, als Selbstständige mit einem weniger stark ausgeprägten Zeitmanagement.

Zusammenfassend läßt sich schlussfolgern, dass lange Arbeitszeiten bei Selbstständigen keinen systematischen Beanspruchungsfaktor mit entsprechenden psychosomatischen Belastungssymptomen darstellen, wie es bei abhängig Beschäftigten der Fall ist, und der Umfang der Freizeit bei Selbstständigen eine andere Bedeutung zu haben scheint als bei abhängig Beschäftigten. Der Umfang der Freizeit ist bei Selbstständigen zwar geringer, aber dieser Freizeitumfang scheint für Selbstständige wohl weniger als für abhängig Beschäftigte eine Ressource bei der Bewältigung der Arbeitsbelastungen zu sein. Als Faktoren, die die Entstehung von Stresssymptomen reduzieren können, haben sich die soziale Unterstützung durch die Familie und Freunde und ein gutes Zeitmanagement erwiesen.

Abgesehen von Belastungssymptomen lassen sich aber auch negative Effekte einer langen Arbeitszeit auf die Arbeitszufriedenheit vermuten. Aber auch diesbezüglich fand sich beispielsweise in der Untersuchung von Frese et al. (1999b) kein signifikanter Zusammenhang zwischen der Länge der Arbeitszeit und der allgemeinen Arbeitszufriedenheit. Gleiches galt für die Prognose der zukünftigen frei verfügbaren Arbeitszeit, die um so geringer ausfiel, je mehr die Selbstständigen gegenwärtig arbeiteten; auch hier ergaben sich keine Zusammenhänge zu psychosomatischen Beschwerden oder zur Arbeitszufriedenheit. Der Zusammenhang der wöchentlichen Arbeitszeit und Arbeitszufriedenheit wurde jedoch durch den wirtschaftlichen Erfolg, genauer das Einkommen, moderiert. Bei Selbstständigen mit geringerem Einkommen ergab sich sehr wohl ein negativer Zusammenhang zwischen Arbeitszeit und Arbeitszufriedenheit, d.h. bei weniger Erfolgreichen leidet die Arbeitszufriedenheit sehr wohl unter den hohen Arbeitszeiten im Gegensatz zu jenen, die erfolgreich sind.

Neben dem wirtschaftlichen Erfolg war ebenfalls die soziale Unterstützung durch die Familie und Freunde Moderator zwischen langen Arbeitszeiten und Arbeitszufriedenheit. Selbstständige, die angaben, wenig soziale Unterstützung zu erfahren, waren bei langen Arbeitszeiten unzufriedener als Selbstständige mit sozialer Unterstützung (Frese et al., 1999b).

Betrachtet man diese Ergebnisse, bleibt zu überlegen, welcher Faktor nun ursächlich den Wirkungszusammenhang zwischen langen Arbeitszeiten und der Arbeitsunzufriedenheit der Selbstständigen bestimmt. Lange Arbeitszeiten, die, wie festzustellen war, beim größten Teil der Selbstständigen üblich sind, führen nicht *per se* zu Arbeitsunzufriedenheit. Ist es aber nun der mangelnde Erfolg, der in Kombination mit hohen Arbeitszeiten dann zu Unzufriedenheit führt, oder wird aufgrund des mangelnden Erfolgs und der Unzufriedenheit erst länger gearbeitet, um den geringen Erfolg zu kompensieren? Führen ein nur wenig unterstützendes soziales Netzwerk in Kombination mit Arbeitsunzufriedenheit dazu, dass Selbstständige noch mehr Zeit in die Arbeit investieren, oder bedingen die lange Arbeitszeit und geringe Unterstützung durch ein soziale Netzwerk erst die Arbeitsunzufriedenheit? Zu untersuchen bleibt die Frage, ob lange Arbeitszeiten das soziales Netzwerk gefährden oder weniger tragfähige soziale Netzwerke längere Arbeitszeiten erfordern.

In dem obigen Abschnitt wurde die Rolle der Arbeitszeit bei Selbstständigen diskutiert. Dabei wurden nur wenige Aspekte der Arbeitszeit betrachtet, nämlich die wöchentliche Arbeitszeit, das Arbeiten an Sonn- und Feiertagen und der Umfang der Freizeit pro Tag. Das Konstrukt Arbeitszeit ist allerdings komplexer. So kann man mindestens folgende Facetten voneinander unterscheiden: wöchentliche Arbeitszeit in Stunden, Urlaubstage im Jahr, Lebensarbeitszeit in Jahren, Länge eines Arbeitstages sowie Lage der Arbeitszeit (Tag- und Nachtschicht, Wochenende und Feiertage). Welche spezifischen Beanspruchungswirkungen sich hieraus ergeben, bedarf weiterer Untersuchungen.

4. Die finanzielle Situation

Die finanzielle Situation von Selbstständigen zu analysieren, ist aus verschiedenen Gründen interessant, wenn man sich mit den psychosozialen Auswirkungen von Selbstständigkeit befasst. Insbesondere der Beginn einer selbstständigen Existenz ist oft durch eine zumindest zeitweilig prekäre finanzielle Situation gekennzeichnet. Zunächst sei darauf hingewiesen, dass die Bedeutung der finanziellen Situation im Sinne eines hohen persönlichen Einkommens für Selbstständige durchaus kontrovers diskutiert wird. Teilweise wurde etwa vermutet, dass die finanzielle Situation deshalb nur bedingt Auswirkungen habe, weil ihr ohnehin keine besonders hohe Bedeutung zukomme, woraus sich schwächere Auswirkungen auf andere Bereiche des Erlebens und

Verhaltens ergeben müssten. Zwei Befunde scheinen uns in diesem Zusammenhang beispielhaft erwähnenswert. In einer Studie war festzustellen, dass nicht wenige Selbstständige angeben, ökonomische Motive seien gerade nicht die dominantesten bei der Entscheidung für die Selbstständigkeit gewesen (Galais, 1998). In einer anderen Untersuchung (Moser & Schuler, 1999) baten wir um eine Rangreihung verschiedene Gründe, und auch hier ergab sich, dass eher tätigkeitsbezogene Motive (z.B. „sein eigener Herr sein zu wollen") im Vordergrund standen.

Einschränkend muss allerdings darauf hingewiesen werden, dass solche Untersuchungen und insbesondere Antworten zur Frage, welche Bedeutung denn das Einkommen für Menschen hat, öfter zu verzerrten Ergebnissen führen. Befragte scheinen dazu zu neigen, die Bedeutung dieses Faktors eher zu untertreiben, wie auch die Forschung zu den Determinanten der Organisationswahl gezeigt hat (Schuler & Moser, 1993). Womöglich ist eine differenzierte Betrachtung angebracht, wonach der Stellenwert der (augenblicklichen) finanziellen Lage mit dem (zurückliegenden) Gründungsmotiv kontingent ist: wer sich aufgrund einer unbefriedigenden Arbeitssituation in einer abhängigen Beschäftigung selbstständig macht, wird (zumindest für einen bestimmten Zeitraum) weniger sensibel auf eine weniger exzellente Einkommenssituation reagieren als Selbstständige, die eine klare Vorstellung von einer Produktidee und einer Marktlücke hatten (Moser & Schuler, 1999). Betrachten wir nun aber die möglichen Auswirkungen der finanziellen Situation genauer.

Im Rahmen der längsschnittlichen Untersuchung von Frese et al. (1999a) war festzustellen, dass nach Beginn der Selbstständigkeit der monatliche Verdienst deutlich anstieg. In der ost- und westdeutschen Stichprobe (Frese et al., 1999b) erzielten mehr als die Hälfte der Unternehmer eine Einkommenssteigerung. Je höher die Einkommenseinbußen durch die Selbstständigkeit ausfielen, desto eher dachten die Selbstständigen an eine Aufgabe des Unternehmens. Ein starker Einkommenseinbruch scheint die Unternehmer somit zu entmutigen, unabhängig vom absoluten Einkommen, über das sie derzeit verfügen. Die Einkommenseinbußen hatten im übrigen keinen signifikanten Einfluß auf die Arbeitszufriedenheit oder das Ausmaß an psychosomatischen Beschwerden.

Die finanzielle Situation von Selbstständigen wird neben dem persönlichen Einkommen noch durch weitere Aspekte bestimmt. Die Gründung eines Unternehmens ist oft mit hohen Investitionen verbunden. Vor allem Selbstständige, die in ihrer vorherigen Beschäftigung weniger verdienten, waren hierbei auf Fremdfinanzierung des Startkapitals angewiesen (Frese et al., 1999b). Jene Selbstständigen, die einen hohen Teil ihres Startkapitals fremd finanzieren mussten, litten häufiger unter psychosomatischen Beschwerden. Nun ist denkbar, dass sich alleine die Höhe der Anfangsinvestitionen negativ auf die Befindlichkeit der Selbstständigen auswirkt, da mehr Geld „auf dem Spiel steht". Die absolute Höhe des Startkapitals hatte jedoch im Gegensatz zur anteiligen Fremdfinanzierung keinen Einfluß auf die Befindlichkeit der Selbstständigen. Der Zusammenhang zwischen Fremdfinanzierung und psychosomatischen Beschwerden blieb außerdem auch bei Kontrolle der Höhe des Startkapitals tendenziell erhalten. Somit scheint nicht die Investitionshöhe als solche belastend zu wirken, sondern vor allem die Schuldensituation, die sich durch die Fremdfinanzierung ergibt.

In der Längsschnittstudie von Frese et al. (1999a) wurde untersucht, welchen Einfluss die finanzielle Situation auf die Befindlichkeit Selbstständiger im Vergleich zur Befindlichkeit abhängig Beschäftigter hatte. Eine finanziell angespannte Situation führte sowohl bei Selbstständigen als auch bei Nichtselbstständigen zu psychosozialen Belastungen, wobei die finanzielle Situation für Selbstständige stärkere Beanspruchungseffekte nach sich zog, als es bei Nichtselbstständigen der Fall zu sein schien. Die Art der Reaktion auf diese Situation fiel aber bei den beiden Gruppen unterschiedlich aus. Eine gut abgesicherte finanzielle Situation wies bei Nichtselbstständigen einen Zusammenhang mit der Arbeitszufriedenheit auf, bei Selbstständigen schien diese Situation nicht von systematischer Bedeutung für die Arbeitszufriedenheit zu sein. Ob Arbeitszufriedenheit bei Selbstständigen aufgrund deren besonderer Motivationslage (vgl. Abschnitt 2. erhöhtes Wachstumsbedürfnis) anders als bei abhängig Erwerbstätigen determiniert ist, müsste in Zukunft näher untersucht werden.

5. Autonomie

„Autonom" oder unabhängig sein zu wollen ist eines der besonders oft genannten Motive für die Gründung einer selbstständigen Existenz. Autonomie gilt auch in arbeitspsychologischen Modellvorstellungen als positives Merkmal von Arbeitstätigkeiten. Die Nähe zu den Konzepten des Handlungs- und Entscheidungsspielraums und der Kontrolle macht es zusätzlich attraktiv, handelt es sich doch dabei um die bekannteren Moderatoren („Puffer") der Wirkungen von Stressoren (vgl. Karasek 1979, 1990; Karasek & Theorell, 1990).

Ist vor diesem Hintergrund vorstellbar, dass sich aus der Selbstständigen gegebenen Autonomie auch eine Belastung ergeben könnte? Im Allgemeinen wäre ein solcher Effekt u.a. denkbar,

- wenn es zu einer Überforderung kommt,
- wenn hohe Autonomie mit eigenen Werthaltungen und Einstellungen in Konflikt gerät und
- wenn Autonomie bedeutet, schwierige bzw. unangenehme Entscheidungen fällen zu müssen.

Betrachten wir nun diese drei Ansatzpunkte.

Überforderung. Während es lange Zeit als gesichert galt, dass die Erhöhung des Motivationspotenzials (vgl. Abschnitt 2.) zumindest keine nachteiligen Auswirkungen haben kann, ist dies neuerdings in Frage gestellt worden. Insbesondere in der Untersuchung von Xie und Johns (1995) wurde gezeigt, dass ein sehr hohes Motivationspotenzial der Arbeit mit zunehmender emotionaler Erschöpfung einhergehen kann. Bedenken wir allerdings, dass Selbstständige ein überdurchschnittlich hohes Wachstumsbedürfnis haben und eigentlich auch schon deshalb gerade Situationen mit hohem Motivationspotenzial - eben selbstständige Tätigkeiten - suchen sollten, dann dürfte die Wahrscheinlichkeit des Auftretens eines solchen Effekts eher gering sein. Tatsächlich fand sich in den Untersuchungen kein Beleg für solch einen „Überforderungseffekt". Vielmehr zeigte sich, dass Selbstständige ihre Berufstätigkeit in Bezug auf die Leistungsherausforderung, die Kompetenzentfaltung und die Selbstverwirklichung befriedigender bewerteten als abhängig Beschäftigte (Müller, 1999). In der Längsschnittuntersuchung von Frese et al. (1999a) waren bei den Selbstständigen keine negativen Effekte der Autonomie festzustellen. Autonomie im Sinne von Entscheidungs- und Handlungsspielraum wies vielmehr einen negativen Zusammenhang mit Beanspruchungssymptomen auf. Interessant ist die Bedeutung des Handlungsspielraums für die Arbeitszufriedenheit. Ein großes Ausmaß an Handlungsspielraum trug unabhängig vom wirtschaftlichen Erfolg des Unternehmens zur Arbeitszufriedenheit Selbstständiger bei. Berücksichtigt man, dass sich Existenzgründer durch eine hohe Selbstwirksamkeit und ein hohes Wachstumsbedürfnis auszeichnen (Zempel, 1999), wird deutlich, dass Autonomie weniger eine Überforderung, sondern wohl vor allem eine Ressource für sie darstellt.

Werthaltungen und Einstellungen. Dass die hohe Autonomie mit eigenen Werthaltungen oder Einstellungen in Konflikt geraten könnte, mag bei Selbstständigen geradezu paradox anmuten. Tatsächlich finden sich auch hier eher gegenteilige Belege. Denn der Wunsch nach Autonomie steht häufig an der Spitze der Gründungsmotive. Bereits vor Beginn der Selbstständigkeit waren in der Untersuchung von Frese et al. (1999a) die Kontrollablehnung gering und das Innovationsinteresse wie auch die Abwechslungsbereitschaft am Arbeitsplatz hoch ausgeprägt (vgl. auch Zempel, 1999). Auch bei retrospektiven Befragungen wird als Beweggrund für die Selbstständigkeit vor allem der Wunsch „sein eigener Herr" zu sein angegeben (Galais, 1998).

Unangenehme Entscheidungen. Viel zu oft wird die Realität selbstständiger Tätigkeit idealisiert. Kontrolle über an sich unangenehme Entscheidungen zu haben, so z.B. Kritikgespräche führen oder gar Mitarbeiter freisetzen zu müssen, dürfte nicht unbedingt angenehm sein. Über diese spezifischen Konflikte ist bisher nur sehr wenig bekannt. In der bereits erwähnten Untersuchung von Moser und Schuler (1999) fanden sich erste Hinweise auf eine gewisse Problematik. Es zeigte sich nämlich, dass Personen, die angaben, demnächst in ihrem Unternehmen Personal abbauen zu müssen, auch mit ihrem Leben insgesamt weniger zufrieden waren. In der Stichprobe ost- und westdeutscher Selbstständiger (Utsch & Frese, 1998, Frese et al., 1999b) konnte demgegenüber kein genereller Zusammenhang zwischen der Arbeitszufriedenheit und einer zurückliegenden Kündigung von Mitarbeitern gefunden werden, auch wenn diese Kündigung nicht durch Rationalisierungsmaßnahmen, sondern durch Probleme mit den Mitarbeitern oder finanzielle Schwierigkeiten bedingt war. Allerdings kam der Kontrollablehnung eine moderierende Rolle für den Zusammenhang zwischen Kündigung von Mitarbeitern und Arbeitszufriedenheit sowie zwischen Kündigung von Mitarbeitern und psychosomatischen Belastungen zu. Unternehmer, die bereit sind, Kontrolle und Verantwortung zu übernehmen, leiden stärker darunter, Mitarbeiter kündigen zu müssen, was ihre Arbeitszufriedenheit und die Höhe der psychosomatischen Beschwerden betrifft, als Selbstständige, die einen geringeren Umfang an Kontrolle und Verantwortung bevorzugen. Hier zeigt sich der „Fluch der Verantwortlichkeit"; in ungünstigen, unerwünschten Situationen, trägt sie dazu bei, „die Dinge schwerer zu nehmen".

6. Diskussion und Fazit

Im vorliegenden Beitrag wollten wir einige weiterführende Überlegungen zur Belastungs- und Beanspruchungssituation Selbstständiger anstellen sowie über Befunde berichten, die einen Teil der betreffenden Problempunkte zu illustrieren vermögen. Wir sind hierbei nur selektiv auf die vorliegende Literatur eingegangen, da es vor allem unser Ziel war, die arbeitspsychologisch prekäre Situation selbstständig tätiger Personen thesenartig herauszuarbeiten und mit einigen Befunden zu illustrieren.

Als besondere Belastungen in der Arbeitstätigkeit Selbstständiger sind lange Arbeitszeiten, finanzielle Probleme in Form einer hohen Verschuldung und ein großes Ausmaß an Kontrolle und Verantwortung zu nennen. Einen systematisch negativen Effekt scheint aber nur die hohe Verschuldung auf das Beanspruchungsniveau zu haben. Lange Arbeitszeiten führen nur im Zusammenhang mit geringem wirtschaftlichen Erfolg oder einer geringen Unterstützung durch das soziale Umfeld zu einer ungünstigen Beanspruchung. Obwohl sich eine Reihe an prekären Belastungssituationen und -faktoren anführen lassen, sind nur in spezifischen Konstellationen Stresswirkungen und Anzeichen psychosomatischer Überlastung festzustellen. Wie ist dies zu erklären? Selbstständige weisen tatsächlich aufgrund ihrer Persönlichkeit, ihrer Einstellungen und ihrer Humanressourcen eine Reihe von Merkmalen auf, die bei der Bewältigung dieser belastenden Situationen hilfreich erscheinen. Im Sinne günstiger Humanressourcen können sie eine hohe Qualifikation und Branchenkenntnisse nutzen. Geringe Kontrollablehnung, eine hohe Selbstwirksamkeit und ein hohes Wachstumsbedürfnis passen besonders gut zu Arbeitstätigkeiten mit einem großen Umfang an Autonomie, Handlungs- und Entscheidungsspielraum sowie Kontrolle und Verantwortung. Diese arbeitspsychologischen Merkmale zeichnen zudem eine Tätigkeit mit einem hohen Motivationspotenzial aus, auf welches Personen mit einem hohen Wachstumsbedürfnis besonders stark reagieren.

Damit kommen wir zu dem Schluss, dass die Arbeitstätigkeit als Selbstständiger eine ganze Reihe an Belastungssituationen birgt. Durch Selbst- und Fremdselektion scheinen aber Personen, die sich zur Selbstständigkeit entschließen, über entsprechende Ressourcen zu verfügen bzw. solche in der Arbeitstätigkeit zu nutzen. Solange diese Ressourcen vorhanden sind, ist eher von einer Situation der Herausforderung auszugehen. Gibt es im Bereich dieser persönlichen und situativen Merkmale jedoch Defizite, ist die Gefahr einer langfristig schädigenden Beanspruchung gegeben.

Literatur

Bamberg, E. (1992). Stressoren in der Erwerbsarbeit und in der Freizeit: Zusammenhänge mit psychischen Befindensbeeinträchtigungen. *Zeitschrift für Arbeits- und Organisationspsychologie, 36,* 84-91.

Brüderl, J., Preisendörfer P. & Ziegler, R. (1992). Survival chances of newly founded business organizations. *American Sociological Review, 57,* 227-242.

Büssing, A., Natour, N. & Glaser, J. (1995). Arbeitszeit und Arbeitszeitwünsche in der Krankenpflege. In A. Büssing & H. Seifert (Hrsg.), *Sozialverträgliche Arbeitszeitgestaltung* (S.149-166). München: Hampp.

Frese, M. & Semmer, N. (1991). Stressfolgen in Abhängigkeit von Moderatorvariablen: Der Einfluß von Kontrolle und Sozialer Unterstützung. In S. Greif, E. Bamberg, N. Semmer (Hrsg.), *Psychischer Stress am Arbeitsplatz* (S.135-154). Göttingen: Hogrefe.

Frese, M. (1998) (Hrsg.). *Erfolgreiche Unternehmensgründer.* Göttingen: Verlag für Angewandte Psychologie

Frese, M. Fay, D. & Zempel, J. (1999a). Längsschnittuntersuchung zum Aktiven Handeln in einer Umbruchsituation. *Unveröffentl. Manuskript*: Universität Gießen

Frese, M., Utsch, A., Rauch, A. & Galais, N. (1999b*).* Untersuchung zu den Determinanten unternehmerisch erfolgreichen Handelns. *Unveröffentl. Manuskript:* Universität Gießen

Galais, N. (1998). Motive und Beweggründe für die Selbstständigkeit und ihre Bedeutung für den Erfolg. In M. Frese (Hrsg.), *Erfolgreiche Unternehmensgründer* (S. 83-98). Göttingen: Verlag für Angewandte Psychologie.

Greif, S. (1989). Stress. In S. Greif, H. Holling & N. Nicholoson (Hrsg.), Arbeits- und Organisationspsychologie. *Internationales Handbuch in Schlüsselbegriffen* (S. 432-439). München: Psychologie Verlags Union.

Harris, J.A., Saltstone, R.& Fraboni, M. (1999). An evaluation of the Job Stress Questionnaire with a sample of entrepreneurs. *Journal of Business and Psychology, 13*, 447-455.

Karasek, R.A. & Theorell, T. (1990). *Healthy work. Stress, productivity, and the reconstruction of working life.* New York: Basic Books.

Karasek, R.A. (1979). Job demands, job decision latitude and mental strain: implications for job redesign. *Administrative Science Quarterly, 24*, 285-308.

Karasek, R.A. (1990). Lower health risk with increased job control among white collar workers. *Journal of Organizational Behavior, 11*, 171-185.

Moser, K. & Schuler, H. (1999). Zum Problem der Heterogenität unternehmerischen Erfolgs. In K. Moser, B. Batinic & J. Zempel (Hrsg.), *Unternehmerisch erfolgreiches Handeln* (S. 31-42). Göttingen: Verlag für Angewandte Psychologie.

Moser, K., Batinic, B. & Zempel, J. (1999). Unternehmerisch erfolgreiches Handeln: Einleitung und Überblick. In K. Moser, B. Batinic & J. Zempel (Hrsg.), *Unternehmerisch erfolgreiches Handeln* (S. 3-14). Göttingen: Verlag für Angewandte Psychologie.

Müller, G. F. (1999). Dispositionelle und biographische Bedingungen beruflicher Selbstständigkeit. In K. Moser, B. Batinic & J. Zempel (Hrsg.), *Unternehmerisch erfolgreiches Handeln* (S. 173-192). Göttingen: Verlag für Angewandte Psychologie.

Parkes, K.R., Mendham, C.A. & von Rabenau, C. (1994). Social support and the demand discretion model of job stress: Tests of additive and interactive effects in two samples. *Journal of Vocational Behavior, 44*, 91-113.

Sargent, L.D. & Terry, D.J. (1998). The effects of work control and job demands on employee adjustment and work performance. *Journal of Occupational and Organizational Psychology, 71*, 219-236.

Schuler, H. & Moser, K. (1993). Entscheidung von Bewerbern. In K. Moser, W. Stehle & H. Schuler (Hrsg.) Personalmarketing (S. 51-75). Göttingen: Verlag für Angewandte Psychologie.

Semmer, N. (1988⁴). Stress. In R. Asanger & G. Wenninger (Hrsg.), *Handwörterbuch der Psychologie* (S. 744-752). München: Psychologie Verlags Union.

Terry, D.J. & Jimmieson, N.L. (1999). Work control and employee well-being: A decade review. In C.L. Cooper & I. T. Robertson (Ed), *International Review of Industrial and Organizational Psychology, Vol.14* (pp. 95-148). Chichester: Wiley.

Thompson, C. A., Kopelman, R. E. & Schriesheim, C. A. (1992). Putting all one's eggs in the same basket: A comparison of commitment and satisfaction among self- and organizationally employed men. *Journal of Applied Psychologie, 77*, 738-743.

Utsch, A. & Frese, M. (1998). Unternehmer in Ost und Westdeutschland: Unsere Stichprobe und beschreibende Ergebnisse. In M. Frese (Hrsg.), *Erfolgreiche Unternehmensgründer*. (S. 47-58), Göttingen: Verlag für Angewandte Psychologie.

Warr, P.B., Cook, J. & Wall, T.D. (1979). Scales for the measurement of some work attitudes and aspects of psychological well-being. *Journal of Occupational Psychology, 52*, 129-148.

Watson, D. & Clark, L. A. & Tellegan, A. (1988). Developement and validation of brief measures of positive and negative affect: The PANAS- scales. *Journal of Personality and Social Psychology, 54*, 1063-1070.

Xie, J.L. & Johns, G. (1995). Job scope and stress: Can job scope be to high? *Academy of Management Journal, 38*, 1288-1309.

Zempel, J. (1999) Selbstständigkeit in den neuen Bundesländern: Prädiktoren, Erfolgsfaktoren und Folgen. In K. Moser, B. Batinic & J. Zempel (Hrsg.), *Unternehmerisch erfolgreiches Handeln* (S. 69-92), Göttingen: Verlag für Angewandte Psychologie.

Was machen international erfolgreich agierende Unternehmen besser?

Jürgen Wegge und André Dreißen

1. Internationalisierung und Globalisierung

Die Begriffe „Internationalisierung" und „Globalisierung" fallen derzeit in nahezu jeder Diskussion über wirtschaftliche Fragen. Leider wird oft versäumt, genauer zu definieren, was man damit eigentlich meint. Der weitergehende Begriff ist die Internationalisierung. In der Betriebswirtschaftslehre versteht man darunter alle Formen und Phasen von Auslandstätigkeiten, in denen ein Unternehmen über die Grenzen seines Stammlandes hinaus aktiv wird. Es lassen sich zumindest vier verschiedene Strategien benennen, mit denen dieses Ziel erreicht werden kann (vgl. Lube, 1996; Meffert, 1990; Rall, 1997), und Globalisierung ist lediglich eine dieser Strategien. Die *Globalisierungsstrategie* ist dadurch gekennzeichnet, dass Unternehmen versuchen, möglichst identische Produkte gezielt für den Weltmarkt zu entwickeln und zentral koordiniert zu verkaufen (etwa in der Flugzeugindustrie). Bei der *Exportstrategie* produziert das Unternehmen hingegen explizit für den Heimatmarkt. Die identischen Produkte werden dann aber auch auf einigen besonders geeigneten Auslandsmärkten angeboten (z.B. in der Textilindustrie). Eine dritte Internationalisierungsvariante ist die *Einzelmarktstrategie*. Produkte und Dienstleistungen werden gezielt den speziellen Bedürfnissen jedes Landes angepasst und auf der Basis weitgehend unabhängiger Wertschöpfungsketten in einzelnen Landesgesellschaften vertrieben (etwa bei Versicherungen). Bei der *Interaktionsstrategie* werden schließlich Produkte ebenfalls für den Weltmarkt hergestellt. Man versucht aber gleichzeitig, lokalen Erfordernissen Rechnung zu tragen und durch eine intensive Interaktion zwischen den Standorten auf eine zentrale Koordination zu verzichten (etwa beim Anlagenbau oder in der Telekommunikationsindustrie).

Die zunehmende Internationalisierung beeinflusst heute fast jeden Markt und jede Branche direkt oder indirekt. Durch E-Commerce und Internet sind die Konkurrenten ja oft nur noch einen Mausklick weit entfernt. Während es in der Vergangenheit zumeist nur wirkliche Großunternehmen waren, die sich mit ausländischen Wettbewerbern auseinandersetzen mussten, spüren heute auch kleine und mittelständische Unternehmen (KMU) den internationalen Wettbewerb immer deutlicher. Es stellt sich daher die Frage, mit welcher Strategie sich die ehemals erfolgreichen Existenzgründer am besten im internationalen Markt etablieren sollten und welche anderen Faktoren bei international tätigen Unternehmen, die noch keine echten *global players* geworden sind, den Unternehmenserfolg besonders fördern.

Wir haben für die im Folgenden dargestellte Untersuchung speziell diese Gruppe von Unternehmen ausgesucht - international arbeitende, mittelgroße Unternehmen aus der BRD mit mehreren Niederlassungen im Ausland -, weil hierzu bislang kaum Befunde vorliegen. Obwohl KMU und mittelgroße Unternehmen gesamtwirtschaftlich eine wichtigere Bedeutung haben als die weltweit operierenden Großunternehmen, sind diese bisher seltener erforscht worden (Nöcker, 1998). Wie Rauch und Frese (1998) darlegen, gibt es hierfür mehrere Gründe. Man nahm z.B. lange Zeit an, dass kleinere und mittelgroße Unternehmen ohnehin nur die „Kleinausgabe" der großen Unternehmen sind. Bei Unternehmen mittlerer Größe, die schon international tätig sind, kommt hinzu, dass die Persönlichkeit des Unternehmensgründers, die ja oft zentraler Gegenstand psychologischer Forschung in diesem Bereich gewesen ist (Klandt, 1994; Frank & Korunka, 1996; Gemünden & Konrad, 1999; vgl. auch die Beiträge von Müller und McKenzie in diesem Band), eher in den Hintergrund tritt. Welche Probleme mit den Erfordernissen einer internationalen Marktpräsenz einhergehen, hat die betriebswirtschaftliche Forschung aber schon intensiv untersucht. Die hier erarbeiteten Erkenntnisse sind auch Grundlage der von uns durchgeführten Studie bei 24 international tätigen Firmen mit Stammsitz in Deutschland.

2. Ausgewählte Erkenntnisse der Erfolgsfaktorenforschung

Die Suche nach den Wurzeln des unternehmerischen Erfolges, seinen Einflussgrößen und seiner Beherrschbarkeit, ist spätestens seit der vielbeachteten und ebenso stark kritisierten Untersuchung von Peters und Waterman im Jahre 1982 ein Schwerpunkt der betriebswirtschaftlichen Forschung und der Managementliteratur geworden. Im Mittelpunkt der Erfolgsfaktorenforschung steht die Suche nach den Gründen, warum ein Unternehmen erfolgreich ist und wie sich erfolgreiche Unternehmen von weniger erfolgreichen Unternehmen unterscheiden. Das auch dieser Untersuchung zugrunde liegende Konzept der kritischen Erfolgsfaktoren geht davon aus, dass die Unternehmung zwar sehr vielen Einflüssen („Multikausalität des Unternehmenserfolges") unterliegt, letztlich aber nur einige zentrale, kritische Faktoren für den Unternehmenserfolg besonders wichtig sind (Link, 1996). Solche Erfolgsfaktoren sind insbesondere dann von strategischer Relevanz, wenn sie kurzfristig veränderbar sind und gegenüber den Wettbewerbern auch einen kompetitiven Vor- oder Nachteil begründen können.

Die Arbeiten aus diesem Forschungsfeld (vgl. z.B. Göttgens, 1996; Hoffmann, 1986; Daschmann, 1994; Krüger & Schwarz, 1997; Peters & Waterman, 1993) zeigen, dass die Liste der wichtigsten Erfolgsfaktoren von Studie zu Studie variiert. Als Resultat werden zumeist vier bis acht Faktoren beschrieben, die für den Unternehmenserfolg besonders kritisch sein sollen. Ein Vergleich solcher Listen offenbart aber zugleich, dass einige Faktorenbündel nahezu in allen Untersuchungen als wichtig erkannt werden (z.B. Strategien, Struktur und Kultur), andere Faktoren hingegen weniger bedeutsam sind (z.B. Kundennähe oder Merkmale des betrieblichen Umfelds). Bei genauerer Analyse der jeweils zugrunde liegenden Arbeiten lässt sich allerdings schnell feststellen, dass eine echte Vergleichbarkeit der einzelnen Forschungsergebnisse aufgrund zahlreicher methodischer Probleme kaum gegeben ist. So konstatiert z.B. Gemünden (1991) auf Basis einer genauen Analyse von über 50 Studien aus dem Bereich der Exportwirtschaft, dass eine echte Aggregation der empirischen Befunde kaum möglich ist, weil in den Studien a) verschiedenste, nicht miteinander zusammenhängende Erfolgsmaße verwendet werden, b) oft völlig unterschiedliche Konstellationen von Variablen analysiert werden, c) die statistische Analyse zumeist nur explorativ ist und d) Schlussfolgerungen über die Bedeutsamkeit einzelner Faktoren nur zum Teil statistisch genauer beschrieben bzw. belegt werden. Hinzu kommen natürlich auch e) zahlreiche semantische Unterschiede. Der Begriff „Strategie" bedeutet in psychologisch fundierten Studien oft etwas völlig anderes (individuelle Pläne für die Problemlösung oder bestimmte Verhaltensmerkmale wie „Rückmeldungen einholen") als in betriebswirtschaftlichen Analysen (Preisstrategien, Qualitätsstrategien, Markteinführungsstrategien auf Ebene des Betriebs; siehe Rauch & Frese, 1998; S. 20-24).

Bei allen Schwächen und Problemen der Erfolgsfaktorenforschung (vgl. hierzu auch Dreißen, 1998; Frese, 1998; Gemünden & Konrad, 1999; Whipp, 1996) sollte aber nicht übersehen werden, dass mit diesem Ansatz immer wieder recht beeindruckende Unterschiede zwischen „guten" und „schlechten" Unternehmen aufgedeckt werden können. In einer neueren Studie bei 47 KMU des sächsischen Baugewerbes von Pichl und Richter (1998) zeigte sich z.B., dass erfolgreiche Unternehmen anhand von fünf verschiedenen Faktoren identifiziert werden können. Im Vergleich zu weniger erfolgreichen Firmen weisen diese a) eine größere Vielfalt von Lösungsstrategien für kritische Situationen auf, b) eine umfassendere Informationssuche und –analyse, c) eine langfristigere Planung, aktivere Werbung und intensivere Kooperation mit kompetenten Partnern, d) eine flachere Hierarchie und größere Verantwortungsdelegation und e) eine bessere innerbetriebliche Aufgabenverteilung. Diese Ergebnisse stehen durchaus im Einklang mit vielen organisationspsychologischen und betriebswirtschaftlichen Empfehlungen und Erkenntnissen. Sind die jeweils analysierten Faktoren in einer Studie theoretisch gut fundiert, machen die gewonnenen Befunde häufig durchaus Sinn und bieten dann auch einen guten Ausgangspunkt für die weitere Theoriebildung und -prüfung. Weil sich unser Augenmerk auf international agierende, mittelgroße Unternehmen richtet, haben wir – auch auf Grundlage der hier nur skizzierten Ergebnisse der Erfolgsfaktorenforschung - die folgenden fünf kontrollierbaren Erfolgssegmente (Abbildung 1) zur näheren Analyse festgelegt:

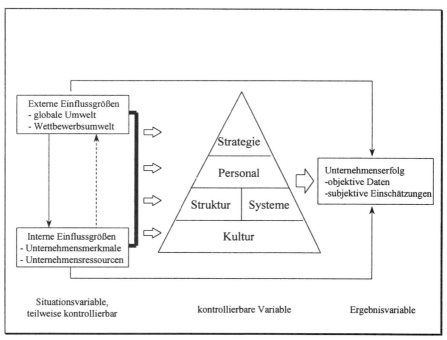

Abbildung 1: Modell von Einflussgrößen auf den Erfolg international tätiger Unternehmen

(I) „Internationalisierungsstrategie". Hierunter ist die Art der gewählten Internationalisierungsstrategie (s.o.) zu verstehen. (II) „Personal". Damit ist die Gesamtheit der Mitarbeiter und Führungskräfte sowie alle damit verbundenen Maßnahmen des „Human Resource Managements" gemeint. (III) „Struktur". Die Organisationsstruktur ist das Ergebnis zielgerichteten Gestaltens und wird durch festgelegte Regelungen und Verhaltensmaßgaben der Zusammenarbeit geprägt (Staehle, 1994). Wichtige Aspekte sind z.B. die Gliederungstiefe, Regeln der Entscheidungsfindung und die horizontale und vertikale Koordination der Unternehmung. (IV) „Systeme". Dieses Segment umfasst z.B. Führungskonzepte, Planungs- und Kontrollsysteme und verschiedene Merkmale von Informations- und Kommunikationssystemen (I&K) einer Organisation. (V) „Kultur". In der Unternehmenskultur spiegelt sich das grundlegende Wertesystem der Unternehmung wider. Bestimmte Symbole, Leitbilder, Verhaltensmuster und grundsätzliche Einstellungen und Annahmen sind hier von Belang (siehe z.B. Earley & Erez, 1997; Müller, 1999). Die fünf in dieser Arbeit ausgewählten Erfolgssegmente (zur weiteren Beschreibung siehe Abschnitt 3.2) bilden wohl das „Rückgrat" jedes unternehmerischen Handelns. Obwohl es durchaus möglich wäre, konkretere Hypothesen zu den einzelnen Segmenten und deren Teilfaktoren abzuleiten (Dreißen, 1998; Kleinbeck & Wegge, 1996; Wegge, 1998a,b, Wegge, 2000a,b), ist die hier durchgeführte Studie eher explorativer Natur. Für international tätige Unternehmen der BRD liegen unseres Wissens bisher nämlich kaum vergleichbare Befunde vor.

3. Stichprobe und Beschreibung des Fragebogens

Verschiedene Unternehmens-Datenbänke (u.a. Hoppenstedt) dienten als Auswahlinstrument zur Bestimmung der Stichprobe. Es wurden nur solche Unternehmen befragt, die über mindestens fünf Auslandsniederlassungen (Produktionsstätte, Vertriebsniederlassung) verfügten. Konzerne und Töchter ausländischer Großunternehmen in der BRD sowie „echte" *global players* (z.B. Siemens) wurden ausgeschlossen. Die Datenerhebung erfolgte über eine schriftliche Unternehmensbefragung mittels standardisierter Fragebögen (zu den Details vgl. Dreissen, 1998). Insgesamt umfasste die branchenübergreifende Unternehmensbefragung 117 Unternehmen. Bei 43 Reaktionen konnten 24 auswertbare Fragebögen zur Analyse genutzt werden, was einer Rücklaufquote von 20.5% entspricht. Die verwertbaren Antworten stammen – wie auch beabsichtigt war - von eher mittelgroßen Firmen (Mitarbeiterstamm zwischen 500 und 5000; Umsatz zwischen 500 Millionen bis 4 Milliarden DM), die nach den meisten Definitionen kaum noch als KMU bezeichnet werden können (vgl. die Definitionen bei Nöcker, 1998). Der von uns entwickelte Fragebogen umfasste drei wesentliche Teile.

3.1 Fragen zu allgemeinen Unternehmenskennzahlen

Im ersten Teil des Fragebogens werden allgemeine Unternehmenskennzahlen und Merkmale erfasst, z.B. Branchenzugehörigkeit, Umfang der Produktpalette, Beschäftigtenzahl, Anzahl der Auslandstöchter, Intensität der Nutzung internationaler Allianzen etc. Die hier erhobenen Daten dienen in erster Linie als Kontrollvariablen, weil beispielsweise die Beschäftigtenzahl Auswirkungen auf die Organisationsstruktur haben kann und in gewissen Grenzen auch den Unternehmenserfolg beeinflussen wird (vgl. z.B. Gemünden, 1991).

3.2 Fragenkatalog zu den fünf Erfolgssegmenten

Im Hauptteil des Fragebogens werden die Angaben zu den Erfolgsfaktoren der verschiedenen Erfolgssegmente erhoben. Für das Erfolgssegment Strategie wird die Art der Internationalisierungsstrategie anhand der oben dargestellten Abbildung 1 und entsprechender Erläuterungen erfragt. Die anderen Frageninhalte wurden mit Likertskalen erfasst (fünf oder sieben verbal verankerte Stufen, die nach der Intensität der Nutzung oder der Ausprägungsstärke der Merkmale fragen) und gliedern sich wie folgt:

Personal
- Qualifikationsniveau der Mitarbeiter
- Weiterbildungsmaßnahmen für die Führungskräfte
- Auslandseinsätze der Führungskräfte
- Lernförderung in der Organisation (Netzwerke, Kongressbesuche etc.)
- Personalplanung, Personalentwicklung und Bildungscontrolling
- Arbeitsmotivation, -zufriedenheit und Fluktuation

Systeme
- Merkmale der Gehalts- und Leistungsanreizsysteme
- Führungsinstrumente (Zielvereinbarung, partizipative Führung etc.)
- Planungs- und Kontrollinstrumente (Berichtswesen, Benchmarking etc.)
- Informations- und Kommunikationssysteme I (Einheitlichkeit, Handhabbarkeit, Vernetztheit etc.)

- Informations- und Kommunikationssysteme II (Einsatz von Fax, e-mail, Internet, Videokonferenzen etc.)

Struktur

- Gliederungstiefe (Hierarchiestufen) in der Organisation
- Personenorientierte Koordinationsinstrumente (persönliche Weisung, Delegation, Ausschüsse, Teams etc.)
- Technokratische Koordinationsinstrumente (starre/flexible Programme, Budgets, Regeln etc.)
- Sekundärorganisation (Projektgruppen, *key-accounting* etc.)
- Einfluss der Auslandstöchter auf Entscheidungen (bzgl. der Gesamtstrategie, der lokalen Strategie, des Tagesgeschäfts etc.)

Kultur

- Verankerungstiefe (Stärke) der Unternehmenskultur
- Weltweite Einheitlichkeit der Unternehmenskultur
- Art der Kultur (innovativ, leistungsorientiert, bürokratisch etc.)

3.3 Fragen zur Erfassung des Unternehmenserfolgs

Der dritte Teil des Fragebogens dient der Messung des Unternehmenserfolgs. Zunächst wurde der operative Geschäftserfolg erfragt (Entwicklung von Umsatz, Gewinn und Marktanteilen). Weil diese Kennzahlen gerade bei langfristig angelegten internationalen Strategien aber nur bedingt den Gesamterfolg widerspiegeln, sind die Manager zudem darum gebeten worden, den Zielerreichungsgrad auch in weiteren unternehmerischen Kernbereichen zu beurteilen (Mitarbeiter- und Kundenzufriedenheit, Wettbewerbsfähigkeit, ROI, Strategieumsetzung etc.). Als dritter Indikator des Unternehmenserfolgs wurden schließlich Angaben herangezogen, bei denen das Umsatzwachstum und die Rentabilität des Unternehmens sowohl für die letzten als auch für die nächsten drei Jahre im Branchenvergleich einzuschätzen waren. Zusammen liefern diese drei Erfolgsindikatoren eine umfassende und aussagekräftige Information über die aktuelle Situation und Entwicklung der Unternehmung. Weil die drei Indikatoren recht hoch miteinander korreliert sind ($.71 < r < .81$; alle $p < .01$), wurde für die weitere Analyse ein aus den drei Variablen aggregiertes Erfolgsmaß berechnet: der Gesamterfolg des Unternehmens. Die folgende Ergebnisdarstellung bezieht sich hauptsächlich auf den Gesamterfolg, weil gesonderte Analysen der einzelnen Erfolgsindikatoren keine abweichenden Befunde ergaben (Dreißen, 1998).

4. Untersuchungsergebnisse

Zur Auswertung des Datenmaterials wurden Varianzanalysen und multiple (schrittweise) Regressionsanalysen berechnet. In einem ersten Schritt haben wir geprüft, ob erfolgreiche und weniger erfolgreiche Unternehmen sich bei den allgemeinen Unternehmensdaten systematisch unterscheiden.

4.1 Allgemeine Kennzahlen erfolgreicher und nicht erfolgreicher Unternehmen

Anhand des Medians der Variable „Gesamterfolg" (M = 2.7 auf einer Skala von 1 = „sehr gut" bis 7 = „sehr schlecht") wurden zwei Gruppen mit je zwölf Unternehmen gebildet, die erfolgreichen und die weniger erfolgreichen Unternehmen. Wie die Gegenüberstellung der Mittelwerte in Tabelle 1 zeigt, sind keinerlei systematische Unterschiede in den beiden Gruppen zu erkennen. Dies gilt für alle dargestellten Unternehmenskennzahlen.

Tabelle 1: Kennzahlen der erfolgreichen und nicht erfolgreichen Unternehmen

	erfolgreich	nicht erfolgreich
Beschäftigte (Welt)	2981 (800 - 6.000)	2731 (1120 - 6.600)
Beschäftigte (BRD)	1816 (550 - 4.700)	1907 (850 - 5.000)
Intensität des Wettbewerbs	2.7	2.3
Unterschiedlichkeit der Märkte	3.8	3.0
Anzahl der Länder mit „Töchtern"	18.9 (8-51)	21.8 (7-80)
Anzahl von internationalen Allianzen	3.5 (1-6)	3.8 (2-6)
Anzahl der Produkte	3903 (9 - 13.000)	1145 (50 - 5.000)

Univariate Varianzanalysen ergaben lediglich bei der Variable „Anzahl der Produkte" einen marginal signifikanten Effekt ($F_{(1,22)}$ = 3.6; $p < .07$), weil international erfolgreiche Unternehmen tendenziell mehr Produkte und Produktgruppen anbieten. Diese Variable wurde in den unten aufgeführten Regressionsanalysen daher überall als möglicher Prädiktor des Unternehmenserfolgs mitberücksichtigt. Die hier dokumentierten Befunde (Tabelle 1) zeigen, dass die im Folgenden berichteten Zusammenhänge keinesfalls auf simple Unterschiede in allgemeinen Unternehmens-, Branchen- bzw. Marktmerkmalen zurückzuführen sind. Auch ein grober Vergleich der Branchendaten für erfolgreiche und weniger erfolgreiche Unternehmen zeigt keine auffälligen Unterschiede (vgl. hierzu auch Krüger, 1988).

4.2 Ergebnisse zur Internationalisierungsstrategie

Die große Bedeutung des Erfolgssegments Strategie ist bereits ausgiebig untersucht worden, wobei hier neben der Internationalisierung natürlich alle Facetten - von der Strategie einzelner Funktionsbereiche bis zur Unternehmensgesamtstrategie - diskutiert werden (vgl. z.B. Ketelhöhn, 1993; Hinterhuber, Al-Ani, Handlbauer, 1996; Hahn & Taylor, 1997, Schmitt, 1997). Wie die Ergebnisse in Tabelle 2 offenbaren, ist in unserem Datensatz die Internationalisierungsstrategie für den Unternehmenserfolg weitgehend unerheblich.

Tabelle 2: Ergebnisse zum Einfluss der Strategie auf den Unternehmenserfolg

	Gesamt-Erfolg	*Finanz-Werte*	*Ziel-Erreichung*	*Branchen-Vergleich*
Exportstrategie (7)	**3.0**	2.7	3.2	3.2
Einzelmarktstrategie (5)	**3.2**	3.4	3.0	3.2
Globalisierungsstrategie (6)	**2.8**	2.9	3.0	2.6
Interaktionsstrategie (5)	**3.1**	3.4	2.9	2.9

Es deutet sich allenfalls an, dass die Globalisierungsstrategie besonders erfolgsversprechend ist (kleine Werte = gute Unternehmenserfolge), insgesamt hebt sich aber keine Strategie von den anderen ab (alle varianzanalytischen Vergleiche sind nicht signifikant). Dies gilt für alle vier Erfolgsindikatoren gleichermaßen. Die verschiedenen Strategien sind bei den erfolgreichen und den weniger erfolgreichen Unternehmen zudem nahezu gleich verteilt. Dies sollte u.E. aber nicht zu der Schlussfolgerung führen, dass die Wahl der Internationalisierungsstrategie keinen Effekt haben kann. Wir interpretieren diesen „Nichtbefund" so (siehe Abschnitt 5.), dass eine erfolgreiche Expansion ins Ausland mit jeder Strategie möglich ist, wenn diese den jeweiligen Produkt- und Markterfordernissen Rechnung trägt.

4.3 Ergebnisse zum Erfolgssegment Personal

Eine multiple Regressionsanalyse der Variablen aus dem Segment Personal zur Vorhersage des (kontinuierlich gemessenen) Gesamterfolgs ergab, dass Unternehmen dann international besonders erfolgreich sind, wenn die Entwicklungspotenziale der Mitarbeiter für zukünftige Aufgaben systematisch erfasst werden ($\beta = 0.53$), viele Führungskräfte in internationalen Teams arbeiten und im Rahmen von Auslandseinsätzen tätig sind ($\beta = 0.38$), Angebote personeller Fördermaßnahmen allen Mitgliedern der Organisation leicht zugänglich sind ($\beta = 0.26$) und Netzwerke zum Zwecke des Lernens und des Informationsaustauschs mit anderen Unternehmen, Universitäten oder Beratungsinstituten bestehen ($\beta = 0.28$). Diese vier Prädiktoren erklären zusammen nahezu drei Viertel der Varianz im Unternehmenserfolg ($F_{(4,20)} = 15.8$; $p < .001$; korrigiertes $R^2 = .74$).

4.4 Ergebnisse zum Erfolgssegment Systeme

Hier wurden mehrere Bündel von Variablen (z.B. Angaben zu Anreiz- und Führungssystemen, Planungs- und Kontrollsystemen, I&K-Technologien) in insgesamt fünf unabhängigen Regressionsanalysen untersucht. Die entsprechenden Berechnungen ergaben, dass Unternehmen insbesondere dann international erfolgreich sind, wenn das Lohnsystem als nachvollziehbar und gerecht beurteilt wird ($\beta = 0.64$; $kR^2 = .38$; $p < .001$), mit Zielvereinbarungen geführt wird ($\beta = 0.57$; $kR^2 = .30$; $p < .003$), die operative Planung und Kontrolle langfristig ausgelegt ist ($\beta = 0.42$), Branchen- und Konkurrenzanalysen eher selten ($\beta = -0.72$), dafür aber Markt- und Unternehmensanalysen häufig sind ($\beta = 0.53$; kR^2 der drei letzten Prädiktoren ist .36; $p < .001$), die I&K-Technologie möglichst „einfach handhabbar" ist ($\beta = 0.56$; $kR^2 = .28$; $p <$

.004) und im Tagesgeschäft viel mit modernen Kommunikationstechnologien wie E-mail ($\beta = 0.54$; $kR^2 = .26$; $p < .006$) gearbeitet wird.

4.5 Ergebnisse zum Erfolgssegment Struktur

Zusammenhänge der Variablen aus diesem Erfolgssegment mit dem Gesamterfolg des Unternehmens wurden anhand von vier verschiedenen multiplen Regressionsanalysen geprüft. Es zeigte sich, dass Unternehmen insbesondere dann international erfolgreich sind, wenn ihre Hierarchie flach ist ($\beta = 0.61$; $kR^2 = .35$; $p < .001$), bei der täglichen Entscheidungsfindung die Mitarbeiter viel selbst abstimmen ($\beta = 0.28$), standardisierte Verfahrensrichtlinien intensiv genutzt werden ($\beta = 0.39$), auf persönliche Weisungen eher verzichtet wird ($\beta = -0.43$) und Pläne sowie Soll-Ist-Vergleiche häufig genutzt werden (kR^2 der vier Prädiktoren = .54; $p < .03$). Zudem ist der Unternehmenserfolg dann größer, wenn die Auslandstöchter die Gesamtstrategie des Unternehmens klar mitbestimmen ($\beta = 0.73$), aber frei sind bei der Wahl ihrer eigenen Strategien ($\beta = -0.49$; kR^2 der beiden Prädiktoren = .30; $p < .03$). Zudem fällt der Erfolg größer aus, wenn Projektgruppenarbeit häufig ist ($\beta = 0.64$; $kR^2 = .39$; $p < .001$).

4.6 Ergebnisse zum Erfolgssegment Kultur

Obwohl die Korrelationen erster Ordnung durchaus belegen, dass der Unternehmenserfolg bei einer stark ausgeprägten ($r = .59$; $p < .01$) und einheitlichen Unternehmenskultur ($r = .43$; $p < .02$) besonders gut ist, klären einzelne Variablen zur Qualität der Kultur deutlich mehr Varianz auf. In einer multiplen, schrittweisen Regression aller hier relevanten Variablen zeigte sich, dass Unternehmen insbesondere dann international erfolgreich sind, wenn ihre Unternehmenskultur als sehr „flexibel" beschrieben ($\beta = 0.48$) und zugleich als sehr „innovativ" eingeschätzt wird ($\beta = 0.36$; das korrigierte R^2 der beiden Variablen beträgt .53; $p < .001$).

4.7 Zusammenfassende Analyse aller Prädiktoren

Überprüft man schließlich, welche Kombination der 21 signifikanten Prädiktoren aus den verschiedensten Teilbereichen der vier Segmente (s.o.) den Unternehmenserfolg am besten vorhersagen, so ergibt sich, dass die drei folgenden Variablen etwa 70 Prozent der Varianz aufklären: Unternehmen sind insbesondere dann international erfolgreich, wenn die Unternehmenskultur als sehr

„flexibel" beschrieben wird ($\beta = 0.47$), Angebote personeller Fördermaßnahmen allen Mitgliedern leicht zugänglich sind ($\beta = 0.42$) und viele Führungskräfte in internationalen Teams arbeiten ($\beta = 0.30$; $F_{(3,23)} = 18.1$, $p < .001$; $kR^2 = .69$).

5. Diskussion und Ausblick

Die Vielzahl und Stärke der in den vier Segmenten Personal, Struktur, Systeme und Kultur aufgedeckten Zusammenhänge mit dem Unternehmenserfolg belegt, dass in dieser Querschnittsuntersuchung tatsächlich erfolgsrelevante Faktoren untersucht worden sind. Bei aller Vorsicht, die bei der Interpretation von Korrelationen geboten ist (Asendorpf, 1996, S. 87-88), können in Anbetracht der Befunde u.E. folgende Punkte hervorgehoben werden, die für die weitere Forschung und ggf. auch das praktische Handeln in international tätigen Unternehmen wichtig sind.

Zunächst fällt auf, dass nahezu in jedem untersuchten Erfolgssegment systematische Zusammenhänge mit dem Unternehmenserfolg bestehen. Dies impliziert, dass die punktuelle Konzentration auf ein oder zwei wichtige Erfolgsfaktoren kaum in der Lage sein wird, den Unternehmenserfolg nachhaltig zu beeinflussen. Erfolgversprechender erscheint es, mehrere Einflussgrößen (inklusive der Unternehmensumwelt) innerhalb eines ganzheitlichen, abgestimmten Ansatzes im Auge zu haben und im Sinne der Unternehmensziele dann zu beeinflussen (Hinterhuber, 1997). Für die Unterstützung dieser schwierigen Aufgabe sind schon entsprechende Managementsysteme vorhanden, die inzwischen auch wissenschaftlichen Ansprüchen genügen (Holling, Lammers & Pritchard, 1999).

Betrachtet man die drei besonders erklärungskräftigen Erfolgsfaktoren dieser Studie – eine flexible Unternehmenskultur, breit zugängliche Personalentwicklungsangebote und internationale Teams auf Führungsebene - so ist ferner festzuhalten, dass „harte" Einflussgrößen aus dem Segment Struktur (z.B. Sekundärorganisation, Gliederungstiefe, technokratische Koordination) bei der Aufklärung des Unternehmenserfolgs kaum zum Zuge kommen. Obwohl unsere Daten durchaus auch für den Nutzen „technokratischer" Koordinationsinstrumente sprechen, scheinen das Personal und die Unternehmenskultur bei international tätigen Firmen besonders wichtig zu sein.

Für das Erfolgssegment Personal hat die Untersuchung gezeigt, dass sowohl die Intensität der Personalentwicklung (z.B. gemessen an der Anzahl der Weiterbildungstage) als auch der tatsächliche Einsatz der Mitarbeiter im Ausland, speziell der Führungskräfte, vermutlich zum Erfolg beitragen. Obwohl das Qualifikationsniveau der Mitarbeiter bei erfolgreicheren Unternehmen ohnehin bereits etwas höher ist (Dreißen, 1998), fördern sie die Aus- und Weiterbildung offensichtlich in stärkerem Maße als die weniger erfolgreichen Unternehmen. Ein positiver Effekt der Durchführung von Personalentwicklungsmaßnahmen liegt einerseits in ihrer relativ schnellen Wirksamkeit begründet. Der regelmäßige und großflächige Einsatz von Managern dürfte andererseits gerade bei international tätigen Unternehmen auch ein wichtiges Bindeglied sein, um zur weltweiten Koordination der verschiedenen Organisationseinheiten beizutragen. Trotz der enormen Verbesserung der Kommunikationsinstrumente (vgl. auch Wegge, 1998b, 1999 und den Befund zur E-mail-Nutzung), basiert der Großteil der Managementprozesse auch heute noch auf direkter, persönlicher Kommunikation. Da die weitere Vernetzung von Unternehmensprozessen - zusammen mit einem grenzüberschreitenden *supply chain management* - weiter an Bedeutung gewinnen wird, ist auch der Bedarf an international erfahrenen Managern steigend. Unternehmen sollten daher rechtzeitig bemüht sein, Mitarbeiter intensiv auf ihre Auslandseinsätze in zunehmend interkulturell zusammengesetzten Arbeitsgruppen entsprechend vorzubereiten (Podsiadlowski, 1998; Wegge, 2000b).

Aus dem vorliegenden Befund zur positiven Wirkung einer innovationsfreudigen, flexiblen, leistungs- und teamorientierten Kultur, die weitgehend auf übermäßige Hierarchien und Bürokratismus verzichtet, lässt sich schließen, dass es für die internationale Unternehmung zudem erstrebenswert ist, aktive Kulturbeeinflussung in diese Richtung zu betreiben. Um diese Aufgabe erfolgreich anzugehen, kann man auf verschiedenste Interventionen zurückgreifen (Earley & Erez, 1997; Müller, 1999; Sonntag, 1996). Beständige Veränderungen der Unternehmenskultur dürften in kleineren und mittleren Unternehmen aber leichter zu erzielen sein als in Großunternehmen.

Abgesehen von der eigentlich immer richtigen Empfehlung, möglichst theoretisch gut begründete, auch Prozesse identifizierende Längsschnittstudien durchzuführen, in denen mehrere (unabhängige) Datenquellen genutzt werden und zur Erhöhung der Teststärke auch möglichst viele Unternehmen berücksichtigt sind, ist aus methodischer Sicht noch hervorzuheben, dass die von uns entwickelte Messung von Internationalisierungsstrategien kritisch zu bewerten ist. Das Erfolgssegment Internationalisierungsstrategie wurde nur mit einer Frage erhoben, weil wir erreichen wollten, dass sich jedes Unternehmen auch nur einer bestimmten Strategie zuordnet. Dies greift natürlich etwas zu kurz und könnte mit ein Grund dafür sein, dass unsere diesbezüglichen Daten wenig aussagekräftig sind. Andererseits ist das Ausbleiben der Effekte für diese

Variable aber auch theoretisch nachvollziehbar. Geht man davon aus, dass die Güte einer Strategie eigentlich nicht unabhängig von anderen Variablen (z.B. Branche, Produkt) beurteilt werden kann, so war hier auch gar kein Effekt zu erwarten. Unseres Erachtens wäre es lohnend, anhand größerer Datensätze entsprechende Wechselwirkungen bzw. Konfigurationen genauer zu untersuchen.

Wir wollen abschließend auch noch einmal hervorheben, dass neben den von uns ausgesuchten Erfolgsfaktoren natürlich weitere Größen in Untersuchungen zur Aufklärung des Unternehmenserfolgs mit Gewinn einbezogen werden könnten. Und hierbei sind nicht nur Variablen auf Unternehmensebene von Belang, wie z.B. die Präsenz und die Zusammensetzung von speziellen Teams im Bereich *customer relationship management* (Helfert & Gemünden, 1998), sondern auch verhaltensnahe Größen auf individueller Ebene wie z.B. die Beschaffenheit der verfolgten Ziele (Wegge 1998a) und spezifische Handlungsstrategien (Frese, 1998) des Unternehmensgründers und seiner Mitarbeiter. Somit wäre es auch eine spannende Frage, ob Variablen aus dem engeren Gründungskontext (siehe dazu auch Frank, Korunka, & Lueger, 1999; Klandt, Kirchhoff-Kestel & Struck, 1998) und die Persönlichkeit des Unternehmensgründers – evtl. vermittelt über die Unternehmenskultur oder die Persönlichkeitsmerkmale des Top-Managements – bei Unternehmen des hier untersuchten Typs überhaupt noch einen Effekt haben.

Literatur

Asendorpf, J. B. (1996). *Psychologie der Persönlichkeit*. Berlin: Springer.

Cichon, W. (1988). *Globalisierung als strategisches Problem*. München: Florentz.

Daschmann, H. A. (1994). *Erfolgsfaktoren mittelständischer Unternehmen: ein Beitrag zur Erfolgsfaktorenforschung*. Stuttgart: Schäffer-Poeschel.

Dreißen, A. (1998). Erfolgsfaktoren international agierender Unternehmen. *Unveröffentl. Diplomarbeit.* Universität Dortmund: FB 11 und FB 14

Earley, P. C. & Erez, M. (Hrsg.) (1997). *New perspectives on international industrial/organizational psychology*. San Francisco: Lexington.

Frank, H. & Korunka, C. (1996). Zum Informations- und Entscheidungsverhalten von Unternehmensgründern. Der Zusammenhang von Handlungskontrolle und Gründungserfolg. *Zeitschrift für Betriebswirtschaft, 66*, 947-963.

Frank, H., Korunka, C. & Lueger, M. (1999). *Fördernde und hemmende Faktoren im Gründungsprozeß*. Wien: Bundesministerium für wirtschaftliche Angelegenheiten.

Frese, M. (1998). *Erfolgreiche Unternehmensgründer*. Göttingen: Verlag für Angewandte Psychologie.

Gemünden, H. G. (1991). Success factors of export marketing, A meta-analytic critique of the empirical studies. In S. J. Paliwoda (Ed.), *New perspectives on international marketing* (pp. 33-62). London: Routledge.

Gemünden, H. G. & Konrad, E. D. (1999). Unternehmerisches Verhalten - Ein Erfolgsfaktor von technologieorientierten Unternehmensgründungen. In F. Merz (Ed.), *Existenzgründung - Tips, Training, Studien und Praxis für Unternehmen und freie Berufe*. Baden Baden: Nomos.

Göttgens, O. (1996). *Erfolgsfaktoren in stagnierenden und schrumpfenden Märkten*. Wiesbaden: Gabler.

Hahn, D. & Taylor, B. (Hrsg.). (1997^7). *Strategische Unternehmensplanung - strategische Unternehmensführung: Stand und Entwicklungstendenzen*. Heidelberg: Physica.

Helfert, G. & Gemünden, H. G. (1998). Geschäftsbeziehungsmanagement im Team. Ergebnisse eines Forschungsprojektes. *Unveröffentl. Bericht*. Universität Karlsruhe: Institut für Angewandte Betiebswirtschaftslehre und Unternehmensführung.

Hinterhuber, H. H. (1997). Struktur und Dynamik der strategischen Unternehmensführung. In: D. Hahn & B. Taylor. *Strategische Unternehmensplanung - strategische Unternehmensführung* (S. 51-74). Heidelberg: Physica.

Hinterhuber, H. H., Al-Ani, A. & Handlbauer, G. (Hrsg.). (1996). *Das neue Strategische Management*. Wiesbaden: Gabler.

Hoffmann, F. (1986). Kritische Erfolgsfaktoren. Erfahrungen in großen und mittelständischen Unternehmen. *Schmalenbachs Zeitschrift für betriebswirtschaftliche Forschung, 38*, 831-843.

Holling, H., Lammers, F. & Pritchard, R. (1999). *Effektivität durch partizipatives Produktivitätsmanagement*. Göttingen: Verlag für Angewandte Psychologie.

Ketelhöhn, W. (1993). *International Business Strategy*. Oxford: Butterworth-Heinemann.

Klandt, H. (1994). Der Unternehmensgründer. In W. K. M. Dieterle & E. M. Winckler (Hrsg.), *Gründungsplanung und Gründungsfinanzierung* (S. 1-22). München: DTV.

Klandt, H., Kirchhoff-Kestel, S. & Struck, J. (1998). *Zur Wirkung der Existenzgründungsförderung auf junge Unternehmen*. Oestrich-Winkel: Förderkreis Gründungsforschung

Kleinbeck, U. & Wegge, J. (1996). Fehlzeiten in Organisationen: Motivationspsychologische Ansätze zur Ursachenanalyse und Vorschläge für die Gesundheitsförderung am Arbeitsplatz. *Zeitschrift für Arbeits- und Organisationspsychologie, 40*, 161-172.

Krüger, W. (1988). Die Erklärung von Unternehmenserfolg: theoretischer Ansatz und empirische Ergebnisse. *Die Betriebswirtschaft, 48*, 27-43.

Krüger, W. & Schwarz. G. (1997). Strategische Stimmigkeit von Erfolgsfaktoren und Erfolgspotentialen. In D. Hahn & B. Taylor (Hrsg.), *Strategische Unternehmensplanung - strategische Unternehmensführung* (S. 75-104). Heidelberg: Physica.

Link, W. (1996). *Erfolgspotentiale für die Internationalisierung.* Wiesbaden: Gabler.

Lube, M. M. (1996). Strategisches Konzerncontrolling. *Unveröffentl. Dissertation.* St. Gallen: Hochschule für Wirtschafts-, Rechts- und Sozialwissenschaften..

Meffert, H. (1990). Implementierungsprobleme globaler Strategien. In M. K. Welge (Hrsg.), *Globales Management: erfolgreiche Strategien für den Weltmarkt* (S. 93-116). Stuttgart: Poeschel.

Müller, G. F. (1999). Organisationskultur, Organisationsklima und Befriedigungsquellen der Arbeit. *Zeitschrift für Arbeits- und Organsiationspsychologie, 43*, 193-201.

Nöcker, R. (1998). Klein- und Mittelunternehmungen (KMU) aus betriebswirtschaftlicher Sicht. In M. Frese (Hrsg.), *Erfolgreiche Unternehmensgründer* (S. 35-46). Göttingen: Verlag für Angewandte Psychologie.

Peters, T. J. & Waterman, R. H. (1993[15]). *Auf der Suche nach Spitzenleistungen.* Landsberg/Lech: Mi-Business.

Pichl, T. & Richter, P. G. (1998). Faktoren für den Erfolg in kleinen und mittleren Unternehmen. In W. Hacker (Ed.), *Elektronischer Bericht über den 41. Kongreß der DGfP in Dresden.* Dresden: Konpro.

Podsiadlowski, A. (1998). Zusammenarbeit in interkulturellen Teams. In E. Spieß (Hrsg.), *Formen der Kooperation. Bedingungen und Perspektiven* (S. 193-210). Göttingen: Verlag für Angewandte Psychologie.

Rall, W. (1997[7]). Strategien für den Weltmarkt. In D. Hahn & B. Taylor (Hrsg.), *Strategische Unternehmensplanung - strategische Unternehmensführung: Stand und Entwicklungstendenzen* (S.523-544). Heidelberg: Physica.

Rauch, A. & Frese, M. (1998). Was wissen wir über die Psychologie erfolgreichen Unternehmertums? In M. Frese (Hrsg.), *Erfolgreiche Unternehmensgründer* (S. 5-34). Göttingen: Verlag für Angewandte Psychologie.

Schmitt, E. (1997). *Strategien mittelständischer Welt- und Europamarktführer.* Wiesbaden: Gabler.

Sonntag, K. (1996). *Lernen im Unternehmen.* München: Beck.

Staehle, W. H. (1994). *Management: eine verhaltenswissenschaftliche Perspektive.* München: Vahlen.

Wegge, J. (1998a). Die Zielsetzungstheorie. Ein kritischer Blick auf Grundlagen und Anwendungen. In O. Braun (Hrsg.), *Ziele und Wille in der Psychologie* (S. 3-50). Landau: Verlag Empirische Pädagogik.

Wegge, J. (1998b). Groupware als Hilfsmittel zur Prozeßoptimierung in Arbeitsgruppen und Organisationen. In M. Kastner (Hrsg.), *Verhaltensorientierte Prozeßoptimierung* (S. 127-154). Herdecke: Maori.

Wegge, J. (2000a). Groupware als Instrument moderner Organisationsentwicklung: Zielsetzung und Zielvereinbarung per Videokonferenz. In O. Braun (Hrsg.), *Zielvereinbarungen im Kontext strategischer Organisationsentwicklung*. Landau: Verlag Empirische Pädagogik, im Druck.

Wegge, J. (2000b). Gruppenarbeit. In H. Schuler (Hrsg.), *Lehrbuch Personalpsychologie*. Göttingen: Hogrefe, im Druck.

Whipp, R. (1996). Creative deconstruction: Strategy and organizations. In S. R. Clegg, C. Hardy & W. R. Nord (Eds.), *Handbook of organization studies* (pp. 261-275). London: Sage.

Unternehmerisches Handeln

Förderung

Persönlichkeit und unternehmerisches Handeln oberer Führungskräfte

Jürgen Scholz

1. Was ist unternehmerisches Handeln und Führungserfolg?

Was ist ein Unternehmer? Wie läßt sich unternehmerisches Handeln definieren? Wann ist eine obere Führungskraft erfolgreich? Fragen, für die es nicht nur jeweils eine verbindliche, allseits akzeptierte Antwort gibt.

Was Führungserfolg ist, hängt vom zugrunde liegenden Bewertungsmaßstab ab, und dieser ist bei einem ausgeprägten gesellschaftlichen Wertepluralismus entsprechend intersubjektiv nicht identisch. Er hängt davon ab, wer durch welche Brille die Ergebnisse des unternehmerischen Handeln betrachtet und bewertet.

In der Praxis ist es üblich und sinnvoll, die Einschätzung nicht nur auf kurzfristig erzielte Ergebnisse zu beziehen, sondern darauf, wie nachhaltig und parallel verschiedene Ergebnisfaktoren erreicht werden, um Führungserfolg in einem Unternehmen zu begründen. Zu diesen Faktoren zählen

- finanzielle Effektivität,
- soziale Effektivität,
- Wandlungs- und Anpassungsfähigkeit des Unternehmens.

Finanziell effektiv ist ein Spitzenmanager, wenn sein Unternehmen hinsichtlich Profitabilität, Produkte, Reputation und Zukunftserwartungen zu den Führenden seiner Branche gehört. Er ist es aber auch dann, wenn er sein wirtschaftlich gefährdetes Unternehmen wieder in die Gewinnzone gebracht hat und auch mittelfristig ein gutes operatives Ergebnis erreicht.

Was verstehen wir unter „sozialer Effektivität"? Ein wesentliches - möglichst auch explizit formuliertes - Ziel des Unternehmens muss die Zufriedenheit des Mitarbeiters sein. Dies impliziert auch das Angebot individueller Entwicklungsmöglichkeiten. Moderne, wirkungsvolle Führung hat das Ziel, Mitarbeiter so zu führen und zu begleiten, dass sie ihr volles Potenzial entfalten können. Dies ist weniger eine ethische als eine betriebswirtschaftliche Betrachtung. Beide Sichtweisen sind durchaus kompatibel.

Zum Erfolgsfaktor „Wandlungs- und Anpassungsfähigkeit des Unternehmens": die sich stetig verändernden Rahmenbedingungen vieler Unternehmen sowie fortschreitende Individualisierungsprozesse auf der Mitarbeiterebene haben die Bedingungen erfolgreicher Führung erschwert. Daher gehört zum Führungserfolg auch die wirkungsvolle Einflussnahme auf Mitarbeiter in der Weise, dass die Wandlungs- und Anpassungsfähigkeit und auch -bereitschaft des Unternehmens sicher gestellt ist. Das Ziel ist dann erreicht, wenn sich Führungskräfte und Mitarbeiter neben schnelleren Reaktionen durch vorausschauendes, planendes und mitgestaltendes Denken und Handeln auszeichnen. In diesem Zusammenhang seien auch die seit einigen Jahren immer lauter werdenden Rufe nach der „lernenden Organisation" erwähnt, die sich durch Dezentralität, Flexibilität und Schnelligkeit auszeichnet und die besonders hohe Anforderungen an die unternehmerische Kompetenz stellt.

2. Persönlichkeitsvoraussetzungen einer oberen Führungskraft

Sofern ein Aufsichtsrats- oder Beiratsgremium eines Unternehmens das Anforderungsprofil für einen Geschäftsführer bzw. eine leitende Führungskraft beschreibt, gehört „unternehmerische Kompetenz" stets zu den gewünschten Anforderungskriterien. Eine konkrete, operationalisierte Definition, was unter dem Begriff „unternehmerisches Verhalten" verstanden werden kann, wird selten gegeben. Es werden überwiegend Persönlichkeitsvariablen genannt, die mehrdeutig und unklar sind bzw. nur Facetten einer komplexen Fähigkeit bzw. eines gewünschten Verhaltensmusters darstellen. Häufig werden Anforderungen genannt, die dem Schumpeter'schen Unternehmertypus (vgl. Schumpeter, 1997) recht nahekommen. Der neue Unternehmenschef soll „Autorität", „Gewicht" und „Stärke" ausstrahlen, Widerstände als Herausforderung erleben, Freude am Gestalten und an Veränderungen haben, Risiken furchtlos „ins Auge schauen" und sich anspruchsvolle ökonomische Ziele setzen. Er soll hohe Gewinne anstreben und das Unternehmen visionär konsequent in die Zukunft führen. Nach Schumpeter bezieht ein solcher Führer seine Antriebskräfte aus einem innewohnenden „Sieges- und Kampfwillen", modern formuliert ist er ausgeprägt erfolgsorientiert und durchsetzungsstark.

Untersuchungen über die Führungskraft in modernen Industriebetrieben haben ergeben, dass die vormals gültigen intrinsischen Leitwerte wie Fleiß, Leistung, Mäßigung, Sparsamkeit und Erfolg durch neue oder ergänzende Einstellungen und Verhaltensweisen verdrängt worden sind (vgl. Schieffer, 1998, S. 42 f.). An den Unternehmer/Geschäftsführer von heute werden andere Anforderungen gestellt, die bei den Gründerunternehmern eher eine untergeordnete oder noch gar keine Rolle spielten. Gerade die heutige Generation von jüngeren Unternehmern und Führungskräften, die durch Studium, Auslandsaufenthalte und durch Einblicke in fremde Unternehmen top-qualifiziert sind, verstehen ihre Position, Rolle und Verantwortung anders, als es die Väter vorlebten. Sie haben auch in einer Zeit rapiden technologischen und sozialen Wandels andere Herausforderungen, denen sie begegnen müssen. Diese verlangen neue Denk- und Handlungsweisen, wie sie die Väter der jetzigen Führungsgeneration nicht benötigten und praktizierten. So sehen sie sich kaum mehr als Patron, Firmenoberhaupt oder tradierten Familien-Unternehmer. Qualifiziert und groß geworden in einem professionellen Industrieumfeld verstehen sie sich als Manager in einem turbulenten Umfeld, aber auch als Führungspersönlichkeit in Sinne eines *transformational leader* (Zaleznik, 1977), der risikofreudig bei hohen Erfolgserwartungen ist, eine emphatische Einstellung zu seinen Mitarbeitern hat, von Ideen begeistert ist und das „Ziele erreichen" als ein sehr persönliches, eher emotionales Bedürfnis erlebt. Je nach Welt- und Menschenbild sowie Stellung und Organisation des verantworteten Unternehmens gibt es unterschiedliche Schwerpunkte bei der Einschätzung unternehmerischer Schlüsselanforderungen. Vor dem Hintergrund ähnlich anspruchsvoller Herausforderungen für jeden Unternehmer lassen sich einige übereinstimmende Persönlichkeitsdispositionen bzw. Schlüsselqualifikationen finden. Nach Grunwald (1990) sind dies

fachliche Qualifikation (u.a. Kenntnisse, Fähigkeiten und Fertigkeiten in einem Fachgebiet, Methoden-Know-how und entsprechende Berufserfahrungen, „Computer-Führerschein"),

konzeptionelle Qualifikation (u.a. mehrdimensionales, integratives und vernetztes Denken; strategisches Denken, Denken in Problem- und Lösungshierarchien, in Alternativen und Konsequenzen, Umgang mit Unsicherheit, Unwissenheit, Widersprüchlichkeit und Mehrdeutigkeit; Zukunftsorientierung),

methodische Qualifikation (u.a. wirkungsvolle Arbeitstechniken, Problem- und Entscheidungstechniken, Kreativitäts- und Gruppenarbeitstechniken),

kommunikative Qualifikation (u.a. Aufrichtigkeit, Authentizität, Zivilcourage, Gerechtigkeitssinn, Selbstbilderfahrung, konstruktiver Umgang mit Ängsten, Unsicherheit, Hoffnungen, Illusionen) und

soziale Verantwortung (u.a. Kenntnis und Anwendung moralischer Normen, Kardinaltugenden; Sorge tragen für Unternehmens- und Führungsethik).

Es gibt zahlreiche Studien über den Einfluss von Persönlichkeitscharakteristika auf den Führungserfolg (vgl. Schieffer, 1998). Eindeutige Korrelationen bzw. Evaluationen sind nicht bekannt, auch nicht zu erwarten, zumal die Struktur und der Reifegrad einer Organisation, die wirtschaftliche Situation eines Unternehmens, der Qualifikationsstand der Mitarbeiter und weitere Einflussgrößen interdependent die Führungs- und Leitungsaufgabe beeinflussen. Es macht wohl kaum einen Sinn, den wirtschaftlichen Erfolg monokausal zu erklären.

Schieffer (1998) hat im Rahmen einer Studie über die „Führungspersönlichkeit" eine Reihe von Interviews mit Unternehmensleitern deutscher Wirtschaftsorganisationen geführt und deren Aussagen bezüglich notwendiger Persönlichkeitscharakteristika von Top-Führungskräften aufgelistet. Danach haben erfolgreiche Führungskräfte mit unternehmerischer Verantwortung eine starke und reife Persönlichkeit, Disziplin, Treue zu sich selbst, Willensstärke, Gelassenheit, Integrität und Zuverlässigkeit, und sie verfügen über Selbstkritik. Personalberater wie Egon Zehnder nannten „charakterliche Integrität" als wesentliche Anforderung, dem man sich zunehmend auch in anderen Unternehmen und Beratungsinstituten anschließt.

Derartige Haltungen und Verhaltensdimensionen treffen in der Öffentlichkeit zunehmend auf Zustimmung. Sie sind aber wohl eher Teil eines Wunschbildes, dem keineswegs alle Wirtschaftsführer genügend entsprechen. Da geht es nicht selten um die Erreichung wirtschaftlicher Ziele und Wettbewerbsvorteile um fast jeden Preis unter Vernachlässigung anderer, nicht zuletzt ethischer Gesichtspunkte.

3. Förderung unternehmerischen Handelns durch Potenzialdiagnose

Selbst unter Fachleuten bestehen divergierende Auffassungen darüber, welche Kernanforderungen an obere Führungskräfte für die Wahrnehmung unternehmerischer Aufgaben zu stellen sind. Unterschiedliche Erfahrungen mit Leistungsträgern im oberen Management, aber auch voneinander abweichende Bewertungen, woran man die Leistung eines Top-Managers messen sollte, sind zu nennende Gründe. Eine weitere erschwerende Hürde auf dem Weg zu einem vereinheitlichten Anforderungskatalog besteht in der Unsicherheit darüber, welche Rahmenbedingungen für wirtschaftiches Handeln in der Zukunft bestehen und welche Auswirkungen diese für die Handlungsweisen unternehmerischer Führungskräfte haben werden. Schlagworte wie Globalisierung, Vernetzung und strategische Partnerschaften reichen nicht aus, Führungskräfte auf die neuen Herausforderungen gezielt vorzubereiten bzw. die „Richtigen" im Markt zu suchen und zu identifizieren.

Vor derartigen Personalentscheidungen ist es für ein Unternehmen unabdingbar, dass es sich über seine Position im Wettbewerbsumfeld im Klaren ist, seine Stärken und Schwächen kennt, strategische Leitlinien formuliert und die kritischen Erfolgsfaktoren erarbeitet hat, die für zukünftige erfolgreiche Aktivitäten im Markt entscheidend sein werden. Eine derartige systematische Analyse der zu erwartenden Marktgegebenheiten, vorhandener eigener Ressourcen und daraus abgeleiteter strategischer Unternehmensplanung impliziert auch die an das Management der Zukunft zu stellenden Anforderungen. Erst wenn Einigkeit darüber besteht, welche Herausforderungen auf das Führungsteam zukommen, lassen sich persönlichkeitsspezifische Anforderungsprofile entwickeln und durch diagnostische Zugänge ermitteln, inwieweit die verantwortlichen Führungskräfte über die in Zukunft geforderten Voraussetzungen verfügen.

In unserer Beraterpraxis werden wir zunehmend mehr mit der Aufgabe konfrontiert, Unternehmen bei der Bestimmung von Kernanforderungen an Top-Führungskräfte zu unterstützen. In einer Reihe größerer und mittelständischer Unternehmen haben wir nachstehenden Weg beschritten: ausgehend von den zu erwartenden Kontextbedingungen und einem strategischen Handlungskonzept für den zukünftigen Marktauftritt haben wir mit der Unternehmensleitung bzw. den Firmeninhabern im Dialog Kriterien identifiziert, die für Führungspersönlichkeiten mit hoher Verantwortung und unternehmerischer Zuständigkeit Eignungsvoraussetzung sein sollen. In einem mehrstufigen Diskurs wurden wenige, relativ komplexe Schlüsselmerkmale definiert, die weitgehend operationalisiert und verhaltensbezogen beschrieben wurden. Zielsetzung ist es in jedem Falle, dass die Kriterien beobachtbar und auf verschiedene Funktionsträger anwendbar sind. Auffällig ist die weitgehende Übereinstimmung in der Einschätzung von Kernanforderungen. Hier sind beispielhaft zu nennen:

- Leistungsmotivation
- Problemlösungsfähigkeit
- Soziale Kompetenz
- Belastbarkeit
- Veränderungsbereitschaft

Diese Merkmale sind nicht frei von Redundanz und Mehrdeutigkeit. Obwohl pragmatisch ermittelt, kann man bei den Eignungsdeterminanten doch Übereinstimmung mit den Ergebnissen verschiedener Befragungen und Untersuchungen in den USA und Deutschland feststellen. Darin werden „Leistungsmotivation" und „Selbstwirksamkeit" ebenso häufig genannt wie „Dominanzbedürfnis" und „Durchsetzungsfähigkeit". Müller (1998) und andere haben in ihren Untersuchungen zusätzlich eine höhere Risikobereitschaft bei selbstständig tätigen Personen und eine stärkere internale Kontrollüberzeugung ermittelt - Persönlichkeitskriterien, die sich auch in unseren Anforderungsprofilen, wenn auch anders beschrieben, wiederfinden lassen.

Eine Projektgruppe „Selbstmanagement" am Institut für Wirtschaftspsychologie der Universität München ermittelte zusätzlich den Faktor „Willensstärke", wodurch sich erfolgreiche von weniger erfolgreichen Führungskräften unterscheiden (Kehr, 1998). Führungskräfte mit ausgeprägter Willensstärke verhalten sich nicht nur aufgabenorientierter und konzentrierter, sie führen auch ihre Mitarbeiter in gleicher Weise.

Beides, der konsequentere Umgang mit sich selbst wie auch das in sich schlüssigere Führungsverhalten, schlägt sich in besserer Zielerreichung nieder. Ein wichtiger Schlüssel zum Erfolg liegt also in der überlegeneren Fähigkeit zur Selbstführung. Hierzu gehören Entschlusskraft, Konzentrationsfähigkeit, Resistenz gegenüber Verlockungssituationen, die Fähigkeit, Emotionen zu kontrollieren und Nervosität abzubauen. In unserem Kriterienkatalog sind derartige Facetten dieses Persönlichkeitskriteriums unter „Leistungsmotivation", „Problemlösungsfähigkeit" und „Belastbarkeit" subsumiert (siehe auch den Beitrag von Müller in diesem Band).

Nicht nur die recht aktuellen Interviews von Schieffer haben als Ergebnis, dass bekannte Unternehmer, Top-Führungskräfte und Personalberater so ziemlich einmütig „charakterliche Integrität" als besonders relevante Anforderung für obere Führungskräfte bewerten, die ganz an die Spitze wollen, sollen oder bereits sind. Unsere Praxis bestätigt dies. Einige Male haben wir bereits mittelständische Unternehmer dabei diagnostisch unterstützt, jeweils den Allein-Geschäftsführer mit gesamtunternehmerischer Verantwortung als ihren Nachfolger zu identifizieren. Und fast unisono wurde von Gesellschaftern und/oder Beiräten der Wunsch geäußert, dass - Fach- und Führungskompetenz vorausgesetzt - nur Persönlichkeiten in Frage kämen, die „charakterlich vorbildlich" wären. Hierzu zählen Integrität, Zuverlässigkeit, Bescheidenheit, Demut, Gelassenheit, Dienstleistungseinstellung und Verantwortungsbereitschaft. Der erste Mann in der Hierarchie soll also auf der einen Seite der starke, visionär begabte, zielorientierte Führer sein, er soll sich auf der anderen Seite aber auch als unspektakulärer partnerschaftlicher *primus inter pares* verstehen. Ein Unternehmer nannte vier, auf Thomas von Aquin zurückgehende Eignungsbegriffe, die Top-Führungskräfte auszeichnen sollten: Mut, Klugheit, Maß und Gerechtigkeit.

Wie lassen sich die genannten Persönlichkeitskriterien erfassen? Eine unfehlbare Methode gibt es nicht. Auch reichen psychologische Testverfahren nicht aus, das Wertesystem eines Kandidaten genügend tief auszuloten und zu eruieren, ob und wie sein Handeln davon bestimmt wird. Intensive strukturierte Interviews zu verschiedenen Zeitpunkten unter Einbeziehung verschiedener Gesprächspartner ermöglichen einen Zugang zu der ausgewählten Persönlichkeit. Bei der Fremdwahrnehmung ist darauf zu achten, ob bzw. wie diverse Beurteilungsfehler wirksam gewesen sind und inwieweit die Wertekategorien des Interviewers die Einschätzung beeinflussen.

Bei der Identifizierung von Führungspotenzial innerhalb eines Unternehmens gehen wir andere Wege. In einigen Unternehmen haben wir daran mitgewirkt, sogenannte Orientierungscenter (Assessment-Center mit dem Ziel der Stärken-/ Schwächen-Analyse und Entwicklungsberatung) zu konzipieren und durchzuführen. Wir setzen dazu ein komplexes Unternehmensplanspiel ein, in dem durch verschiedene Interventionen jeder einzelne Teilnehmer - bereits erfolgreiche Führungskräfte der unteren und mittleren Hierarchieebene - in anspruchsvolle Einzel- und Teamsituationen gestellt wird. Die auf Beobachtung von definierten Schlüsselkriterien geschulten obersten Führungkräfte erfahren innerhalb von drei Tagen viel über das Verhalten der Teilnehmer. Sie erleben sie über einen längeren Zeitraum in wechselnden Aufgaben und Situationen, beobachten ihr Teamverhalten, ihre Ausdauer, Initiative, Ideenvermittlung, Durchsetzungskraft, Flexibilität, Problemlösungskompetenz usw. Alle relevanten Merkmale sind verhaltensbezogen beschrieben und relativ leicht - nach entsprechendem Training - identifizierbar. In einer Beurteilerkonferenz werden die Eindrücke aller Beobachter zusammengetragen und eine differenzierte Bewertung und Einschätzung der einzelnen Persönlichkeiten vorgenommen.

Eine andere Vorgehensweise ist es, Vorgesetzte anhand eines Kriterienkataloges Einschätzungen für bestimmte Mitarbeiter vornehmen zu lassen. Berater interviewen Mitarbeiter, Kollegen und Vorgesetzte im Umfeld des jeweiligen Kandidaten und führen auch mit diesem ein Potenzialgespräch. Nach der Bündelung aller Eindrücke werden unter Einbeziehung des Betroffenen Entscheidungen über die Karriereentwicklung getroffen und entsprechende Entwicklungspläne und -maßnahmen vereinbart.

4. Förderung unternehmerischen Handelns durch Persönlichkeitsentwicklung

Die Ergebnisse von Interviews mit Unternehmern und Top-Führungskräften stimmen in einem Punkt überein: niemand wird nur als unternehmerische Führungskraft geboren, d.h. Führen läßt sich auch erlernen bzw. entwickeln. Sozialisationsprozesse spielen eine entscheidende Rolle, aber auch die genutzten Chancen, sich in immer neuen Aufgaben zu bewähren und weiterzuentwickeln.

An diesem Punkt können wir als Personalentwicklungsberater ansetzen. In unseren Orientierungscenters, Personalentwicklungsseminaren oder, wie es in einem anderen Unternehmen genannt wurde: Persönlichkeitsentwicklungsprogrammen, legen wir großen Wert darauf, dass die Führungskräfte durch Selbstbildeinschätzungen, Gruppen-Feedback und ausführliche Einzel-Feedback-Gespräche viel über ihr Verhalten, ihre Wirkung und Akzeptanz im Team erfahren. So erfahren die Teilnehmer in einem ausführlichen Feedback-Gespräch mit einem Linienmanager und einem Personalentwickler bzw. Berater nach der Beobachterkonferenz, wie sie auf externe Beobachter gewirkt haben. Jedes Merkmal wird einzeln besprochen. Am Ende steht eine Gesamteinschätzung mit Anregungen und Vorschlägen für einen persönlichen Entwicklungsplan.

Ergänzt werden diese Fremdeindrücke durch einen Gruppen-Coaching-Prozess, in dem jeder Teilnehmer von seinen Teilnehmerkollegen erfährt, wie diese ihn erlebt haben. Unter Anleitung erarbeitet jeder Teilnehmer seinen persönlichen Entwicklungsplan, und formuliert konkrete Schritte, wie er erkannte und akzeptierte Schwächen bearbeiten will. Der jeweils direkte Vorgesetzte, ein Mentor aus der obersten Hierarchieebene und ein Vertreter der Personalentwicklung begleiten diesen Prozess und unterstützen den selbst gewählten und selbst gewollten Entwicklungsprozess. Job-Rotation, Auslandseinsätze, gezielte Seminare, eventuell Einzelcoaching und vor allem die schrittweise Übertragung zunehmend anspruchsvoller Projekte und Verantwortungsbereiche sind Maßnahmen zur Förderung der Persönlichkeit und weiteren Professionalisierung unternehmerischer Kompetenz.

Persönlichkeitsentwicklung von bereits bewährten Führungskräften der oberen Hierarchieebenen begleiten wir als Coach.

Was ist Coaching für uns? Wir verstehen darunter die Begleitung von Entwicklungsprozessen, die von Führungskräften gewollt sind und die professionelle Begleitung wünschen. Bei einem externen Coaching für obere Führungskräfte handelt es sich in der Regel um einen längerandauernden Prozess der Einzelberatung, der dazu beitragen soll, dass durch gezielte Intervention eines Beraters Wahrnehmungs- und Denkblockaden der zu beratenden Person aufgelöst und dadurch Prozesse der Selbstorganisation in Gang gesetzt werden. Dies ermöglicht es, die eigenen Verhaltensweisen und die umgebende Situation aus anderer Perspektive zu sehen und damit kreativer und differenzierter an die Lösung von Problemen zu gehen. Ein derart verstandener die Lösung von Problemen zu gehen. Ein derart verstandener Beratungsprozess meint immer „Hilfe zur Selbsthilfe". In intensiven Vier-Augen-Gesprächen von mehreren Stunden in mehreren Sitzungen mit zeitlichem Abstand versucht der Coach zu helfen, welche „blinden Flecken" den veränderungsbereiten Manager daran hindern, bestimmte Probleme zu erkennen, was ihn von notwendigen Entscheidungen zurückhält oder ihn immer wieder in gleiche „Fallen" laufen läßt. Der Coach ist darum bemüht, jene Tendenzen, die die Führungskraft bei sich selbst positiv wertet, zu unterstützen und zu entwickeln.

Voraussetzung für wirkungsvolle Coaching-Prozesse ist ein hoher Grad von Akzeptanz, den der Coach erfahren muss. Dies ist bei oberen Führungskräften schwerer zu erreichen als bei solchen aus einer Hierarchiestufe darunter. Trotz der Erkenntnis, Bedarf für Selbstreflektion und Feedback zu haben, sind obere Führungskräfte häufig zögerlich, und abweisend, sich auf einen Coaching-Prozess einzulassen. Egozentriertheit, Selbstherrlichkeit manchmal sogar Selbstverliebtheit, erlernte und praktizierte Distanz und Abgerücktheit, aber auch mangelnde Kommunikationsfähigkeit können Gründe dafür sein. Wenn Akzeptanz und eine Vertrauensbasis aufgebaut sind, besteht eine große Chance, Persönlichkeitsentwicklung durch Selbstentwicklung und Selbstreflektion in Gang zu setzen. Dazu gehört es auch, die Wahrnehmungsfähigkeit für die vielen vorhandenen, aber nicht genutzten Feedback-Quellen im Unternehmen durch Training zu verbessern.

5. Zusammenfassung

Wir können uns einer Peter Drucker zugeschriebenen Meinung anschließen: auch in Zukunft werden wir keine neuen Menschen zur Verfügung haben, um die immer anspruchsvolleren Aufgaben in der Unternehmensleitung zu bewältigen. Der Manager von morgen wird kein bedeutenderer Mensch sein, als es sein Vater war. Er wird die gleichen Gaben, die gleichen Schwächen haben, und seine Grenzen werden die gleichen sein. Es gibt keinerlei Beweise, dass sich der Mensch im Laufe der Geschichte wesentlich geändert, dass seine geistige und seelische Reife zugenommen hätte.

Wie lassen sich dann diese neuen Herausforderungen mit den gleichen Menschen bewältigen? Dies wird nur gelingen - und in vielen Unternehmen gibt es lebende Beweise - indem junge Menschen mit Talent und Bereitschaft systematisch qualifiziert werden, von früh an selbstverantwortlich handeln lernen und - im Beruf - konsequent auf größere, komplexere Aufgaben und Verantwortlichkeiten vorbereitet werden. In diesem Zusammenhang gilt es, die vorhandenen Leistungsträger mit modernen Methoden und Instrumenten des Informationsmanagements vertraut zu machen, dass sie deren Einsatz handhaben lernen, und ihnen Freiräume für Erfolgs- und Misserfolgserlebnisse zu verschaffen. Es ist ein Trugschluss zu glauben, allein mit hervorragendem theoretischen Wissen über Unternehmens- und Mitarbeiterführung wird man auch in der Praxis erfolgreich sein. Nur durch reflektorische Erfahrung und selbstbewussten Umgang mit den Erlebnis- und Gefühlswelten anderer Personen ist eigene Persönlichkeitsentwicklung möglich. Wenn dann - neben den kognitiven Fähigkeiten - die angesprochenen charakterlichen Voraussetzungen stimmen, so ist eine kontinuierliche Persönlichkeitsentwicklung denkbar und - aus Unternehmenssicht - sinnvoll. In diesem Punkt sind sich viele in der Wirtschaft Verantwortung tragende Persönlichkeiten einig und fördern auch derartige Prozesse.

Heute und morgen Unternehmer sein heißt, mehr als nur Profitziele erreichen zu wollen. Wer heute unternehmerisch handelt, steht im Fokus der Gesellschaft und trägt Verantwortung für sie, nicht nur für einen kurzfristigen *shareholder value*. Die neuen Aufgaben verlangen von der Unternehmensführung, dass sie ihr Handeln auch an ethischen Grundsätzen orientiert, dass nicht nur Know-how, Fähigkeiten und erfolgreicher Umgang mit gelernten Instrumenten, sondern auch Phantasie, Mut, Verantwortung und Charakter das Handeln bestimmen. Solche Persönlichkeiten werden früh sozialisiert, und solche sind es auch, die sich durch kontinuierliche systematische Förderung zu überzeugenden Wirtschaftsführern entwickeln.

Dr. Hans Haumer (persönliche Mitteilung), seinerzeit Vorstandsvorsitzender der Wiener Giro-Zentrale, formulierte bereits vor 20 Jahren ein Anforderungsbild an den Spitzenmanager der Zukunft.

Die neuen Macher

- meistern Unsicherheit mit schöpferischem Risiko und setzen neue Werte,
- bewahren auch im Streben nach Meisterschaft die Demut,
- verantworten eigene und fremde Unvollkommenheit,
- schöpfen Kraft der Verantwortung aus einem positiven Menschenbild,
- wahren Gelassenheit, um den rechten Weg zu finden.

Einem solchen Bild entsprechen noch nicht alle Unternehmer-Persönlichkeiten. Persönlichkeitsentwicklung kann und wird dazu beitragen, dass es mehr werden.

Literatur

Grunwald, W. (1990). Aufgaben und Schlüsselqualifikationen von Managern. In W. Sarges (Hrsg.), *Management-Diagnostik* (S. 194-205). Göttingen: Hogrefe.

Kehr, H.-M. (1998). Strategien und Selbstüberlistung: Motivation und Willen trainieren. *Personalführung, 12,* 52-58

Müller, G.F. (1998). Persönlichkeit und selbständige Erwerbstätigkeit. *Unveröffentl. Forschungsbericht.* Universität Koblenz-Landau, Abt. Landau, Fachbereich Psychologie: Arbeits-, Betriebs- und Organisationspsychologie.

Schieffer, A. (1998). *Führungspersönlichkeit - Struktur, Wirkung und Entwicklung erfolgreicher Top-Führungskräfte.* Wiesbaden: Gabler

Schumpeter, J.(1997^9): *Theorie der wirtschaftlichen Entdeckung.* Berlin: Duncker und Humblot.

Zaleznik, A. (1977). Leaders and managers - are they different? *Harvard Business Review, 44,* 67-78.

Die Förderung unternehmerischen Handelns bei saisonalen Mitarbeitern

Bernhard Porwol

Im vorliegenden Beitrag soll am Beispiel von Chefreiseleitern, die maximal vier Monate beschäftigt sind, ein Modell dargelegt werden, welches seit einigen Jahren recht erfolgreich eine hohe Kundenzufriedenheit und einen wirtschaftlichen Erfolg gewährleistet.

Im Tourismus und insbesondere im Jugendtourismus, der sich strukturell auf die Zeit der Schulferien beschränken muss, sind saisonale Mitarbeiter häufig anzutreffen. Festangestellte Mitarbeiter, die langjährig beschäftigt sind, bilden in aller Regel das Team, welches im Büro mit der Organisation der Reisen beschäftigt ist. Zur Vertiefung allgemeiner Aspekte der Professionalisierung des Jugendreisens sei hier auf Korbus, Nahrstedt, Porwol und Teichert (1997) verwiesen.

Am Beispiel von RUF-Jugendreisen sollen einige ausgewählte Aspekte temporär beschäftigter Mitarbeiter dargestellt werden. Da die Jugendreiseleiter, die bei RUF-Jugendreisen „Teamer" genannt werden, in der Regel keine Budgetverantwortung und insofern wenig Möglichkeiten eines *intrapreneurship* haben, beschränkt sich die Darstellung und Analyse auf die Standortreiseleiter, die Chefreiseleiter, die bei RUF-Jugendreisen „Koordinatoren" genannt werden. Zur Vereinfachung und Unterstützung der Tätigkeiten der Jugendreiseleiter und zur Qualitätssicherung werden seit 1987 bei RUF-Jugendreisen Koordinatoren (abgekürzt: „KO") eingesetzt. Diese erfahreneren Spezialisten koordinieren die Mitarbeiter in einer Destination (Zielgebiet) und nehmen den anderen Mitarbeitern in der Destination zahlreiche Verwaltungstätigkeiten ab. Diese Koordinatoren leiten vor Ort ein Team von mehreren Jugendreiseleitern und bei selbstbewirtschafteten Reisezielen auch ein Team von Köchen.

Das Besondere bei RUF-Jugendreisen ist – und dies kann nicht oft genug betont werden – dass es keinerlei „Generalprobe" gibt, sondern dass vom ersten Kunden an „Premiere" ist, und dass diese Kunden vom ersten Tag an ein Anrecht auf die geschuldeten Reiseleistungen haben. Typischerweise fängt die Sommersaison mit dem frühesten Ferientermin eines Bundeslandes an und die ersten Reisetermine werden in aller Regel am stärksten gebucht. Mitte September endet die Sommersaison. Insbesondere die Chefreiseleiter, die Koordinatoren, stellen sicher, dass die Produktqualität von Anfang an so hoch wie möglich ist. Anfang Juni 1999 begannen gleichzeitig innerhalb von nur einer Woche über 250 Mitarbeiter ihre Tätgigkeiten. Die Grundvoraussetzungen hierfür dürften unter anderem ausreichendes Know-How, Kompetenz und Loyalität zum Veranstalter sein. Die Teamer (die Jugendreiseleiter) und die Koordinatoren stellen einen der wichtigsten Faktoren bei dem Gelingen einer Jugendreise dar, den ein Reiseveranstalter beeinflussen kann. Sie stellen sein wichtigstes Kapital dar. „Geselligkeit", „Gruppenerleben" und „Spaß haben" sind einige Merkmale einer erfolgreichen Jugendreise, die der Jugendreiseleiter zu verantworten hat (vgl. auch Braun, Porwol & Korbus, 1989, Gehlen, 1997).

RUF-Jugendreisen wurde im Jahre 1981 als Praxisprojekt einer Gruppe engagierter Diplom-Pädagogik-Studenten der „AG: Freizeitpädagogik und Kulturarbeit" der Fakultät für Pädagogik an der Universität Bielefeld gegründet. Nach bescheidenen Anfängen entwickelte sich das Unternehmen ab Mitte der 80er Jahre recht erfolgreich. Im Jahre 1997/98 verreisten mit RUF-Jugendreisen über 23.000 Jugendliche im Alter von zwölf bis zwanzig Jahren in ganz Europa (1998/1999 waren es 27.000). Diese Reisen wurden zu 90 % über ca. 3.500 Reisebüroagenturen vermittelt. RUF-Jugendreisen beschäftigt 50 festangestellte Mitarbeiter in der Zentrale. Zur Betreuung wurden über 800 Jugendreiseleiter eingesetzt, die alle im eigenen Tagungshaus auf ihre pädagogische Tätigkeit während mehrtägiger Seminare vorbereitet wurden. Ungefähr 80 Mitarbeiter sind als Koordinatoren tätig. Mit diesem Volumen ist RUF-Jugendreisen Deutschlands größter Veranstalter für betreute Jugendreisen.

1. Organisationsstruktur eines Zielgebietes

In den Zielgebieten gibt es bei den verschiedenen Tätigkeitsprofilen eine gewisse Hierarchie, innerhalb derer der Koordinator als Repräsentant von RUF-Jugendreisen und als Verantwortlicher vor Ort voransteht.

Im Rahmen der *corporate identity* von RUF-Jugendreisen heißen die Köche „Cookie", die Animateure „Anni-Manni", die Reinigungskräfte „Putzmuckel" etc.

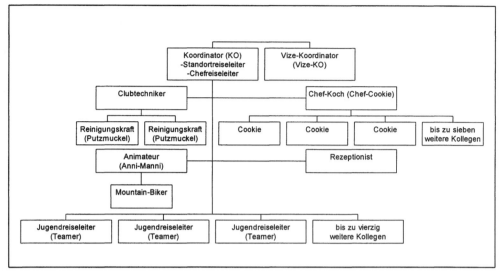

Abbildung 1: Organigramm einer Destination bei RUF-Jugendreisen (Beispiel)

Das Arbeitsklima bei RUF-Jugendreisen ist zwar sehr kollegial und freundschaftlich geprägt, aber es herrscht vor Ort eine gewisse Professionalität, wie es auch bei guten Seglern der Fall ist, die akzeptieren, dass es einen Kapitän geben muss. Die Koordinatoren stellen den verlängerten Arm des Büros dar und vertreten die inhaltlichen und wirtschaftlichen Interessen im jeweiligen Zielgebiet. In den Destinationen sind die Koordinatoren in der Art und Weise der Zielerreichung recht frei und können selbstständig über die verschiedenen Maßnahmen entscheiden. Die Eigenverantwortung stellt neben anderen das Hauptmotiv für die Mitarbeit bei RUF-Jugendreisen dar. Im Rahmen ihrer Destinationen sind die Koordinatoren eigenständig. Ihr *intrapreneurship* besteht in der Leitung der Mitarbeiter und ist verbunden mit diversen wirtschaftlichen Entscheidungen zum Wohle der Kunden, zum Erfolg des Unternehmens und auch zu ihrem persönlichen Nutzen.

2. Das Anforderungsprofil eines Koordinators

Die Aufgabenbereiche, für die ein Koordinator verantwortlich ist, sind zahlreich und z.T. sehr unterschiedlich. Als Repräsentant der Unternehmens RUF-Jugendreisen ist der Koordinator verantwortlich für alle allgemeinen touristischen Belange und insbesondere für die Finanzen.

2.1 Die allgemeinen Tätigkeiten eines Koordinators

Für die Sicherstellung der touristischen Gesamtleistungen hat der Koordinator insbesondere folgende Aufgaben zu bewältigen:

- Die Erbringung, die Qualitätssicherung und die Kontrolle der vertraglich geschuldeten Reiseleistungen, wie sie im Katalog beschrieben und mit der Buchung den Kunden bestätigt worden sind.
- Die gesamte Personalführung des Teams vor Ort, welches in großen Destinationen einen Personenkreis von gleichzeitig über 50 Mitarbeitern umfassen kann und welches wegen der normalen Fluktuation, die sich bei Teamern aus einer Einsatzdauer von vier bis sechs Wochen ergibt, im Laufe der ca. zwölf-wöchigen Saison aus über 150 verschiedenen Menschen bestehen kann.
- Die Sicherstellung der Animation und der Programmerstellung durch alle Mitarbeiter während des Zeitraumes von ca. drei Monaten.
- Neuerdings vermehrt die Bearbeitung von Elternkontakten. Die Elternkontakte erfolgen entweder durch Besuche vor Ort oder durch telefonische Kontakte per Handy der Teilnehmer. Dazu gehört auch die Reklamationsbearbeitung. Die Erwartungen der Eltern werden zunehmend heterogener (vgl. Porwol & Korbus, 1997).
- Alle Kontakte mit Geschäftspartnern, die vor Ort Leistungen erbringen. Dies sind insbesondere der Hotelier oder der Campingplatzbesitzer, z.B. die Surfschule, die Fährgesellschaft, der örtliche Busunternehmer, auch die Diskotheken oder bei selbstbewirtschafteten Destinationen auch die diversen Lieferanten der Lebensmittel oder die verschiedenen Handwerksbetriebe.

Kenntnisse der Landessprache und Respekt vor der landestypischen Mentalität sind für diese Tätigkeit zwingende Voraussetzungen.

2.2 Das Finanzmanagement eines Koordinators

Die Verantwortung für die finanziellen Belange in einer Destination lässt sich unterscheiden im Hinblick auf die *externen Kontakte*, die außerhalb der Organsiation liegen und die *internen Abläufe*, die eher das Binnenverhältnis des Unternehmens betreffen (siehe Tabelle 1).

Tabelle 1: Finanzmanagement eines Koordinators bei RUF-Jugendreisen

Externes Finanzmanagement:	**Internes Finanzmanagement:**
Einholung verschiedener Angebote und Preisvergleich der Leistungsträger	Der Koordinator ist stets der wichtigste Repräsentant von RUF-Jugendreisen vor Ort und Teil des „Produktmanagements"
Verhandlung der diversen Varianten bei Vertragskonditionen	Budgetverantwortung für die Einhaltung der Kalkulationen:
Abrechnung und Bezahlung der Leistungsträger	- Verpflegungsbudget
Kalkulation der Ausflugsangebote und anderer nicht kostenloser Programme	- Verwaltungskosten - Animationsbudget - Materialkosten
Abwicklung des Services „Taschengeldexpress" oder Krankenhauskostenübernahme	- Kontrolle der geplanten Investitionen
...	- ...

Diese unterschiedlichen Tätigkeitsbereiche sind Inhalt der verschiedenen Schulungen und Vorbereitungen. Neue Koordinatoren werden dabei in ihrer ersten Saison nicht gleich mit einer der sehr großen Destinationen betraut. Dazu ist der Respekt vor dieser Aufgabe bei allen Beteiligten zu ausgeprägt. Schließlich bedeutet die Verantwortung für das gesamte Finanzmanagement in selbstbewirtschafteten großen Destinationen die Verantwortung für einen Umsatz von über 200.000 EURO.

3. Die Risiken und die möglichen Problembereiche eines Koordinators

Da es sich bei den Mitarbeitern um Menschen und nicht um Maschinen handelt, gibt es trotz aller Selektionsmechanismen und trotz aller Schulung für die diversen Situationen einige Risiken und Probleme für den Veranstalter, da die Mitarbeiter in den Destinationen über viele Freiräume verfügen und diese Zielgebiete relativ weit von der Geschäftszentrale entfernt liegen. Das Vertrauen ist zwar groß, doch bestimmte menschliche Faktoren sind nicht von der Hand zu weisen.

- Es handelt sich um „geschulte Laien" - wenn auch nicht mehr ganz so wie bei den Teamern, den Jugendreiseleitern. Durch die gestiegenen Anforde-

rungen sind gerade bei Anfängern typische Fehler zu erkennen, die sich mit der Unsicherheit dieser jungen Menschen erklären lassen. Als Beispiele sind hierbei undiplomatisches Auftreten gegenüber Geschäftspartnern und autoritäres Verhalten gegenüber Mitarbeitern zu nennen.
- Ein „unprofessioneller" Umgang mit Geschäftspartnern ist möglich. Hierzu gehört neben missglückter Diplomatie sicher der gesamte Bereich suboptimaler Vertrags- und Preisverhandlungen.
- Bei Unkenntnis bzw. Missachtung elementarer Buchführungsregeln sind nicht unerhebliche Budgetüberschreitungen wahrscheinlich. Umgekehrt kann z. B. aber auch ein übertriebener ängstlicher Umgang mit den kalkulierten Essenssätzen zu Qualitätseinbußen bei der Verpflegung führen.
- Der menschliche Faktor „Erwerbssinn" kann potenziell zu einer übermäßigen Betonung finanzieller Eigeninteressen führen. Dies kann zu Lasten der Kunden, des Unternehmens oder gar beider gehen.
- Es können persönliche Probleme auftreten. Bei einer Saisonlänge von drei bis vier Monaten sind zahlreiche Stresssituationen möglich. Bei einem Mangel an eigener Selbstorganisation und bei Problemen im Team kann es zu starken Belastungen kommen. Gleichzeitig gibt es eine Trennung vom Partner über diesen Zeitraum hinweg, was ebenfalls verarbeitet werden muss.

Außer bei der Sorgfalt bei der Auswahl, der Betonung des „Teamgeistes" und regelmäßiger Hilfe und Kontrolle von Seiten des Büros gibt es nicht viele Interventionsmöglichkeiten. Die Geschäftszentrale ist schließlich recht weit entfernt und Informationen über Fehlentwicklungen brauchen eine geraume Zeit bis sie von den Verantwortlichen wahrgenommen werden können.

4. Die Förderung durch Personalauswahl

Um bei RUF-Jugendreisen Koordinator werden zu können, gibt es einige Voraussetzungen, die sicherstellen, dass Loyalität und Qualität in hohem Maße wahrscheinlich sind.
- Der angehende Koordinator muss bereits mindestens eine Saison bei RUF-Jugendreisen als Teamer oder sogar als Vize-Koordinator gearbeitet haben, damit er die Arbeitsbedingungen der mit ihm arbeitenden Teamer bzw. den Job des Koordinators kennt. Der Einsatz als Teamer setzt das Bestehen eines Auswahlverfahrens und den Erfolg bei einer fünftägigen Schulung voraus. Bei dem Auswahlverfahren handelt es sich um ein mehrstufiges Selektionsverfahren per selbstselektierendem Fragebogen und biographischem

Interview. Das Mindestalter der Teamer beträgt 21 Jahre, in den allermeisten Fällen handelt es sich um Studenten, wobei alle möglichen Studienrichtungen vertreten sind. (vgl. Derlin, 1991, Siewert, 1997). Da die Tätigkeit als Koordinator in aller Regel bereits Anfang Juni beginnt, gibt es das Problem, dass das Sommersemester nicht beendet werden kann. Dies führt häufig zu einem Zielkonflikt.

- Er muss eine persönliche Empfehlung des Vorjahres-Koordinators erhalten, bei dem er in diesem Jahr als Teamer gearbeitet hat. Die Beurteilung berücksichtigt hauptsächlich die relevanten Aspekte „Teamfähigkeit", „Belastbarkeit", „Loyalität" und „Umgang mit Kunden".
- Er muss erfolgreich ein eintägiges Assessment-Center bestehen. Dieses Auswahlverfahren ist ausschließlich an Praxissituationen orientiert. Es umfasst unter anderem die „Leitung einer Teamsitzung", das „Führen eines Konfliktgespräches", „Zeitmanagement" und die „Bearbeitung von Verwaltungsaufgaben".

Diese Zugangsvoraussetzungen für Koordinatoren stellen ein hohes Maß an Kompetenz und Loyalität gegenüber RUF-Jugendreisen sicher.

5. Die Förderung durch Seminarveranstaltungen

Nach diesen Auswahlstufen erfolgen verschiedene Schulungen, die den angehenden Koordinator auf seine Aufgaben vorbereiten sollen.

- Er muss erfolgreich an einem viertägigen, sogenannten „Neu-KO-Seminar" teilnehmen. Dieses hat das Ausbildungsziel, den Kenntnisstand in Bezug auf Verwaltung und Buchführung, Organisation, Reiserecht und Reklamationsbearbeitung und nicht zuletzt Mitarbeiterführung den sogenannten „Alt-KOs" anzugleichen.
- Er muss zusammen mit seinen Leitungs-Teamkollegen ein viertägiges sogenanntes „Destinations-Vorbereitungs-Seminar" besuchen. Dieses hat das Ziel, die produkt- und destinationsspezifischen Inhalte zu vermitteln und dient dem Kennenlernen und Vorbereiten der Arbeitsorganisation vor Ort.
- Zusammen mit seinem Leitungsteam muss er vor der Saison einen sogenannten „Destinations-Tag" durchführen, bei dem sich die Teamer und die anderen Mitarbeiter kennenlernen und bei dem Details der jeweiligen Destination besprochen werden. Unter dem Aspekt des gegenseitigen „ersten Eindruckes" ist dieses Seminar für die Mitarbeiterführung sehr wichtig.
- Nach Saisonende gibt es die Auswertungsseminare zur Professionalisierung der Mitarbeiter und des Produktes.

- Weiterbildungsangebote zu Themen wie beispielsweise „Rhetorik" oder „Selbstpräsentation" dienen der Motivation und Qualifizierung der Mitarbeiter.

Diese Schulungen werden jährlich im Hinblick auf neue aktuelle Praxisanforderungen überarbeitet und haben in der jüngsten Vergangenheit den Unternehmenserfolg von RUF-Jugendreisen gewährleistet. Die Mitarbeiterzufriedenheit ist gestiegen. Gegenüber den Vorjahren ist die Anzahl derjenigen Koordinatoren, die sich den Anforderungen als nicht ganz gewachsen gezeigt haben und überfordert waren, erheblich reduziert worden.

6. Die Förderung durch Vergütungsanreize

„Geld regiert die Welt" sagt der Volksmund und es ist aus der Sicht eines jeden Mitarbeiter legitim, dass die inividuelle Arbeitsleistung finanziell vergütet werden soll. Es ist offensichtlich, dass der Lebensstandard der Studenten in den letzten Jahren erheblich gestiegen ist und dass der größte Teil der Studierenden nebenher jobben muss, um das Studium zu finanzieren. Auch die Tätigkeit als Koordinator dient zur Finanzierung eines Teiles des Lebensunterhaltes.

Vorauszuschicken ist aber, dass die Entlohnung nicht die primäre Motivation darstellt, bei RUF-Jugendreisen mitzuarbeiten. Interne Untersuchungen haben gezeigt, dass der „Spaß am Umgang mit den Jugendlichen" und „Freude an der Teamarbeit" im Vordergrund stehen. Zur Honorierung der Loyalität und eines gesunden unternehmerischen Handelns gibt es ein relativ kompliziertes Entlohnungssystem:

- Für die Touristik ein recht hohes Fixum, welches auch als Anreiz zur Unterbrechung des Studiums dienen soll. Das hohe Fixum soll die finanziellen Eigeninteressen mindern und die Ungleichheiten zwischen den verschiedenen Destinationen mindern. Das Fixum steigt mit der Verweildauer im Unternehmen über die Jahre hinweg an.
- Prozentual werden die Koordinatoren an den eventuell erwirtschafteten Überschüssen aus Ausflugskasse und Programmgestaltung beteiligt. Dies soll die Rentabilität der örtlichen Aktivitäten sicherstellen, was in der Vergangenheit nicht immer der Fall war. Hier gibt es Vorgaben-Korridore, die sich aus den Vorjahren ableiten lassen. Die Transparenz ist sehr wichtig, da es keinerlei „Schwarze Kassen" gibt und auch nicht geben soll. Ebenso gehören die Aktivitäten vor Ort nicht zur „Wertschöpfungkette" bei RUF-Jugendreisen – anders als bei zahlreichen anderen Unternehmen. Einspa-

rungen beim Essensbudget werden nicht honoriert, da dies nicht beabsichtigt ist und zu Qualitätseinbußen führen würde.
- Haftung für jegliche Art von Budgetüberschreitung, wenn diese nicht mit der RUF-Zentrale im Vorhinein geklärt wurde. Bei allem Teamgeist: „Die Kasse muss stimmen!" Differenzen werden mit den Überschüssen verrechnet.
- Auf der nicht-pekuniären Ebene gibt es für erfolgreiche Koordinatoren Förderungen durch weitere Seminare, die interne Karriere z.B. zum „Ausbilder", die Unterstützung bei Examensarbeiten usw.
- Potenziell gibt es die Möglichkeit einer späteren Beschäftigung in der Zentrale bei RUF-Jugendreisen. Über 50% der leitenden Mitarbeiter sind ehemalige Koordinatoren.

Das Ziel dieser Art der Vergütungsanreize ist eine möglichst hohe Qualität und Kundenzufriedenheit vor Ort. Gleichzeitig soll ein Anreiz geschaffen werden, unternehmerisch zu denken und zu handeln – aber dies soll sich nicht verselbständigen.

7. Ausblick

Das Modell ist insofern sehr erfolgreich, als es unter den Bewerbern stets eine genügende Auswahl gibt. Für die angehenden akademischen Führungskräfte ist deutlich, dass es sich bei der Tätigkeit als Koordinator hauptsächlich um Auslandsaufenthalte handelt und dass dort die Schlüsselqualifikation „soziale Kompetenz" und erhebliches betriebswirtschaftliches Know-how erworben wird. Schließlich leiten die Koordinatoren in den größeren Zielgebieten mit über 100 Mitarbeitern und einem Budget von über 200.000 EURO ein kleines mittelständisches Unternehmen, auch wenn dies nur über 3,5 Monate hinweg geschieht. Die Honorierung in diesem Zeitraum reicht in vielen Fällen zur Finanzierung des Studiums im restlichen Jahr und die Rekordhalterin unter den Koordinatoren arbeitet 1999 bereits in ihrem achten Saisonjahr.

Die Tätigkeit als Reiseleiter ist immer auf eine biographische Phase beschränkt und nie von Dauer. Der Durchschnittswert liegt bei RUF-Jugendreisen etwa bei drei Jahren. Sicher wird sich das Studium durch die Tätigkeit verlängern, aber der Saisoneinsatz hat bisher selten zu einem Studienabbruch geführt. Dies tritt öfter ein, wenn typische Reiseleitertätigkeiten bei großen Reiseveranstaltern ausgeübt werden, die in der Regel eine Vertragsdauer von acht Monaten und mehr vorsehen.

Außerdem hat sich gezeigt, dass im Laufe der Jahre zahlreiche ehemalige Koordinatoren in sehr interessanten Anstellungsverhältnissen gelandet sind, die auch weit außerhalb des Tourismusbereiches liegen können. Im landläufigen Sinne haben einige regelrecht „Karriere gemacht" und viele führen dies nicht zuletzt auf ihre Erfahrungen als Koordinatoren zurück. Das freut besonders! Zur Motivation, zur Mitarbeitergewinnung und für die Mitarbeiterbindung wird die Kommunikation mit diesen „alten" Koordinatoren innerhalb der Mitarbeiterzeitschrift INTEAM aufrechterhalten. Dies soll in Zukunft noch ausgebaut werden.

Literatur

Braun, O. L., Porwol, B. & Korbus, T. (1989). Rahmenbedingungen und Ursachen des Urlaubsglücks. In Studienkreis für Tourismus (Hrsg.), *Jahrbuch für Jugendreisen und internationalen Jugendaustausch* (S. 7-22). Starnberg: Studienkreis für Tourismus.

Derlin, M. (1991). Die Auswahl von Jugendreiseleitern als Instrument pädagogischer Qualitätssicherung. *Unveröffentl. Diplomarbeit*, Universität Bielefeld.

Gehlen, T. (1997). Moderne Jugendreisepädagogik: Warum eigentlich nicht? In T. Korbus, W. Nahrstedt, B. Porwol & M. Teichert (Hrsg.) *Jugendreisen: Vom Staat zum Markt* (S.300-307). Bielefeld: IFKA.

Korbus, T., Nahrstedt, W., Porwol, B. & Teichert, M. (1997). *Jugendreisen: Vom Staat zum Markt; Analysen und Perspektiven*. Bielefeld: IFKA.

Porwol, B. & Korbus, T. (1997). Jugendreisen und ihre Pädagogik zwischen Ethik und Ästhetik, In J. Fromme, & R. Freericks (Hrsg.) *Freizeit zwischen Ethik und Ästhetik: Herausforderungen für die Pädagogik, Ökonomie und Politik* (S.271-278). Neuwied: Luchterhand.

Siewert, K. (1997). Die nächste Saison ist immer die schwerste. In: T. Korbus, W. Nahrstedt, B. Porwol & M. Teichert (Hrsg.) *Jugendreisen: Vom Staat zum Markt; Analysen und Perspektiven* (S. 66-73). Bielefeld: IFKA.

Autoren

Batinic, Bernd, geb. 1969, Dipl.-Psych. Gießen, 1996-1998 wissenschaftlicher Mitarbeiter am Lehrstuhl Arbeits- und Organisationspsychologie, 1996-1997 auch am Lehrstuhl für Sozialpsychologie an der Universität Gießen. Seit 1998 wissenschaftlicher Assistent am Lehrstuhl für Psychologie, insbesondere Wirtschafts- und Sozialpsychologie der Universität Erlangen-Nürnberg. Arbeitsschwerpunkte: Neue Medien, CC, Datenerhebungsverfahren in Netzwerken. Wichtige Buchveröffentlichungen: Internet für Psychologen, 1997, Hogrefe (1999, 2. Auflage); Online Research- Methoden, Anwendungen und Ergebnisse (mit A. Werner, L. Gräf & W. Bandilla), 1999, Hogrefe; Herausgeber der Buchreihe „Internet und Psychologie", Hogrefe. Adresse: Universität Erlangen-Nürnberg, Lehrstuhl für Wirtschafts- und Sozialpsychologie, Lange Gasse 20, 90403 Nürnberg. E-Mail: bernard.batinic@wiso-uni-erlangen.de

Braun, Ottmar L., geb. 1961, Dipl.-Psych. Bielefeld, 1989 Promotion, 1990-1993 verschiedene Tätigkeiten als Marktforscher und Betriebspsychologe. Seit 1993 wissenschaftlicher Angestellter an der Universität Koblenz-Landau, Abteilung Landau, Fachbereich Psychologie: Psychologie des Arbeits- und Sozialverhaltens. 1999 Habilitation. Forschungsschwerpunkte: Berufliche Ziele, Kundenzufriedenheit, Qualitätsmanagement. Adresse: Universität Koblenz-Landau, Abteilung Landau, Fachbereich Psychologie, Psychologie des Arbeits- und Sozialverhaltens, Im Fort 7, 76829 Landau. E-Mail: braun@uni-landau.de

Dreißen, André, geb. 1970, Dipl.-Kfm., nach dem Studium an der Universität Dortmund als Unternehmensberater tätig. Seit 1998 beim IT-Dienstleister IDS Scheer AG in Saarbrücken beschäftigt. Senior Consultant für internationale Telekommunikations- und Versorgungsunternehmen in den Bereichen Geschäftsprozessmanagement, SAP und Customer Relationship Management. E-Mail: a.dreissen@ids-scherr.de

Feindt, Jochen, geb. 1968, nach dem Abitur Banklehre in Neuwied, Koblenz und Köln, BWL-Studium in Gießen und Cordoba, mehrere Jahre Tätigkeit als Unternehmensberater für Organisationsentwicklung in Gießen und Frankfurt mit den Schwerpunkten Banken und Gesundheitswesen. Seit 1998 selbstständiger Unternehmensberater und geschäftsführender Gesellschafter der KIZ GmbH Networking und KIZ Venture Capital GmbH. Adresse: KIZ Kommunikations- und Innovationszentrum GmbH, Fabriciusstraße 53, 65933 Frankfurt. E-Mail: jochenfeindt@kiz.de

Frank, Hermann, geb. 1956, BWL-Studium an der Wirtschaftsuniversität Wien, seit 1983 am Institut für BWL der Klein- und Mittelbetriebe. 1997 Habilitation mit einem Thema über Unternehmensgründung, Publikationen in den Bereichen Finanzierung, Kostenrechnung, Personalführung und Unternehmensgründung, zahlreiche interdisziplinäre Forschungsprojekte. Derzeit a.o. Univ. Prof. am Institut für BWL der Klein- und Mittelbetriebe. Adresse: Wirtschaftsuniversität Wien, Augasse 2-6, A-1090 Wien.

Galais, Nathalie, geb. 1969, Dipl.-Psych. Gießen. 1997 wiss. Mitarbeiterin an der Universität Gießen. Seit 1998 wissenschaftliche Mitarbeiterin am Lehrstuhl für Psychologie, insbesondere Wirtschafts- und Sozialpsychologie der Universität Erlangen-Nürnberg. Arbeitsschwerpunkte: Organisationale Entscheidungsprozesse, berufliche Sozialisation, Entrepreneurship, Leiharbeit. Wichtige Veröffentlichungen: Motive und Beweggründe für die Selbstständigkeit, Hogrefe, 1998. Adresse: Lehrstuhl für Psychologie, insb. Wirtschafts- und Sozialpsychologie, Universität Erlangen-Nürnberg, Lange Gasse 20, 90403 Nürnberg. E-Mail: nathalie.galais@wiso.uni-erlangen.de

Kaschube, Jürgen, geb. 1960, Studium der Kommunikationswissenschaft und Psychologie an der Universität München, 1996 Promotion. Wissenschaftlicher Assistent am Lehrstuhl für Organisations- und Wirtschaftspsychologie der Universität München. Arbeitsschwerpunkte: Eigenverantwortliches Handeln in Organisationen, Existenzgründungsforschung, Potenzialbeurteilung und Personalentwicklung. Veröffentlichungen zu Zielen von Führungsnachwuchskräften. Adresse: Institut für Psychologie, Organisations- und Wirtschaftspsychologie, Ludwig-Maximilians-Universität, Leopoldstraße 13, 80802 München. E-Mail: kaschube@mip.psych.uni-muenchen.de

Korunka, Christian, geb. 1959, Studium der Psychologie an der Universität Wien. Seit 1986 beschäftigt am Institut für Psychologie der Universität Wien, 1997 Habilitation mit einem Thema aus dem Bereich der Arbeits- und Organisationspsychologie. Arbeitsschwerpunkte: Qualitätssicherung und Gründerforschung. Interdisziplinäre und internationale Forschungsprojekte. Derzeit a.o. Univ. Prof. am Institut für Psychologie der Universität Wien. Adresse: Institut für Psychologie, Universität Wien, Liebiggasse 5, A-1010 Wien. E-Mail: christian.korunka@univie.ac.at

Lang-von Wins, Thomas, geb. 1963, Studium der Psychologie an den Universitäten Regensburg und München, 1996 Promotion. Seit 1992 Mitarbeit am Lehrstuhl für Organisations- und Wirtschaftspsychologie der Universität München, Lehrbeauftragter an der Fakultät für Informatik der TU München, Geschäftsführer der Arbeitsgruppe Hochschulabsolventen. Veröffentlichungen zu Existenzgründung und Unternehmertum (zusammen mit Lutz von Rosenstiel, 1999) und zu Potenzialanalyseverfahren (zusammen mit Lutz von Rosenstiel, 1997, 1998). Forschungsschwerpunkte: Existenzgründung und Unternehmertum, Potenzialbeurteilung sowie Berufseintritt. Adresse: Institut für Psychologie, Organisations- und Wirtschaftspsychologie, Ludwig-Maximilians-Universität, Leopoldstraße 13, 80802 München. E-Mail: langth@mip.psych.uni-muenchen.de

Lueger, Manfred, geb. 1956, Studium der Soziologie, Pädagogik und Psychologie an der Universität Wien. Derzeit tätig am Institut für Allgemeine Soziologie und Wirtschaftssoziologie an der Wirtschaftsuniversität Wien. Arbeitsschwerpunkte: Organisationsanalysen, Macht in Organisationen, qualitative Sozialforschung, Migrationssoziologie. Adresse: Wirtschaftsuniversität Wien, Augasse 2-6, A-1090 Wien.

Maaßen, Julia, geb. 1975. Seit Okt. 1995 Studium der Psychologie an der Universität Landau. Seit Juni 1997 verschiedene studentische Hilfskrafttätigkeiten im Bereich der Pädagogischen Psychologie und ABO-Psychologie. Seit 1998 Vorstandsmitglied von „Impuls", studentischer Verein zur Verbindung von Theorie und Praxis.

McKenzie, George, geb. 1969. Nach Abitur und Wehrdienst tätig im Dienstleistungsbereich einer internationalen Fluggesellschaft. Danach Studium der Psychologie in Kopenhagen und Dresden. Ausbildungsschwerpunkte „Klinische Psychologie" und „Arbeits-, Betriebs- und Organisationspsychologie" mit Spezialisierung auf Human Resources Management. Adresse: Bismarckstraße 50, 70197 Stuttgart.

Moser, Klaus, geb. 1962, Dipl.-Psych., Dr. rer. soc., 1994 Habilitation, Univ. Prof. für Psychologie, insbes. Wirtschafts- und Sozialpsychologie an der Universität Erlangen-Nürnberg. Arbeitsschwerpunkte: Personalauswahl und –entwicklung, Werbewirkung, Mitarbeiterbefragungen. Adresse: Universität Erlangen-Nürnberg, Lehrstuhl für Wirtschafts- und Sozialpsychologie, Lange Gasse 20, 90403 Nürnberg. E-Mail: moser@wiso.uni-erlangen.de

Müller, Günter F., geb. 1946, Dipl.-Psych. Mannheim, Dr. phil., 1984 Habilitation Univ. Prof. am Fachbereich Psychologie der Universität in Landau. Forschungsschwerpunkt: Selbstmanagement und berufliche Selbstständigkeit. Wichtige Veröffentlichung: Selbstständig organisierte Erwerbstätigkeit – psychologische Theorien und Forschungsbefunde. In: H. Schuler (Hrsg.), Enzyklopädie der Psychologie, D, III, Bd. 3: Organisationspsychologie, im Druck. Adresse: Universität Koblenz-Landau, Abteilung Landau, Fachbereich Psychologie, Psychologie des Arbeits- und Sozialverhaltens, Im Fort 7, 76829 Landau. E-Mail: mueller@uni-landau.de

Porwol, Bernhard, geb. 1959. Studium der Soziologie, Volkswirtschaftslehre, Psychologie, Philosophie und Pädagogik in Bonn und Bielefeld. Dipl.-Päd., Fortbildung zum Reiseverkehrskaufmann. Gründer und geschäftsführender Gesellschafter von RUF-Jugendreisen, Trend Touristik GmbH, Bielefeld. Mitarbeit im Wissenschaftlichen Beirat des weiterbildenden Tourismusstudiengangs an der Universität Bielefeld und im „IHK-Tourismusausschuss in Ostwestfalen". Lehraufträge und Mitherausgeber der Bielefelder Jugendreiseschriften. Adresse: RuF-Jugendreisen, Niederwall 65, 33602 Bielefeld. E-Mail: porwol@ruf.de

Rolfs, Henning, geb. 1970, Dipl.-Psych. Hamburg, Wissenschaftlicher Angestellter am Lehrstuhl für Psychologie der Universität Hohenheim. Arbeitsschwerpunkte: Differentielle Psychologie, Berufliche Eignungsdiagnostik für abhängig Beschäftigte und Selbstständige, Personalentwicklung. Adresse: Lehrstuhl für Psychologie, Universität Hohenheim, 70599 Stuttgart-Hohenheim.

Scholz, Jürgen, geb. 1941, Industriekaufmann, Studium der Volkswirtschaftslehre und Psychologie an der Universität Kiel und FU Berlin. Dipl.-Psych. Seit 1981 Geschäftsführer des Institut für Management-Entwicklung und der Gesellschaft für Weiterbildung und Projektmanagement, Bielefeld. Schwerpunkte: Personalberatung, Suche und Auswahl von Führungskräften; Potenzialanalyse und -entwicklung; Führungskonzepte und –instrumente. E-Mail: gwp@vep.net

Schuler, Heinz, geb. 1945, Dipl.-Psych., Studium an der Universität München, Promotion und Habilitation an der Universität Augsburg. Ab 1979 Professor für Psychologie an der Universität Erlangen, seit 1982 Lehrstuhl für Psychologie an der Universität Hohenheim. Arbeitsschwerpunkte: Personalpsychologie, Berufseignungsdiagnostik, Leistungsforschung. Wichtige Veröffentlichungen: Psychologische Personalauswahl, Lehrbuch Organisationspsychologie, Lehrbuch der Personalpsychologie, Beurteilung und Förderung beruflicher Leistung. Adresse: Prof. Dr. Heinz Schuler, Lehrstuhl für Psychologie, Universität Hohenheim, 70593 Stuttgart. E-Mail: schuler@uni-hohenheim.de

Stewart, Greg L., Associate Professor of Management, Brigham Young University, Utah, USA. Arbeitsschwerpunkte: Verhalten in Organisationen. Publikationen über Gruppenführung und Selbstführung in Gruppen. Forschung zur Personalausstattung von Organisationen und zur Beziehung zwischen Persönlichkeit und Leistung von Angestellten. Veröffentlichungen in prominenten Fachzeitschriften; Auszeichnungen für exzellente Lehre. E-Mail: greg-stewart@byu.edu

Wegge, Jürgen, geb. 1963, Studium der Psychologie an der Universität Bochum. Seit 1990 an der Universität Dortmund im Zusatzstudiengang Organisationspsychologie beschäftigt. Nach der Promotion 1994 als wissenschaftlicher Assistent tätig. Arbeitsgebiete im Bereich Fehlzeitenforschung, motivationsförderlicher Gestaltung von Gruppenarbeit und Förderung von Lernmotivation in Organisationen. E-Mail: wegge@wap-mail.fb14.uni-dortmund.de

Zempel, Jeannette, geb. 1967, Dipl.-Psych. Gießen, 1991-1996 Mitarbeit im Projekt „Aktives Handeln in Umbruchsituationen", 1996-1998 wissenschaftliche Mitarbeiterin am Lehrstuhl Arbeits- und Organisationspsychologie, 1996-1997 auch am Lehrstuhl für Sozialpsychologie an der Universität Gießen. Seit 1998 wissenschaftliche Assistentin am Lehrstuhl für Psychologie, insbesondere Wirtschafts- und Sozialpsychologie der Universität Erlangen-Nürnberg. Forschungsschwerpunkte: Personalentwicklung und Trainingstransfer, Konzept der Eigeninitiative, kognitive und motivationale Strategien in der Arbeitstätigkeit, Arbeitslosigkeit. Adresse: Universität Erlangen-Nürnberg, Lehrstuhl für Psychologie, insbesondere Wirtschafts- und Sozialpsychologie, Lange Gasse 20, 90403 Nürnberg. E-Mail: jeannette.zempel@wiso.uni-erlangen.de

Verlag Empirische Pädagogik, Landau

Auswirkungen des Assessment-Centers auf die als Beobachter eingesetzten Führungskräfte

Beate Braun-Wimmelmeier
Auswirkungen des Assessment-Centers auf die als Beobachter eingesetzten Führungskräfte.
(Psychologie 27)
ISBN 3-933967-05-8

Mit diesem Buch liegt erstmals im deutschsprachigen Raum eine Untersuchung über die Auswirkungen des Assessment-Centers (AC) auf die als Beobachter eingesetzten Führungskräfte vor. Weiter wurde untersucht, wie diese Auswirkungen psychologisch erklärt werden können. Die Ergebnisse einer qualitativen Vorstudie (Gruppendiskussionen und Expertenrunde) sowie einer quantitativen Hauptuntersuchung (Fragebogenuntersuchung), der ein quasi-experimentelles Kontrollgruppendesign mit Messwiederholung zu Grunde lag, zeigten, dass die Beobachtertätigkeit langandauernde Auswirkungen auf die erstmalig in einem Assessment-Center eingesetzten Führungskräfte hat. Diese Auswirkungen bezogen sich auf drei Bereiche:
die Beobachtungs- und Beurteilungskompetenz, den Mitarbeiterorientierten Führungsstil und den Grad der Selbstreflexion - insbesondere bezüglich beruflicher Belange. In einer abschließenden qualitativen Studie (Interviews) wurden die zu Grunde liegenden psychologischen Prozesse weitergehend untersucht. Die Ergebnisse dieser Studie gaben Hinweise darauf, dass die Beobachter durch die AC-Teilnahme in den Zustand objektiver Selbstaufmerksamkeit versetzt worden sind und der Lerntransfer auf Konzeptlernen zurückzuführen war.

Das Buch richtet sich an Studenten/innen der Psychologie, sowie der Sozial- und Wirtschaftswissenschaften. Die Ausführungen sind für Wissenschaftler ebenso interessant wie für Praktiker aus den Bereichen Weiterbildung, Personalauswahl und -entwicklung.

✂---

Ich bestelle hiermit:

☐ Exemplare

Beate Braun-Wimmelmeier
Auswirkungen des Assessment-Centers auf die als Beobachter eingesetzten Führungskräfte.
(Psychologie 27)
ISBN 3-933967-05-8

Name:..

Adresse:...

....

Datum:.................... Unterschrift:...............................

Verlag Empirische Pädagogik, Friedrich-Ebert-Str. 12, **D-76829 Landau**
Tel.: 06341/906-266   Fax: 06341/906-200
E-mail: vep@zepf.uni-ladau.de
http://www.rhrk.uni-kl.de/~zentrum/ep.html

Verlag Empirische Pädagogik, Landau

Zielvereinbarungen im Kontext strategischer Organisationsentwicklung

Braun, Ottmar L.
Zielvereinbarungen im Kontext strategischer Organisationsentwicklung.
(Psychologie 29)
180 Seiten; DM 45,--
ISBN 3-933967-07-4

In diesem Buch wird dargestellt, wie das Führungsinstrument Zielvereinbarung in der Praxis eingeführt und genutzt werden kann. Dabei findet der Leser sowohl theoretische Grundlegungen als auch Ausführungen darüber, wie Zielvereinbarungen in Prozesse der Organisationsentwicklung eingebunden und mit anderen Konzepten vernetzt werden. Insbesondere bei Teamzielvereinbarungen wird immer wieder deutlich, welche zentrale Rolle die Moderationsmethode spielt. Die Darstellungen der Autoren sind ehrlich und umfassend, so dass auch nicht verschwiegen wird, mit welchen Schwierigkeiten man bei der Einführung und Anwendung der Methode Zielvereinbarung in der Praxis zu kämpfen hat. Das Buch richtet sich an Studenten der Sozial- und Wirtschaftswissenschaften sowie an Praktiker im Bereich der Weiterbildung, Personal- und Organisationsentwicklung.

✂--

Ich bestelle hiermit:

☐ Exemplare

Braun, O.L.:
Zielvereinbarungen im Kontext strategischer Organisationsentwicklung.
180 Seiten, DM 45,--
ISBN 3-933967-07-4

Name:..

Adresse:...

....

Datum:.................... Unterschrift:..

Verlag Empirische Pädagogik, Friedrich-Ebert-Str. 12, **D-76829 Landau**
Tel.: 06341/906-266   Fax: 06341/906-200
E-mail: vep@zepf.uni-ladau.de
http://www.rhrk.uni-kl.de/~zentrum/ep.html

V^{EP} Landau

Potentialanalyse in der Führungskräfte-Entwicklung

Rodà-Leger, Paola
Entwicklung eines Testverfahrens zur Potentialanalyse in der Führungskräfte-Entwicklung
(Psychologie Bd. 11)
524 Seiten; DM 70,-
ISBN 3-931147-27-4

Stellt man die Frage nach Aufgaben und Anforderungen, an denen sich Unternehmen messen müssen, um sich dauerhaft am Markt behaupten zu können, so werden immer wieder Themen wie Qualitätsverbesserung, Produktivität, Arbeitsleistung, Sicherheit, Kundenorientierung, Finanzkontrolle bis hin zum „Teilhaben" am technologischen Wandel genannt. Flexibilität und die Fähigkeit, sich der zunehmenden Komplexität innerhalb und außerhalb der Organisation zu stellen, werden daher zunehmend wichtiger.

In Anbetracht dieser Entwicklungen erscheint es um so dringlicher, Führungskräfte hinsichtlich relevanter Fach- und *Managementkompetenzen* zu qualifizieren.

Dieser Band nimmt eine Vielzahl von Fragen auf, die sich im Kontext der Potentialbeurteilung bei Führungskräften ergeben. Im Mittelpunkt steht die Entwicklung eines Testverfahrens zur *Potentialanalyse* bei der *Führungskräfte-Entwicklung*. Dabei werden neben relevanten theoretischen Grundlagen verschiedene Methoden der Testentwicklung diskutiert.

Als Ergebnis einer eigenen Entwicklungsarbeit resultiert das Testverfahren *TEDK,* das auf Vergleichswerten von 450 Führungs- und Führungsnachwuchskräften unterschiedlicher hierarchischer Ebenen und Funktionsbereiche basiert.

Das vorliegende Buch ist damit auch ein *Handbuch* zum TEDK. Es liefert detaillierte Informationen zum Testsystem, der Durchführung sowie Testnormen und Interpretation der Ergebnisse. Abschließend werden Empfehlungen zu Einsatzbereichen des Verfahrens in der Personalarbeit gegeben.

Der Test selbst erscheint als *computergestütztes Verfahren* mit Testmaterial unter dem Namen „*TED*" („Testsystem zur Erfassung von Denk- und Kommunikationsstilen in der Führungskräfte-Entwicklung") bei Swets Test Services (Frankfurt).

Ich bestelle hiermit:

☐ Exemplare
Rodà-Leger, P.
Entwicklung eines Testverfahrens zur Potentialanalyse in der Führungskräfte-Entwicklung
524 Seiten, DM 70,-
ISBN 3-931147-27-4

Name:...

Adresse:..

....

Datum:....................
Unterschrift:...

Verlag **E**mpirische **P**ädagogik, Friedrich-Ebert-Str. 12, **D-76829 Landau**
Tel.: 06341-906-0   Fax: 06341-906-200